中国制造业绿色发展的行动路径

刘 艳 著

The Action Path of
Green Manufacturing Development in China

图书在版编目（CIP）数据

中国制造业绿色发展的行动路径/刘艳著. —北京：经济管理出版社，2019.6
ISBN 978-7-5096-6653-1

Ⅰ.①中… Ⅱ.①刘… Ⅲ.①制造工业—绿色经济—经济发展—研究—中国 Ⅳ.①F426

中国版本图书馆 CIP 数据核字 (2019) 第 117651 号

组稿编辑：申桂萍
责任编辑：申桂萍　赵　杰
责任印制：黄章平
责任校对：董杉珊

出版发行：经济管理出版社
　　　　　（北京市海淀区北蜂窝 8 号中雅大厦 A 座 11 层　100038）
网　　址：www.E-mp.com.cn
电　　话：(010) 51915602
印　　刷：三河市延风印装有限公司
经　　销：新华书店
开　　本：720mm×1000mm/16
印　　张：13
字　　数：184 千字
版　　次：2019 年 6 月第 1 版　2019 年 6 月第 1 次印刷
书　　号：ISBN 978-7-5096-6653-1
定　　价：58.00 元

·版权所有　翻印必究·

凡购本社图书，如有印装错误，由本社读者服务部负责调换。
联系地址：北京阜外月坛北小街 2 号
电话：(010) 68022974　邮编：100836

前　言

本书是笔者博士后工作期间的最终研究成果。博士后入站后，笔者先后到国家统计局、国家信息中心、河南省统计局等单位搜集资料，并奔赴河南、湖北、江西、广西、甘肃等地进行实地调研，先后参与过十余次规模不等的专家咨询会和学术讨论会，讨论中国制造业绿色化发展路径的研究思路和调研过程中发现的问题。最终确定的思路是中国制造业的绿色全要素生产率—节能潜力—减排潜力，也基本确定了本书的框架。

制造业是实体经济的主体，是科技创新的主战场，是一个国家综合国力和技术水平的重要体现，大力发展制造业是一个国家跻身世界强国之林的必然选择。中国经过改革开放以来的发展，凭借廉价劳动力的比较优势，依托高投资、承接全球产业转移，逐渐融入到世界生产体系中，外向型制造业快速增长，变为世界的"制造工厂"，创造了"中国奇迹"。然而，中国制造业取得的成就是建立在廉价劳动力、高资本投入、高能耗、高污染和低效率的基础上的。然而，无论是劳动力优势还是高资本投入均难以为继，与此同时，制造业的发展面临着资源枯竭和环境恶化的困境。中国制造业迫切需要将高投入、高污染的粗放型发展模式转变为兼顾效率和环境的绿色化发展模式。

中国制造业要追求兼顾环境和效率的绿色发展模式，就必须在提高全要素生产率的同时实现资源的节约和环境的保护。本书的研究主要包括三部分创新性工作：一是构建测算绿色全要素生产率的随机前沿生产函数模型，该模型考虑了能源、排污权、资本和劳动四项投入要素，测算出的绿色全要素生产率兼顾了资源节约和环境保护。二是通过对绿色全要素生产率的分解，发现要素配置效率是绿色全要素生产率的阻碍项，进而分别测算了能源、排污权、资本和劳动的配置效率，发现能源和排污权配置效率均为负。三是界定了要素最优配置状态，将能源和排污权的实际投入量与最优投入量的差异定义为节能潜力和减排潜力，并检验了影响能源和排污权需求的因素。本书的主要研究目的是测算制造业兼顾效率和环境的绿色全要素生产率，进而探究制造业的节能潜力和减排潜力，以期为政府制定节能减排政策提供参考。

本书有两个重要的特色：一是注重定量分析，书中各部分都是用了较多的数量分析方法，众多研究结论都源自调研、数据处理、数据分析和统计计量方法的使用。二是朱红成果的应用价值，对每个重要的子问题都提出了对策和政策建议，并且力图使政策建议和行动方案具有可操作性。

成果面世之际，笔者真诚感谢北京信息科技大学张健教授给予的支持和帮助！

在较短时间内完成"中国制造业绿色化发展路径研究"这样一个复杂、庞大问题的深入研究难度很大，在研究过程中，也常有心有余而力不足之感，特别是由于调研的困难，有些问题分析不全面、思考不深入，这有待今后进一步努力。科学研究的过程是一个不断探索、不断深入的过程。限于笔者的研究能力和学术水平，本书存在的不妥和讹谬之处，欢迎专家、同行批评和指正。

刘艳

2019 年 4 月 28 日

北京信息科技大学

目 录

第一章 导 论 ·· 1

  第一节 研究背景 ·· 2

  第二节 选题的意义 ·· 5

    一、理论意义 ·· 5

    二、现实意义 ·· 7

  第三节 研究思路、框架及内容 ·· 9

    一、研究思路和框架 ·· 9

    二、内容安排 ·· 9

    三、研究方法 ·· 11

    四、创新点 ·· 11

第二章 相关文献综述 ·· 13

  第一节 绿色制造的理论基础及内涵 ·· 13

    一、理论基础 ·· 13

    二、内涵 ··· 15

  第二节 绿色全要素生产率 ··· 16

一、经济增长理论 ··· 16
二、环境经济学 ··· 19
三、全要素生产率测度及应用 ····································· 23
四、绿色全要素生产率测度方法及应用 ··························· 29

第三节 制造业节能潜力 ··· 34
一、要素配置效率 ··· 34
二、要素配置效率的测算方法 ····································· 38
三、能源要素配置效率 ··· 41
四、节能潜力 ·· 43

第四节 制造业减排潜力 ··· 46
一、排污权交易 ··· 46
二、排污权定价 ··· 50
三、制造业排污权配置效率 ·· 51
四、制造业减排潜力 ··· 52

第三章 制造业绿色全要素生产率 ······································· 54

第一节 绿色全要素生产率的测度方法选择 ··························· 54
一、非参数方法 ··· 55
二、参数方法 ··· 57

第二节 绿色全要素生产率测度 ··· 59
一、前沿函数设定 ··· 60
二、统计口径 ··· 62
三、资料来源 ··· 63
四、随机前沿绿色生产函数估计 ··································· 96
五、绿色全要素生产率测度及分解 ································· 99

第三节 绿色全要素生产率影响因素 ··································· 119

一、影响因素检验模型 …………………………………… 120
　　二、影响因素的检验结果 ………………………………… 130

第四节　结论与政策建议 ………………………………………… 133
　　一、结论 …………………………………………………… 133
　　二、政策建议 ……………………………………………… 135

第四章　制造业节能潜力 …………………………………………… 138

第一节　制造业能源配置效率 …………………………………… 139
　　一、能源配置效率测度方法选择 ………………………… 139
　　二、制造业能源配置效率测度 …………………………… 140
　　三、制造业能源配置效率变化特征分析 ………………… 143
　　四、制造业能源配置扭曲分析 …………………………… 144

第二节　制造业能源最优配置 …………………………………… 149
　　一、能源最优配置状态描述 ……………………………… 149
　　二、制造业能源最优投入量 ……………………………… 150
　　三、制造业节能潜力 ……………………………………… 155

第三节　制造业能源需求影响因素 ……………………………… 159
　　一、能源需求影响因素分析 ……………………………… 160
　　二、能源需求影响因素检验 ……………………………… 160

第四节　结论与政策建议 ………………………………………… 162
　　一、结论 …………………………………………………… 162
　　二、政策建议 ……………………………………………… 163

第五章　制造业减排潜力 …………………………………………… 165

第一节　制造业排污权配置效率测度 …………………………… 165
　　一、排污权配置效率测度方法 …………………………… 166

二、制造业排污权配置效率测度 …………………………………… 167
三、制造业排污权配置效率变化特征分析 ……………………… 169
四、制造业排污权配置扭曲分析 ………………………………… 170

第二节 制造业排污权最优配置 ……………………………………… 174
一、排污权最优投入量 …………………………………………… 175
二、制造业减排潜力 ……………………………………………… 180

第三节 制造业排污权需求影响因素 ………………………………… 181
一、排污权需求影响因素分析 …………………………………… 182
二、排污权需求影响因素检验 …………………………………… 182

第四节 结论与政策建议 ……………………………………………… 184
一、结论 …………………………………………………………… 184
二、政策建议 ……………………………………………………… 185

第六章 研究总结与研究展望 …………………………………………… 188

第一节 研究总结 ……………………………………………………… 188
第二节 研究展望 ……………………………………………………… 189

参考文献 ………………………………………………………………… 191

后　记 ………………………………………………………………… 200

第一章 导 论

进入 21 世纪以来,世界经济格局发生了重大变化,国际跨国公司凭借国外直接投资(Foreign Direct Investment,FDI)不断进行全球性生产布局,将能源、污染密集型产业,劳动密集型产业和资本、技术密集型产业中的劳动密集生产环节大量转移到发展中国家,形成了一种国际产业转移的浪潮。中国经过改革开放以来的发展,凭借廉价劳动力的比较优势,依托高投资,承接全球产业转移,逐渐融入到世界生产体系中,外向型制造业快速增长,变为世界的"制造工厂",创造了所谓的"中国奇迹"。2014 年中国人均国内生产总值(GDP)为 7485 美元[①],根据联合国开发计划署的 2014 年收入分类标准,属于中等偏上收入国家。

然而,中国制造业是建立在高能耗、高污染、高投入和低效率的发展模式基础上的。一方面,中国在承接世界产业转移的同时,被锁定在了全球价值链"微笑曲线"的低端,价值链上游的研发和下游的市场营销则被发达国家主导的跨国公司所控制,处于这一分工状态的中国制造业,对能源等要素更加依赖。另一方面,中国尚处于工业化中期阶段,经济发展理论认为,工业化是经济发展的必然阶段,而重化工业(能源、污染密集型产业)的加快发展是工

---

① 参见国家统计局网站,http://www.stats.gov.cn/tjzs/tjsj/tjcb/dysj/201511/t20151112_1273538.html.

业化发展的必然阶段。"中国奇迹"的持续面临着资源枯竭和环境恶化的问题。近些年的雾霾天气拉响了中国环境问题的警报,环境承载能力已经达到或接近上限。兰德公司2015年1月的报告显示,过去十年,中国环境污染造成的损失接近每年国内生产总值的10%,这一比例比韩国、日本等亚洲发达国家高出好几倍,也比美国高很多。中国制造业迫切需要实现经济增长和环境保护兼顾的绿色化发展模式。

中国制造业的绿色化发展模式就是将依靠资本、劳动力和出口驱动的粗放型发展模式转变为依靠全要素生产率驱动的集约型发展模式,同时从只追求经济效率转变为兼顾环境保护,实现效率与"绿色"双赢。

第一节　研究背景

制造业是国民经济的主体,是科技创新的主战场,是立国之本、兴国之器、强国之基。"制造业为社会供应各类必需的生产、生活用品,满足居民和政府部门的物质生活消费的同时也为国民经济各部门的简单再生产活动和扩大再生产活动提供技术装备,决定了国民经济各部门生产设备的先进程度,因而它是基础性、战略性产业,是实现工业化的基础条件,是一个国家综合国力和技术水平的重要体现"[1]。纵观全世界,但凡是经济发达的国家都具有强盛的制造业。美国、英国、德国、日本等发达国家的经济之所以强大,主要是因为这些国家在先进技术的基础上建立起了强大的制造业。发达国家大力发展具有强竞争力的科技含量高、附加值高、处于价值链高端环节的工业制造业体系,在国际分工中获得了具有竞争优势的贸易条件;同时把高能耗、高污染、劳动

---

[1] 李金华,李苍舒. 国际新背景下的中国制造业:悖论与解困之策[J]. 上海经济研究,2010(4):3-12.

第一章 导 论

密集型、低附加值的环节纷纷转移到了发展中国家,发展中国家在承接发达国家产业转移的浪潮中也得到了迅猛发展,涌现出了一些世界性的制造基地。因此,大力发展制造业是一个国家发展经济、跻身世界强国之林的必然选择。

改革开放以来,中国制造业取得的巨大成就使中国经济得以快速增长。然而,中国目前正处于社会转型的过程当中,工业化任务还没有完成,相较于发达国家,中国制造业的发展模式还具有较大的差距:中国制造业的发展以低成本的劳动力为优势,以巨额的能源资源消耗和对自然环境的严重破坏为代价,投入高、污染重、效率低、产业竞争力弱。低廉的劳动力成本价格使中国能够承接发达国家转移的劳动密集型产业和技术密集型产业中的劳动密集型生产环节,配合国内大量的资本投入,使得外向型加工制造业迅速发展壮大,他们替发达国家打工,生产附加值低、利润率低的产品,由此带动的中国制造业呈现出高投入、低效率的发展特征。

然而,无论是中国的劳动力优势还是大量的资本投入均难以为继:在劳动力方面,随着中国人口老龄化的到来,人口红利将逐渐消失。在资本投入方面,改革开放以来,中国的资本形成比例非常高,且上升速度非常快,但是,经过30年的高速增长,资本形成已经基本达到极限,2012年中国的资本形成占比为53%,远高于俄罗斯、巴西和印度等金砖国家。在出口方面,中国出口额占世界出口额的比例已经由1992年的3.42%上升到2012年的11.91%,而且出口还面临着发达国家日益严格的"绿色壁垒""技术壁垒"等非关税壁垒,要维持如此高的出口水平也相当困难。这种以要素和出口驱动的粗放型的增长方式不仅使经济的持续、稳定增长面临着诸多方面的挑战,而且也给自然环境带来了严重的损害。

制造业高能源投入、高污染的发展特征带来的资源枯竭和环境恶化的趋势亟待扭转。作为全球最大的二氧化碳排放国,中国还将在日趋深入的工业化、城镇化进程中,面临着巨大的碳减排压力。耶鲁环境法律和政策中心(YCELP)与哥伦比亚大学的国际地球科学信息中心网(CIESIN)发布的报告显示，中国环境规制强度指数为 -0.58，仅仅排在 146 个国家和地区中的第 115 位，远低于冰岛（1.65）、荷兰（1.62）等发达国家。中国薄弱的环境规制政策也在客观上成为了承接发达国家转移污染密集型产业的"比较优势"，并有沦为发达国家的"污染避难所"的迹象。

因而，中国制造业面临着转变增长方式和保护资源环境的双重压力。根据经济增长理论，劳动、资本、出口和技术是经济增长的重要源泉，在人口红利逐渐丧失、资本投入和出口难以为继的情况下，中国已经意识到中国经济发展唯一能够依托的是技术进步。中国政府于 2009 年出台了《十大产业振兴规划》，并于 2010 年出台了《国务院关于加快培育和发展战略性新兴产业的决定》，选择节能环保产业、新一代信息技术、生物、高端装备制造、新能源、新材料、新能源汽车七大产业作为战略性新兴产业，以协调推进战略性新兴产业的健康发展，实现经济社会可持续发展为战略目标。《国民经济和社会发展第十二个五年规划纲要》指出，要"以重大技术突破和重大发展需求为基础，促进新兴科技与新兴产业深度融合，在继续做强、做大高技术产业基础上，把战略性新兴产业培育发展成为先导性、支柱性产业"。2015 年，国务院印发《中国制造 2025》，部署全面推进实施制造强国，这是我国实施制造强国战略的第一个十年行动纲领。《中国制造 2025》提出，坚持"创新驱动、质量为先、绿色发展、结构优化、人才为本"的基本方针，坚持"市场主导、政府引导，立足当前、着眼长远，整体推进、重点突破，自主发展、开放合作"的基本原则，通过"三步走"实现制造强国的战略目标：第一步，到 2025 年迈入制造强国行列；第二步，到 2035 年我国制造业整体达到世界制造强国阵营中等水平；第三步，到新中国成立一百年时，我国制造业大国地位更加巩固，综合实力进入世界制造强国前列。《国民经济和社会发展第十三个五年规划纲要》指出："十三五"期间，工业化和信息化融合发展水平进一步提高，产业迈向中高端水平，先进制造业加快发展，将提高经济增长质量和全要素生产率作为关键，以解决经济不协调、不可持续、不平衡的问题。这些产业和经济发展政策均体现了政府依托制造业的技术进步转变经济发展方式的强国目的。

面对资源和环境的压力。中国的环境规制政策也经历着不断丰富和完善的改革过程。环境规制的类型包括命令—控制型环境规制和基于市场的激励型环境规制。中国的环境规制政策多以命令—控制为主，近十年基于市场机制促进污染物减排的环境规制政策逐渐丰富。2007年，财政部选择电力行业和太湖流域开展排污权有偿使用和排污交易试点，此后稳步推进资源环境有偿使用制度的试点改革。2011年，国家发展和改革委员会批准北京市、天津市、上海市、重庆市、湖北省、广东省及深圳市作为碳排放交易试点。2014年8月，国务院办公厅印发《关于进一步推进排污权有偿使用和交易试点工作的指导意见》，提出到2017年底基本建立排污权有偿使用和交易制度。"十三五"时期将大力推进以市场之手实现绿色发展的战略。2016年1月，国家发展和改革委员会公布了《国家发展改革委办公厅关于切实做好全国碳排放权交易市场启动重点工作的通知》，提出要充分发挥市场机制在温室气体排放，资源配置中的决定性作用，将石化、化工、建材、钢铁、有色、造纸、电力、航空等一批工业行业第一阶段纳入碳排放交易市场。渐进式的排污权交易机制已经成为中国协调环境保护和经济发展关系的重要手段，减少能源的消耗和污染物的排放无疑是中国制造业走向绿色发展的重要一步。

中国制造业要应对转变增长方式、节约资源和保护环境的压力，就必须在提高全要素生产率的同时实现资源的节约和环境的保护。

第二节　选题的意义

一、理论意义

中国制造业一方面迫切需要由要素、出口驱动的粗放型增长方式转变为依靠全要素生产率驱动的集约型增长方式；另一方面，制造业在追求经济效益的同时，所带来的资源枯竭和环境恶化的趋势也亟待扭转。研究制造业增长方式的转变程度，确定制造业增长方式转变的行动路径，及制造业在追求经济效益时如何兼顾资源节约和环境保护，可以丰富经济增长理论、产业升级理论、环境经济学理论和生产率分析理论。

经济增长基本理论认为，资本、劳动和技术是经济增长最重要的源泉，即 $Y = A * f(K, L)$，A 表示技术，K 表示资本，L 表示劳动。如果将最终产品 Y 面临的市场区分为国内市场和国外市场，则出口 E 成为拉动经济增长的另一个源泉。中国制造业的增长方式需要由依靠要素、出口驱动转变为依靠技术进步驱动，研究在追求技术进步的同时如何兼顾资源环境的问题，丰富了经济增长理论。

产业经济学以"产业"为研究逻辑起点，主要研究科技进步、劳动力等要素资源流动、空间发展与经济绩效的学科以及产业的动态变动规律。产业经济学主要包括产业组织理论、产业结构理论、产业竞争理论、产业布局理论、产业发展理论、产业政策研究等。产业经济学有利于建立有效的产业组织结构；有利于产业结构的优化升级，落实科学发展观；有利于产业的合理布局、降低能耗、提高效益[①]。在研究制造业效率的同时考虑能耗问题，落实科学发展观，是对产业经济学的丰富。

环境经济学认为，社会经济的再生产过程，包括生产、流通、分配和消费，它不是在自我封闭的体系中进行的，而是与自然环境有着紧密的联系。自然界提供给劳动以资源，而劳动则把资源变为人们需要的生产资料和生活资料。劳动和自然界一起才成为一切财富的源泉。社会经济再生产的过程，就是不断地从自然界获取资源，同时又不断地把各种废弃物排入环境的过程。人类经济活动和环境之间的物质变换，说明社会经济的再生产过程只有既遵循客观

---

① 苏东水. 产业经济学 [M]. 北京：高等教育出版社，2010：17 - 18.

经济规律又遵循自然规律才能顺利地进行。当人类活动排放的废弃物超过环境容量时，为保证环境质量必须投入大量的物化劳动和活劳动，这部分劳动已越来越成为社会生产中的必要劳动。同时，为了保障环境资源的永续利用，也必须改变对环境资源无偿使用的状况，对环境资源进行计量，实行有偿使用，使社会不经济性内在化，使经济活动的环境效应能以经济信息的形式反馈到国民经济计划和核算的体系中，保证经济决策既考虑直接的近期效果，又考虑间接的长远效果。基于环境资源的价值属性，研究中国制造业的全要素生产率及不同环境规制政策下环境资源的价值差异所引起的全要素生产率的差异，是对环境经济学的丰富。

全要素生产率是一种包括所有生产要素的生产率测量，是总产量与要素投入量之比。全要素生产率能更好地度量要素使用效率的提高和技术进步的程度，能更好地反映生产率的综合水平及变动情况。同时，全要素生产率也是衡量一个产业增长质量、技术进步和管理效率水平的重要标志。在环境经济学中，环境资源应该被合理计量、有偿使用，环境资源亦是生产过程中有价值的投入要素，基于此，如果将环境资源加入到全要素生产率测量中，所计算的全要素生产率自然就兼顾了经济效率和环境效率，是一个更全面的、体现了可持续发展理念的生产率测量指标。

二、现实意义

实践表明，大量的劳动力和资本投入是中国制造业长期以来发展的动力。中国制造业参与国际分工，融入全球价值链，发展了外向型加工企业，于是出口成为中国制造业发展的另一个动力。但是，大量的资本投入越来越难以维持，人口老龄化到来，人口红利逐渐消失，国际分工中廉价劳动力的比较优势也有被印度、越南等这些具有更低劳动力成本的发展中国家所取代的趋势。发达国家为了维护其在全球制造业价值链中的优势，垄断了核心技术、品牌拓展和市场营销渠道，并抑制发展中国家试图改变其在全球价值链中的低端地位的行为。波特（Porter，2002）认为，"竞争力与廉价劳动力之间并无必然联系，产业竞争中，生产要素非但不再扮演决定性的角色，其价值也在快速消退中，以生产成本或政府补贴作为比较优势的弱点在于更低成本的生产环境会不断出现。由于新技术的快速发展，以往被认为不可能的、不经济的资源会异军突起，同样可以让一个以传统资源见长的国家迅速失去竞争力"。研究中国制造业如何转变增长方式，使全要素生产率成为制造业发展的新动力，如何坚持自主研发，突破关键环节的核心技术；如何充分利用现有技术，放弃粗放型的发展方式；如何科学控制产业规模，果断去除过剩产能；如何提高资源在企业间、行业间和地区间的自由流动，合理配置要素资源，具有紧迫的现实意义。

中国制造业粗放型的增长方式也带来了资源枯竭和环境恶化。在国际上，发达国家在向发展中国家转移劳动密集型产业的同时，也向发展中国家转移了污染密集型产业，使发展中国家沦为"污染天堂"。因此，制造业在面临转变增长方式的压力下也面临着节约资源和保护环境的压力。然而，中国的工业化进程还没有完成，还处在工业化发展的中后期，即重化工业较快发展的阶段，经济发展规律认为要完整地走完工业化阶段，经济才能健康发展，因而，重化工业阶段不能跨越。在此前提下，中国制造业更应该提高全要素生产率，依靠全要素生产率驱动发展的制造业才有可能改善环境污染问题。在能源节约和环境保护的前提下，探索如何将能源和环境同资本和劳动一起被视为投入要素测度中国制造业的"绿色全要素生产率"，具有兼顾经济增长和环境保护的现实意义。

中国的环境规制政策与发达国家相比还不够健全，较弱的环境规制政策给国内制造业的粗放型发展方式提供了空间，制造业缺乏节能减排的内在动力。较弱的环境规制政策也使得发达国家的污染密集型行业得以进驻中国。中国需要科学地完善环境规制政策体系，合理的环境规制政策可以实现经济增长和环

---

① Porter, M. E. What Do We Know about Variance in Accounting Profitability? [J]. Management Science, 2002 (7): 834 – 851.

境保护的双赢,而不合理的环境规制政策会使产业的环境成本大于经济收益,从而阻碍经济的发展。中国制造业的发展既要"金山银山"也要"绿水青山",以提高绿色全要素生产率为目标,研究中国制造业环境规制政策体系的构建具有深远的现实意义。

第三节 研究思路、框架及内容

一、研究思路和框架

本书以中国制造业转变增长方式,保护资源环境为切入点,提出了兼顾资源和环境的中国制造业的绿色全要素生产率的概念。在此基础上测度了中国制造业的绿色全要素生产率,然后将其分解为绿色技术进步、绿色技术效率、绿色规模效率和绿色配置效率,并分别研究了四个分解项的影响因素。据此提出了制造业以追求绿色全要素生产率为目标的经济和环境政策建议;基于分解项绿色配置效率,定义了要素配置的最优状态,分别研究了制造业的节能潜力和减排潜力,并分别研究了影响能源需求和排污权需求的因素,据此提出了制造业节能减排的环境政策建议。本书的研究思路和框架见图1-1。

二、内容安排

本书以中国制造业的绿色化发展为主题,对制造业的绿色全要素生产率,节能潜力和减排潜力进行了定性和定量相结合的研究。报告包括六章,具体安排如下:

第一章提出本书研究的问题、选题的意义、研究的思路、内容框架、研究的创新之处,及有待进一步解决的问题。

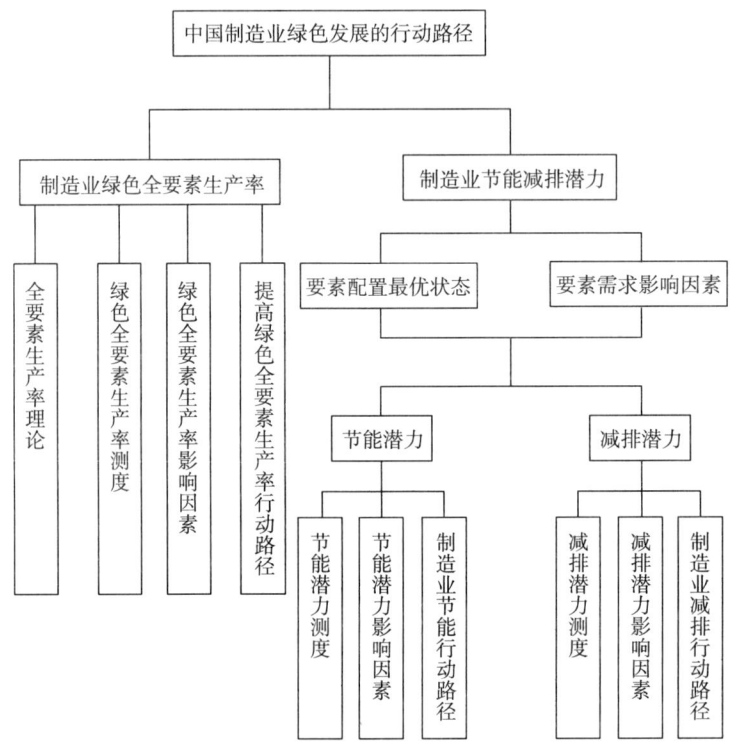

图1-1 本书的研究思路和框架

第二章以本书研究的问题框架为线索，回顾了国内外相关理论和研究成果。

第三章是对制造业绿色全要素生产率的研究。从全要素生产率理论入手，结合环境经济学理论，首先界定了绿色化投入要素，测度了制造业的绿色全要素生产率，并将绿色全要素生产率分解为绿色技术进步、绿色技术效率变化、绿色规模效率变化和绿色配置效率变化四项，分别体现制造业的环境技术和生产技术的进步程度，利用现有环境技术和生产技术达到最大产出能力的变化情况，规模变化对绿色全要素生产率的改进程度和绿色投入要素在企业间、行业间和地区间合理配置程度的变化情况；其次基于环境库兹涅茨曲线，分析并检验了影响绿色全要素生产率及四个分解项变化的因素；最后基于以上研究结果，提出了提高制造业绿色全要素生产率的政策建议。

第四章是对制造业节能潜力的研究。首先，从绿色全要素生产率的分解项绿色配置效率出发，界定了均衡状态下要素配置的最优状态和均衡状态下要素需求的影响因素。其次，基于均衡状态下要素最优配置，测度了制造业能源要素配置的扭曲程度和制造业的节能潜力，基于均衡状态下要素需求的影响因素，检验了制造业能源要素需求的影响因素。最后，基于以上研究结论，提出了制造业节能的政策建议。

第五章是对制造业减排潜力的研究。基于均衡状态下的要素最优配置，测度了制造业排污权要素配置的扭曲程度和制造业的减排潜力，基于均衡状态下要素需求的影响因素，检验了制造业排污权要素需求的影响因素。最后基于以上研究结论，提出了制造业减排的政策建议。

第六章概括总结了研究中所取得的主要成果，并针对研究中存在的不足和尚待研究的问题提出了未来进一步努力的方向。

三、研究方法

本书采用定性分析和定量分析相结合的研究方法。总体上体现为：依据相关经济学原理和中国实践提出问题，以问题和相关经济学理论为线索展开研究；具体到研究中的各个方面时，以核心概念为切入点，先评述了具体研究方法，通过对研究方法的适用性分析，选择合适的方法进行定量研究，然后对定量研究的结果进行定性分析，最后提出了有针对性的政策建议。所用到的定量分析方法主要包括随机前沿技术、面板数据计量模型等。

四、创新点

本书在大量相关理论的基础上，继承了前人的分析方法与研究成果并对其进行综合运用，结合笔者的思考，测度了制造业的绿色全要素生产率，并深入探讨了制造业的节能减排潜力。综合运用适用的技术经济学、经济计量学和统计学的研究方法,测度了中国制造业的绿色化程度,探索了制造业绿色化发展的行动路径。本书从以下几个方面做出了试探性的创新研究:

一是测度制造业绿色全要素生产率具有创新性。

中国制造业面临转变增长方式,保护资源环境的双重压力,基于此,本书提出了制造业绿色全要素生产率的概念,具体测度上,要素投入方面除了考虑传统的资本和劳动力要素外,还考虑了能源要素和排污权要素,其中将排污权视为投入要素是基于环境经济学理论和中国排污权交易市场建立的现实。

二是研究方法的应用具有新颖性。

对制造业进行绿色全要素生产率测度时,采用随机前沿分析方法,采用包含四个投入要素的超越对数前沿函数形式测度并分解了制造业的绿色全要素生产率。对制造业绿色全要素生产率及其分解项的影响因素进行检验时,以环境库兹涅茨曲线为基础构造了影响因素的动态检验面板模型。研究制造业节能减排潜力时,基于绿色全要素生产率的分解项绿色配置效率变化,从理论上界定了均衡状态下要素配置的最优状态,据此分别测度了制造业能源要素和排污权要素的配置扭曲程度、节能减排潜力;从理论上界定了均衡状态下要素需求的影响因素,并据此构造了制造业能源和排污权需求强度影响因素的检验模型。

第二章 相关文献综述

本章回顾了国内外相关理论和研究成果,包括绿色制造的相关研究、制造业绿色全要素生产率的相关研究、制造业节能潜力的相关研究和制造业减排潜力的相关研究。

第一节 绿色制造的理论基础及内涵

一、理论基础

绿色制造以生态文明理论为基础。生态文明,是指人类遵循人、自然、社会和谐发展这一客观规律而取得的物质与精神成果的总和;是指人与自然、人与人、人与社会和谐共生、良性循环、全面发展、持续繁荣为基本宗旨的文化伦理形态。生态文明是人类文明的一种形态,它以尊重和维护自然为前提,以人与人、人与自然、人与社会和谐共生为宗旨,以建立可持续的生产方式和消费方式为内涵,以引导人们走上持续、和谐的发展道路为着眼点。生态文明强调人的自觉与自律,强调人与自然环境的相互依存、相互促进、共处共融,既

中国制造业绿色发展的行动路径

追求人与生态的和谐,也追求人与人的和谐,而且人与人的和谐是人与自然和谐的前提。可以说,生态文明是人类对传统文明形态特别是工业文明进行深刻反思的成果,是人类文明形态和文明发展理念、道路和模式的重大进步。

哥本哈根气候会议之后,低碳经济成为全球关注的焦点,各国对创建节能环保的良好社会形态的要求与日俱增,绿色制造因其对资源需求的降低、对制造效益的提升而逐步成为一种先进的生产制造工艺,受到各国的重视。对于整个社会而言,绿色制造可缓解全球能源日益枯竭的现状,能更好地利用有限的资源,减少资源的消耗和浪费,降低环境污染,为创建和谐社会、推动可持续发展提供保障。1996年,国际环境管理体系标准ISO4001和ISO4004相继颁布,它把环境管理的强制性和改善生态环境及人类生活居住环境的自愿性有机地结合在一起,有利于国际社会找到经济和环境协调发展的依据和正确途径,保证新世纪经济的健康可持续发展。国际环境管理体系标准的提出,是企业发展绿色制造行业的准则,对企业而言,绿色制造的基本理念也是降成本增效益的重要手段和方法。

绿色制造理念在我国的提出和应用是科学发展观的必然趋势,而我国绿色制造理念的应用还处于初步发展阶段,需要在今后的应用中不断创新和开发,以使绿色制造更好地为机械制造业服务,为我国现代化建设节约能源,加快我国机械制造业的国际化进程。绿色制造不但已经成为全球各国家和地区的共识,而且已经在许多地区被践行,被列为许多国家(地区)的经济发展战略。低碳经济概念最先于2003年由英国在其能源白皮书《我们能源的未来:创建低碳经济》中提出。低碳经济是一种以低能耗、低污染、低排放和高能效、高收益、高效益为主要特征,以较少的温室气体排放获得较大产出的新型经济发展模式。可以说,低碳经济是绿色制造的基本诉求,绿色制造的一个重要目标则是打造低碳经济。两者既有前后关系,又同为可持续发展理念的主要构成。

二、内涵

2006年3月14日,第十届全国人民代表大会第四次会议通过的《中华人民共和国国民经济和社会发展第十一个五年规划纲要》提出了"绿色工业"的概念,指出要着力发展高技术、高性能、差别化、绿色环保纤维和再生纤维。承继该规划纲要的理念,2011年3月14日,第十届全国人民代表大会第四次会议批准的《中华人民共和国国民经济和社会发展第十二个五年规划纲要》,提出了"绿色制造",强调制造业发展要兼顾资源节约、环境保护和生态修复。2016年3月16日,第十二届全国人民代表大会第四次会议通过了《中华人民共和国国民经济和社会发展第十三个五年规划纲要》(以下简称"十三五"规划)。在第二章"指导思想"当中提出:"牢固树立和贯彻落实创新、协调、绿色、开放、共享的发展理念,以提高发展质量和效益为中心,以供给侧结构性改革为主线,扩大有效供给,满足有效需求"。这表明中国既要通过"绿色发展"实现生态文明和可持续发展,又要通过"绿色发展"实现经济和社会的发展,由工业经济时代的"褐色文明"向生态文明时代的"绿色文明"转型,最终形成人与自然和谐发展的现代化建设新格局。在第四章"发展理念"当中提出:"绿色是永续发展的必要条件和人民对美好生活追求的重要体现。必须坚持节约资源和保护环境的基本国策,加快建设资源节约型、环境友好型社会,形成人与自然和谐发展的现代化建设新格局,推进美丽中国建设",第二十二章提到了"实施制造强国战略",第二十三章提到了"支持战略性新兴产业发展",第四十三章提到了"推进资源节约集约利用",第四十五章提到了"加强生态保护修复",第六十章"推进健康中国建设"中对绿色制造、绿色能源资源等方面的内容给予了详尽的阐述,关于绿色制造的阐述是:促进制造业朝高端、智能、绿色和服务方向发展;实施绿色制造工程,推进产品全生命周期绿色管理,构建绿色制造体系,走集约节约、低碳、循环的道路。

从概念上看,绿色制造是在可持续发展理念指导下,通过技术创新、制度创新、产业转型等多种手段,尽可能地减少高碳能源消耗,减少温室气体排放,达到经济社会发展与生态环境保护双赢的一种经济发展形态。

第二节 绿色全要素生产率

一、经济增长理论

"经济学"自其诞生起,就将研究什么是财富(性质),如何增进财富作为自己研究的根本目标。1776年亚当·斯密的经典巨著《国民财富的性质和原因的研究》[①] 的出版,标志着经济学从哲学中被分离出来,成为一门独立的社会学科。从亚当·斯密的巨著《国民财富的性质和原因的研究》的题目可以很容易地看出,其主要内容是关于国民财富的性质和如何增进国民财富的研究。从那时起,这两个问题一直是经济学家关注的重大问题。所谓经济增长,就是人均收入的长期增长,真正的经济增长意味着社会总收入必然比人口增长更快,真正的经济增长意味着国民生活水平的显著提高,这是一个社会进步的很重要的体现。经济增长理论其实就是通过建立各种经济模型,考察长期经济增长的动态过程,研究解释经济增长规律和影响制约经济增长因素的理论。

20世纪40年代以前的经济增长理论只是零散的、不系统的理论,每位经济学家在其经济思想中或多或少提到关于经济增长的思想,但并未形成一个体系。亚当·斯密在《国民财富的性质和原因的研究》中指出:"不同时代不同国民的不同富裕程度,曾产生两个不同的关于使国家和人民富裕起来的政治经

---

① 亚当·斯密. 国民财富的性质和原因的研究 [M]. 北京:华夏出版社,2006:78-98.

济学体系：一个可称为重商主义，另一个可称为重农主义。"重商主义认为：金银和各种财宝就是一个国家的财富，调节对外贸易以促进金银的流入。重农主义则专注于农业生产，认为财富由社会劳动每年所再生产的可消费的货物所构成，认为只有农业才是生产，一国经济的增长完全依赖于其农业生产力的高低。重农主义的经济增长理论主要关注于农业生产，没有充分认识到商业、工业也是经济增长的表现，但相对于重商主义认为财富就是金银财宝的观点是巨大的进步，毕竟认识到了只有生产实物才是经济增长。亚当·斯密还讨论了国家制度对经济增长的影响，对于以后内生经济增长理论和新制度经济学的研究都有重要影响。马尔萨斯在《人口理论》中，基于两个假设（总生产函数具有边际生产递减的性质，人口增加导致贫困化的机制），形成了增长"陷阱"理论，该理论在技术水平较低的情况下有其合理性。大卫·李嘉图的经济增长理论主要体现在收入分配方面，他认为经济增长的关键在于资本积累，所谓的资本积累就是资本家在支付劳动者的生活费用后，其所剩余的净收入中用于投资、再生产的那部分。其在该书中提出的"比较优势理论"，对后世的国际贸易、经济增长战略选择具有重要意义。马克思在19世纪前期创立的剩余价值学说中，发展了简单再生产和扩大再生产学说。马克思在《资本论》中先后考察了商品、货币和资本，通过发展简单再生产和扩大再生产理论，提出了关于经济增长的理论。马克思将扩大再生产方式按其实现方式分为外延式扩大再生产和内涵式扩大再生产。外延式扩大再生产就是在生产技术、劳动效率和生产要素质量不变的情况下，依靠增加生产要素数量以及扩大生产场所来扩大生产规模，而内涵式扩大再生产则是依靠生产技术的进步、生产率的提高和适度的制度安排来达到扩大再生产的目的。侯为民（2008）认为外延式扩大再生产和内涵式扩大再生产往往是结合在一起的，有时以内涵式扩大再生产为主，有时又以外延式扩大再生产为主。这种辩证的思维方法，使不同历史阶段的经

---

① 侯为民. 马克思再生产理论与西方经济增长理论的比较及对我国的启示［J］. 中国延安干部学院学报, 2008（1）：89 - 93.

济增长和不同性质的经济增长统一起来,具有科学的说服力。马克思经济增长理论中的外延式扩大再生产思想,在新经济增长理论中都有所体现,产品种类增加与经济增长以及内生经济增长的两部门模型中都有马克思主义经济增长理论的踪迹。

19世纪后半叶,一批运用边际分析方法的新古典经济学者逐渐兴起,他们放弃了古典经济学关于经济增长理论的看法,认为经济增长不过是资本家延迟当前消费以储蓄进行积累再投资,以及企业家对企业的组织管理活动所引起的,他们集中力量于证明资本主义存在合理性的研究,没有着力研究经济增长问题。新古典经济学集大成者阿弗里德·马歇尔(2005)①在《经济学原理》中指出:"现在的满足与延迟的满足之间的选择。财富的积累一般含有满足的某种等待或延期的意思。"但是他们主要研究边际效用价值学说,又反对马克思主义的劳动价值学说,对经济增长理论研究不多。

现代经济增长理论始于20世纪40年代的哈罗德—多马模型,它的形成标志着西方经济学家在经济增长理论上取得了初步进展,是现代经济增长理论研究的开端。哈罗德—多马的模型认为一个社会的经济增长率等于经济体的储蓄率与资本—产出比率的比值,它表明经济增长率与储蓄率呈正相关,与资本—产出比率呈负相关。Solow(1956)②首先提出一个经济增长理论,其后由Swan予以完善,形成了新古典经济增长理论的基石,被学界称为"Solow - Swan经济增长模型"。该模型认为,在长期,如果不考虑技术进步因素,人均收入的增长率为零;如果考虑到技术进步因素,人均收入增长率外生地由技术进步率决定。该理论对以后的经济理论的影响极大,很多理论模型都是在此基础上得到的。Barro(1990)③则考虑了政府活动对经济增长的影响,认为政府

---

① 阿弗里德·马歇尔. 经济学原理 [M]. 北京:华夏出版社,2005:58-79.
② Solow, Robert M. A Contribution to the Theory of Economic Growth [J]. The Quarterly Journal of Economics, 1956, 70 (1):65-94.
③ Barro, Robert J. Government Spending in a Simple Model of Endogenous Growth [J]. Journal of Political Economy, 1990 (98):103-125.

作为公共服务的提供者，才是推动经济增长的决定性力量，政府的一些公共活动具有使生产具有规模报酬递增的性质，从而实现经济内生增长。在 Barro 等人的经济模型中，经济增长率与政府支出规模正相关，而与税收负相关，并主张将比例税制改为一次总付税制以实现经济最优增长。

新制度经济学通过研究广义的制度在经济进程中的作用而形成了关于经济增长理论的学说。诺斯根据 18 世纪以前西方世界的兴起历程，研究了所有权制度和产权制度的演进历程及其对经济增长的作用，认为有效率的经济组织是经济增长的关键，一个有效率的经济组织在西欧的发展正是西方兴起的原因所在。有效率的组织需要在制度上做出安排和确立所有权以便造成一种刺激，将个人的经济努力变成私人收益率接近社会收益率的活动。奥尔森则从分利集团方面来分析制度是如何影响经济增长的。所谓分利集团就是指在社会的总利益中为本集团争取更多更大利益份额而采取集体行动的利益集团，也称为"特殊利益集团"，它们采取集体行动的目标几乎都是争取重新分配财富，而不是为了增加总的产出，大量分利集团的瓦解和缩小往往意味着国家经济更繁荣、社会更平等、政治更安定。

在当代社会，各种生产要素都变得越来越稀缺，这就决定了经济增长研究必然要沿着如何提高生产要素使用效率的方面进行深入研究。但是这一方向却有两个不同的子方向：沿着技术进步方向扩张生产要素的有效数量；沿着制度系统安排方向提高生产要素的有效利用率。其中第二个方向更是以一个经济系统的综合效率的提高为前提的。

二、环境经济学

环境经济学有两个理论支柱：一个是新古典资源配置理论，另一个是科斯经济学。新古典资源配置理论分析市场机制配置资源的效率，为环境经济学提供了理论参照系。科斯经济学强调产权明晰对资源配置效率的决定作用，引导经济学家关注外部性的产权根源，以及环境产权制度的变革问题。

(一) 新古典资源配置理论

稀缺资源的有效配置是新古典经济学的核心问题，并且用边际效用理论和一般均衡理论解决了这个问题，其结论是，让市场机制自由发挥作用，就能够实现资源的有效配置和个人利益最大化。该思想被福利经济学第一定理和第二定理推向极致。福利经济学第一定理声称，若效用函数是严格递增的，则由竞争性市场均衡所决定的资源配置是帕累托有效的。福利经济学第二定理则断言，任何一个帕累托有效的资源配置，都可以由私有产权经济的竞争性均衡来实现。新古典经济学的资源配置理论，特别是阿罗—德布鲁模型想象了一个抽象的、无摩擦的人造世界，该人造世界有一系列严格的假设条件：首先，新古典经济学假设存在完备市场和完全信息。其次，新古典经济学假设所有消费品都是私人物品，而非公共物品。最后，新古典经济学假定消费和生产中不存在外部性，一旦这些假设条件得不到满足，福利经济学的第一和第二定理将不再成立。虽然新古典经济学的假定过于严格，现实世界很难满足，但是在多数经济学家看来，它仍然是一个有价值的分析框架，是分析现实经济问题的参照系。正是新古典经济学对资源配置效率的关注，才使人们以新古典经济学的分析框架为起点，深入分析了不完全市场、公共物品、外部性、不对称信息等问题对资源配置效率的影响，并最终催生了环境经济学这门新学科。

经济学家庇古认为，自由市场经济不可能总是有效率的，从而为政府干预留下很大的空间。他在1920年出版的《福利经济学》中，对自然资源的耗竭、资源的跨期配置，以及该过程中所涉及的风险和不确定性等进行了大量论述。为了合理使用可耗竭资源、保护环境质量、限制过度消费，庇古提出了三条政策措施：国家补贴、税收、立法，特别是针对环境污染的庇古税，现在是许多国家环境政策的主要工具。

新古典资源配置理论对环境资源估价的理论和方法也产生了重要影响。在新古典经济学中，价值是人们为了获得某种商品而愿意放弃的其他商品，商品的价值不仅取决于人们的偏好，还取决于人们已经拥有了多少这种商品。当人们拥有的某种商品越来越多时，其价值就越来越小。与此相对，商品的价格是人们为了获得这件商品而必须放弃的其他商品的数量。价格是由供给和需求共同决定的，价格既反映了商品的"边际供给者"的成本，又反映了商品对"边际购买者"的价值。在这里我们看到了商品价值与价格的区别。商品价格只反映商品对"边际购买者"的价值。对"边际购买者"而言，商品的价格与商品的价值是相等的。但是，对"非边际购买者"而言，他们所购买的商品带给自身的价值，要远远大于他们实际支付的价格，二者之间的差额就是该单位商品的消费者剩余。不同的资源配置状态对应不同的总消费者剩余，也就对应不同的资源净价值。当市场实现均衡时，消费者（以及生产者）所有潜在的获利机会都已经被充分利用，因此资源对整个社会的净价值也达到最大水平。正是在这个意义上，经济学家认为由市场机制来配置资源是最有效率的。但是，对于环境质量这类非市场物品来说，因为不存在市场及市场价格，所以如何估算它们的价值就成为一个现实难题。利用新古典经济学消费者剩余的概念，环境经济学家提出了估价环境资源的"或有估价法"或"意愿估价法"（Contingent Valuation Method）。根据这种方法，环境资源的价值可用"支付意愿"（Willingness to Pay）或"受偿意愿"（Willingness to Accept）来衡量。不论是"支付意愿"，还是"受偿意愿"，实际上都是人们对环境物品价值或有用性的评价。根据这种理论框架，经济学家又提出了估计环境和自然资源价值的具体方法，如生产率变动法、资产价值法、旅行费用法等。

(二) 科斯经济学

科斯在1960年发表的《社会成本问题》中，对庇古税的合理性和必要性提出了质疑。按照庇古的逻辑，之所以要对污染排放者征收污染税，是由于污染者的排污行为对他人造成了损害。但是，在科斯看来，污染者和被污染者之间的损害是相互的，为了避免损害，被污染者反过来会损害污染者。因此，真正的问题不是如何阻止污染者，而是我们应该准许污染者损害被污染者，还是准许被污染者损害污染者。科斯定理认为，只要产权确定是明晰的，且交易成本为零，则无论资源产权归谁所有，经济主体之间的自愿协商都能够实现资源配置效率。科斯定理强调明晰的、可实施的产权对资源配置效率的重要性。

得到法律保护的明晰产权，是保证资源被用于最有价值的用途，进而实现资源有效配置的制度基础。从产权的角度来看，环境问题之所以会产生，原因是环境资源的产权没有得到明确界定。环境资源通常是公共资源，是自由进入和免费利用的，无法进行让渡。于是，环境资源必然被低效率甚至无效率地配置和利用。根据科斯定理，环境资源得到有效配置的状态是额外污染对污染者的边际收益正好补偿了对被污染者的边际损害。通常情况下，环境资源在物理属性上具有不可分性，因而对环境资源界定并实施产权，从技术上来说是不可行的。虽然科斯定理的前提条件过于严苛，但新制度经济学认为有效率的经济制度是经济发展的重要决定因素，而有效率的经济制度又被等同于产权明晰和私有化，所以，倡导用明晰产权的方法来解决外部性和环境污染的科斯经济理论，就成为环境经济学的另一个理论基础。

常见的环境政策有"市场化工具"和"命令—控制型工具"两类。市场化工具包括税收、收费、可交易的许可证、不可交易的排放许可证等工具，命令—控制型工具包括环境标准、排放目标、不可交易的排放许可证等工具。对污染者的每单位排放征税或收费是将外部效应内部化的一个途径。庇古认为要使排污量达到最优，污染的边际税率就应该等于污染的边际损害。如果污染排放量能够被精确地测量，且污染的外部损害能合理地用货币价值衡量，则征收污染税或污染费是可行的、有效的。污染税事实上是对环境资源的使用支付了一个价格，所以，也被称为价格型的政策工具。1968年，加拿大经济学家戴尔斯首先提出为"污染权"创建市场，即排污权交易制度。其基本思想是政府可以根据可允许的污染量来向企业分配或出售"污染许可证"，然后污染许可证可以在市场上买卖。如果这种交易能够给交易双方带来收益，市场将会有效运转，并使污染削减成本最小化。可交易的许可证制度已经在一些国家得到尝试，尤其是在美国被广泛应用。美国中西部地区自1990年开始用排污许可证制度来限制火电厂的二氧化硫排放，洛杉矶从1994年开始，用它来控制其空气区域内的氮氧化物和二氧化硫排放。我国从20世纪90年代中期开始，也陆续在部分中小城市试行了二氧化硫排放的交易许可证制度。排污权交易制度也可以在国际背景下实施：为减少导致全球气候变化的温室气体排放，《京都议定书》安排的清洁发展机制，就是排污权交易在国际背景下的扩展。"命令—控制型"政策主要包括环境标准、技术标准、禁令、不可交易的许可证等。在这类政策下，由国家制定、颁布并实施一系列的法律法规，来规定污染者必须遵守的目标、排放标准和技术标准。

三、全要素生产率测度及应用

研究和关注生产率开始于英国经济学家亚当·斯密，对生产率的定量测量始于20世纪20年代末Cobb–Douglas提出的生产函数概念。自那以后，美国经济学家Abramovitz（1956）① 发现除了生产要素投入引起的产出增长外，还存在其他因素促进了产出增长。Solow（1956）② 将其归结为由技术进步引起产出增长的产出增长率，即"索罗余值"，此后便引起了学界对全要素生产率的关注。

蒂莫西等（2008）③ 将全要素生产率（Total Factor Productivity）定义为："是一种包括所有生产要素的生产率测量，是总产量与要素投入量之比"。传统的生产率测量（单要素生产率测量或部分生产率测量）孤立地考察部分生产率，有可能会对引起总生产率变化的原因产生误导。全要素生产率能更好地

---

① Abramovitz, M. Resource and output trends in the United States since 1870 [J]. The American Economic Review, 1956, 46 (2): 5–23.
② Solow, R. M. A contribution to the theory of economic growth [J]. Quarterly Journal of Economics, 1956, 70 (1): 65–94.
③ [美] 蒂莫西·J. 科埃利，D. S. 普拉萨德·拉奥，克里斯托弗·J. 奥唐奈，乔治·E. 巴蒂斯著，王忠玉译. 效率与生产率分析引论（第二版）[M]. 北京：中国人民大学出版社，2008：89–92.

度量要素使用效率的提高和技术进步的程度,能更好地反映生产率的综合水平及变动情况。同时,全要素生产率也是衡量一个产业增长质量、技术进步和管理效率水平的重要标志。通过对全要素生产率的分解计算,可以确定经济增长中各种投入要素的贡献程度,识别一个行业增长的方式。

转变制造业的增长方式就是从依靠投入增长推动的粗放型增长模式转变为依靠全要素生产率提高来推动的集约型增长模式。因此测度并研究中国制造业全要素生产率显得尤为重要。

(一)理论方法研究

Solow(1957)① 把总产出看作资本、劳动两大投入要素的函数,从总产出增长中扣除资本和劳动所带动的增长,得到的余值("索罗余值",Solow's residual)作为技术进步所带动的产出的增长。他的研究表明,美国在 1909~1949 年的经济增长中 80% 的增长可归结为技术进步的结果,即"索罗余值"。

Solow 的研究揭示了是生产的投入和技术的进步共同促进了经济的增长。然而他的研究也存在一定的缺陷,主要在于假设前提的局限性:资本和劳动力得到充分利用的假设在现实中难以实现;假定所有生产者在技术上都是充分有效的,在经济计量和数学推导的基础上用生产函数间接地测定"余值"(即误差项),将误差项全部归结为技术进步的结果的做法会导致技术进步贡献力被高估,因为"余值"不仅包含了技术进步,还包含了函数模型设定误差、计量误差、统计误差等因素。

Denison(1962)② 对美国经济增长因素进行了详细的分析,他把经济增长归因于生产要素的投入(资本、劳动)带动的增长和生产率的提高导致的增长。Denison 把生产要素生产率的提高分解为资源配置的改善、规模的节约和知识的进步三个方面,并认为知识进步能使生产同样量的产品所需的投入量减

---

① Solow, R. M. Technical change and the aggregate production function [J]. Review of Economics and Statistics, 1957, 39 (3): 312 – 320.

② Denison, E. F. The sources of economic growth in the United States and the alternatives before us [M]. New York: Committee for Economic Development, 1962: 67 – 79.

少，从而实现经济的增长。此外 Denison 还认为，Solow 测量的技术进步之所以存在一个较大的 TFP 增长率，是对资本和劳动两种投入要素的同质性假设造成了对增长率的低估，而这种低估造成了对 TFP 的高估。Jorgenson 等（1967）①采用超越对数生产函数的形式对美国经济的全要素生产率进行了测算，并对投入产出要素进行了细致分解。他的研究使理论和方法进一步深化，为后来的研究提供了广阔的思路和视野。

（二）测度方法应用研究

参数方法和非参数方法是全要素生产率测算的两类主要方法。参数方法包括生产函数法和随机前沿生产模型，非参数方法主要分为指数法和数据包络分析法（Data Envelopment Analysis，DEA）。

1. 生产函数法

生产函数法又称为计量生产模型，在早期的全要素生产率测量中应用比较广泛。使用生产函数法，首先要基于不同的假设前提选择不同生产函数的数学形式。常见的生产函数形式包括：柯布—道格拉斯生产函数、超越对数生产函数以及二次函数生产函数。用这些不同生产函数来计算全要素生产率，都是基于"索洛余值"法，规模报酬不变是其共同的假设前提。Ernst 等（1979）发展了全要素生产率测量的参数方法，该方法不需要依赖规模报酬不变的假设。Subal 和 C. Kumbhakar（1999）②通过测算瑞典水泥工业的生产率和技术进步，比较了几种参数模型在全要素生产率测算中的不同。

2. 随机前沿生产模型

不同于计量生产模型，随机前沿生产模型允许技术无效率的存在，并认为全要素生产率的变化由技术进步和技术效率的变化两部分组成。相较于传统的

---

① Jorgenson, D. W., Grillches, Z. T. The explanation of productivity change [J]. Review of Economic Studies, 1967, 34 (3): 249 – 283.

② Subal, C., Kumbhakar, Almas Heshmati, Lennart Hjalmarsson. Parametric approaches to productivity measurement: A comparison among alternative models [J]. Scan of Economics, 1999 (101): 405 – 424.

生产函数法,这种方法更加接近生产和经济的实际情况。Kumbhakar（2000）①认为全要素生产率由四部分组成：技术进步、技术效率的变化、资源配置效率变化和规模效率变化。孔翔等（1999）②，徐宏毅等（2004）③等运用这种分解方法做了实证方面的尝试。严兵（2008）④采用随机前沿方法研究了中国制造业全要素生产率的变动,并将全要素生产率增长分解为技术进步和效率增进两部分。涂正革等（2005）⑤、王争等（2009）⑥、张军等（2009）⑦、牛泽东等（2012）⑧采用随机前沿方法分析了中国工业全要素生产率的变动,并采用了Kumbhakar的分解公式将全要素生产率增长分解为技术进步、技术效率改进、规模效率变化和要素配置改进四个部分。

3. 指数法

Kendric 和 Dennison 开创了 TFP 增长率测度的指数法,这是一种典型的统计学方法,测量方法包括了帕氏指数、拉氏指数、特姆奎斯特指数、费雪指数和曼奎斯特指数等。指数方法在全要素生产率的测算中一般与数据包络分析法或随机前沿生产函数法一起被用来进行 TFP 的测度和分解,比如 DEA – Malmquist 指数、SFA – Malmquist 指数。

---

① Kumbhakar, S. C., Denny, M., Fuss, M. Estimation and decomposition of productivity change when production is not efficient: A panel data approach [J]. Econometric Reviews, 2000, 19 (4): 312 – 320.

② 孔翔, Robert, E. Marks, 万广华. 国有企业全要素生产率变化及其决定因素: 1990 – 1994 [J]. 经济研究, 1999 (7): 45 – 52.

③ 徐宏毅, 欧阳明德. 中国服务业生产率的实证研究 [J]. 工业工程与管理, 2004 (5): 21 – 29.

④ 严兵. 效率增进、技术进步与全要素生产率增长——制造业内外资企业生产率比较 [J]. 数量经济与技术经济研究, 2008 (11): 16 – 27.

⑤ 涂正革, 肖耿. 中国的工业生产力革命——用随机前沿生产模型对中国大中型工业企业全要素生产率增长的分解及分析 [J]. 经济研究, 2005 (3): 4 – 15.

⑥ 王争, 郑京海, 史晋川. 中国地区工业生产绩效: 结构差异制度冲击及动态表现 [J]. 经济研究, 2009 (7): 4 – 20.

⑦ 张军, 陈诗一. 结构改革与中国工业增长 [J]. 经济研究, 2009 (7): 4 – 20.

⑧ 牛泽东, 张倩肖, 王文. 中国装备制造业全要素生产率增长的分解: 1998 – 2009 [J]. 上海经济研究, 2012 (3), 56 – 73.

4. 数据包络分析法（DEA）

DEA 理论是 Charnes 和 Cooper 在 1978 年提出来的。该方法是使用数学规划（包括线性规划、多目标规划、具有锥结构的广义最优化、半无限规划、随机规划等）模型来评价多投入、多产出的决策单元的有效性。数据包络分析通过使用线性规划的方法，避开了对随机变量分布假设选择及在选择边界生产函数的函数模型选择方面的问题，并且以实物的形式描述多投入和多产出，避开了价格体系不合理等非技术因素对距离函数的影响。DEA 模型分为投入导向型 DEA 模型和产出导向型 DEA 模型，其中被广泛应用的是投入导向型 DEA 模型。此外，DEA 模型与 Malmquist 指数结合起来才能直接应用到全要素生产率模型中。

张海洋（2005）①、陈勇等（2006）②、徐雷（2011）③ 等采用 DEA – Malmquist 指数法分析了中国工业的增长并将增长分解为技术进步、技术效率变化两部分。同样基于指数方法，李丹等（2008）④、李春顶（2009）⑤ 等研究了中国制造业的问题，并在分解时考虑了规模效率变化对增长的贡献。

（三）制造业全要素生产率研究

王永保（2007）⑥ 运用 1992～2004 年的时间序列数据，采用柯布—道格拉斯函数形式的随机前沿生产函数对中国装备制造业的变动趋势及其影响因素进行了分析。结果表明，1992～2004 年，中国装备制造业的全要素生产率呈现先降后升、逐年提高的态势；进一步对装备制造业的全要素生产率增长因素

---

① 张海洋. R&D 两面性外资活动与中国工业生产率增长 [J]. 经济研究，2005（5）：107 – 117.
② 陈勇，唐朱昌. 中国工业的技术选择与技术进步：1985 – 2003 [J]. 经济研究，2006（9）：56 – 61.
③ 徐雷. 中国装备制造业全要素生产率动态实证分析 [J]. 渤海大学学报，2011（1）：119 – 122.
④ 李丹，胡小娟. 中国制造业企业相对效率和全要素生产率增长研究——基于 1998～2007 年行业数据的实证分析 [J]. 数量经济与技术经济研究，2008（7）：31 – 41.
⑤ 李春顶. 中国制造业行业生产率的变动及影响因素——基于 DEA 技术的 1998～2007 年行业面板数据分析 [J]. 数量经济与技术经济研究，2009（12）：58 – 68.
⑥ 王永保. 提高中国装备制造业全要素生产率的途径 [J]. 煤炭经济研究，2007（9）：19 – 21.

进行分析发现，技术进步是全要素生产率提高的主要来源，技术效率水平（34%）还有待进一步提高，中国装备制造业的增长方式属于粗放型。对效率函数的估计结果表明，提高技术进步水平、推进所有制结构改革、提高人力资源素质和提高对外开放水平，有利于提高中国装备制造业的全要素生产率水平。

薛万东（2010）① 采用和王永保相同的数据和随机前沿函数形式，进一步研究发现：在中国装备制造业工业增长诸多因素中，贡献率由高到低依次为：资本投入（53%）、全要素生产率（49%）、劳动投入（-2%），全要素生产率增长对产出增长的平均贡献率在逐步提高，表明中国装备制造业正处于由粗放型向集约型转变的过程中。然而王永保和薛万东的研究采用的随机前沿方法存在一定的缺陷（牛泽东等，2012）②：第一，前沿生产函数采用柯布—道格拉斯形式，常替代弹性、中性技术进步等假设过于苛刻，很可能会引起模型误设；第二，他们采用时序数据估计随机前沿模型，无法反映装备制造业生产率的地区或行业差异，且容易产生序列相关技术效率估计不一致等计量问题；第三，他们对于 TFP 增长的分解仅考虑了技术进步和技术效率变化两方面，而在中国这样的转型经济体中，由于要素市场的不完善，中国工业通过要素重置提高生产率的空间比成熟经济体要大得多，因此，在分析全要素生产率变动的来源时有必要将要素配置效应考虑进去。

李星光和于成学（2009）③ 运用 1995～2006 年的行业面板数据，采用 DEA - Malmquist 指数法对中国装备制造业的全要素生产率增长情况进行了测算，并把 TFP 的增长构成分解为技术进步和技术效率变化两个部分，结果显示，在样本期间内，中国装备制造业全要素生产率平均增长 5.7%，且在不同

---

① 薛万东. 中国装备制造业全要素生产率测算及实证分析 [J]. 产经评论，2010（5）：41-47.
② 牛泽东，张倩肖，王文. 中国装备制造业全要素生产率增长的分解：1998-2009 [J]. 上海经济研究，2012（3）：56-73.
③ 李星光，于成学. 基于 Malmquist 指数的中国装备制造业全要素生产率测度分析 [J]. 科技与管理，2009（5）：102-105.

时期，技术效率和技术进步的贡献存在一定的差异。分行业看，全要素生产率增长最快的是通信设备、计算机及其他电子设备制造业。

王欣和庞玉兰（2011）① 运用 1999～2007 年的省际面板数据，采用三阶段 DEA 模型从时间和空间两个维度测算全要素生产率。结果发现，在样本期间内，全国平均全要素生产率仅为 0.432，进一步根据 Malmquist 指数分析还发现全要素生产率保持了 11.8% 的年均增长速度，且主要来源于技术进步。三阶段 DEA 方法是确定性边界的 DEA 方法的改进，尽管如此，也不能完全剥离环境因素和随机误差对效率值的影响。中国处于转型经济期，受体制转轨和国际市场环境等不完全可控因素的影响大。牛泽东等（2012）② 运用 1998～2009 年的省际面板数据，采用超越对数形式的随机前沿模型研究中国装备制造业全要素生产率的区域及动态变化特征，并根据 Kumbhakar 的方法将全要素生产率增长分解为技术进步、技术效率改进、规模效率变化和配置效率变化四个部分。结果表明，在样本期间内，全要素生产率增长对全国装备制造业产出增长的贡献率仅为 0.117。对全要素生产率增长进行分解发现，技术进步已经成为中国装备制造业全要素生产率增长的主要源泉，资本产出弹性在全要素总产出弹性中的份额相对较小，因而资本投入的迅速增加导致装备制造业的要素配置效率迅速下降。同时，规模报酬呈现明显的递减趋势，利用配置效率和规模效率的改进来提升中国装备制造业的全要素生产率水平还有很大余地。

四、绿色全要素生产率测度方法及应用

传统的全要素生产率存在核算过程中未考虑资源和环境因素的影响的缺陷，测算结果会出现偏差，而且不能完美契合以节约资源、环境友好为核心的

---

① 王欣，庞玉兰. 装备制造业全要素生产率动态测度 [J]. 安徽工业大学学报，2011（2）：6-10.
② 牛泽东，张倩肖，王文. 中国装备制造业全要素生产率增长的分解：1998-2009 [J]. 上海经济研究，2012（3）：56-73.

绿色发展观。因此，有必要将能源消耗和环境污染纳入传统全要素生产率核算框架从而得到绿色全要素生产率（Green Total Factor Productivity，GTFP）。鉴于绿色全要素生产率对评价经济增长的客观性和重要性，近年来国内外众多学者对该领域进行了较为广泛的讨论和研究。以下在对国内外相关文献进行系统梳理的基础上，着重分析和总结了绿色全要素生产率的测度方法及应用：

（一）绿色全要素生产率的测算方法

绿色全要素生产率的计算方法应与全要素生产率测算相同，只是在纳入了资源和环境要素后，一方面使各计算方法变得复杂，另一方面使各方法在具体应用时的适用性有了变化。

如前文所述，参数法主要包括 C－D 函数法、代数指数法和超越对数生产函数法，这三种方法都要求明确生产函数的具体形式，并准确把握投入变量产出变量的相关价格信息。除此之外，参数法的假设前提相对较为严格，要求生产过程满足规模报酬不变假设，且实现生产在技术前沿面上的充分有效。由于这种方法的模型较为简单，在研究初期，国内外很多学者都将参数法运用到全要素生产率测算中。但是，核算绿色全要素生产率需要把污染物排放和能源消耗纳入到生产率测算体系中，而污染物的价格难以获得，参数法的假设条件也难以达到。所以，运用参数法来测算环境约束下的全要素生产率时，计算结果必然存在偏差。

考虑到投入及产出变量的价格信息获取较难，以及参数法的假设前提较难实现，因此，仅需要了解生产函数中投入产出的数量信息，无须设立特定的函数形式的非参数方法应运而生。随着数据包络分析方法的发展，Fare 等[1]将 DEA 与 Caves 等[2]的 Malmquist 指数方法相结合，形成了非参数增长核算方法。这种方法的总体思想是通过构建一种生产函数的随机前沿面，将决策单元与最

---

[1] Fare R. et al. Shawna Grosskopf. Mary Norris. Zhongyang Zhang. Productivity growth technical progress and efficiency change in industrialized countries [J]. The America Economic Review, 1994 (84): 66 - 83.

[2] Douglas W. Caves, Laurits R., Christensen. W. Eriw in Diewert. The economic theory of index numbers and the measurement of input output and productivity [J]. Econometrica, 1982 (50): 1399 - 1414.

优前沿面进行对比,然后利用指数法求得绿色全要素生产率。

1. Shephard 距离函数(Distance Function, DF)和 Malmquist 生产率指数

Shephard 距离函数法解决了生产过程中的多投入多产出问题,将环境污染和能源消耗纳入到核算体系之中时,无须考虑具体的生产函数形式和相关价格信息。基于将 Shephard 距离函数形成的 Malmquist 指数发展成为一种测算全要素生产率的工具,这种非参数的 Malmquist 生产率指数法可以将全要素生产率指数分解为技术进步和技术效率变化指数两部分。运用 Malmquist 指数进行生产率测算的代表文献有 Hailu 和 Veeman①、Telle 和 Larsson②、Rezek 和 Perrin③。因为 Shephard 距离函数法的本质是径向的,无法满足期望产出增加的同时非期望产出减少,所以非径向的距离函数及其指数法很快取代了这类研究方法。

2. 方向性距离函数(DDF)和 Malmquist – Luenberger 指数

Chung 等④在 Shephard 径向距离函数的基础上,提出了方向性距离函数并将 Malmquist 指数扩展为 Malmquist – Luenberger 指数。这种方向性距离函数模型同样需要对基于投入和产出的测度角度进行选择,但方向性距离函数的一个优点是,它除了可以模拟多投入多产出的情况,还可以同时考虑期望产出增加和非期望产出减少。目前,文献多采用传统径向的、角度的 DEA 方法来计算

---

① Hailu A., Veeman T. S. Environmentally sensitive productivity analysis of the Canadian pulpand paper industry, 1959 – 1994: An input distance function approach [J]. Journal of Environmental Economics and Management, 2000 (40): 251 – 274.

② K. Telle, J. Larsson. Do Environmental regulations hamper productivity growth? How accounting for improvements of plants: environmental performance can change the conclusion [J]. Ecological Economics, 2004, 61 (2 – 3): 438 – 445.

③ Rezek J. P., Perrin R. K. Environmentally adjusted agricultural productivity in the great Plains [J]. Journal of Agricultural & Resource Economics, 2004, 29 (2): 346 – 369.

④ Chung Y. H., Fare T., Grosskopf S. Productivity and undesirable outputs: a directional distance function approach [J]. Journal of Environmental Management, 1997 (51): 229 – 240.

方向性距离函数。包括 Fare 等①、吴军②、郑丽琳等③都采用这一方法对部门或地区的绿色全要素生产率进行测算。但是，这种方法要对测度角度进行选择，会使得 Malmquist – Luenberger 指数的最终测量结果不准确。

3. SBM 方向性距离函数和 Luenberger 生产率指标

尽管方向性距离函数满足了期望产出增加和非期望产出减少，但却要求期望产出和非期望产出增加或减少的比例是相同的。为解决这一问题，Tone④提出了 SBM 模型，这一模型不需要选择角度且距离函数具有相加性。这种非径向、非角度的序列 DEA 方法拟合了当期以及前期所有观测值，克服了当期 DEA 测算时的短期观测值波动的弊端，解决了投入产出不足即非松弛问题。与 SBM 方向性距离函数相适用的 Luenberger 生产率指数法在对绿色全要素生产率进行分解时可以从投入与产出两个角度进行，代表性的文献有 Wang 和 Wei⑤、王兵等⑥、原毅军和谢荣辉⑦。然而，在线性规划求解过程中，这一模型加入了更多的约束条件，在测算过程中会出现无可行解的情况。

(二) 制造业绿色全要素生产率的应用研究

制造业生产的特点决定了该行业的环境污染和资源浪费问题相比其他行业更加突出，国内外学者关于制造业领域绿色全要素生产率的关注度较高，尤其对中国工业绿色全要素生产率更加关注。制造业绿色全要素生产率的研究主要

---

① Fare R., Grosskopf, Shawna, Pasurka, Carl. Accounting for air pollution emissions in measuring state manufacturing productivity growth [J]. Journal of Regional Science, 2001, 41 (3): 381 – 409.

② 吴军. 环境约束下中国地区工业全要素生产率增长及收敛分析 [J]. 数量经济技术经济研究, 2009 (11): 17 – 27.

③ 郑丽琳, 朱启贵. 纳入能源环境因素的中国全要素生产率在估算 [J], 统计研究, 2013 (30): 9 – 17.

④ Tone K. A slacks – based measure of efficiency in data envelopment analysis [J]. European Journal of operational Teaearch, 2001, 130 (3): 498 – 509.

⑤ Wang K., Wei Y. M. Sources of energy productivity change in China curing 1997 – 2012: A decomposition analysis based on the Luenberger productivity indicator [J]. Energy Economics, 2015 (54): 50 – 59.

⑥ 王兵, 吴延瑞, 颜鹏费. 中国区域环境效率与环境全要素生产率增长 [J]. 经济研究, 2010 (5): 95 – 109.

⑦ 原毅军, 谢荣辉. 基于环境因素的中国农业生产率增长研究 [J]. 中国人口·资源与环境, 2011 (21): 153 – 157.

可归纳为以下两个方面：一是从制造业细分行业层面来研究绿色全要素生产率的增长。比如李玲和陶锋①将中国 28 个制造业部门划分为重度污染产业、中度污染产业和轻度污染产业三类，依次分析了三大部门环境规制强度的合理性；李斌等②利用中国 36 个工业行业的投入产出数据，研究了工业行业的绿色全要素生产率及其技术效率，发现中国 36 个工业行业的绿色全要素生产率在 2001～2010 年出现了倒退，进而指出绿色全要素生产率的下降导致了其对工业经济增长贡献率的下降。二是从工业部门的角度研究绿色全要素生产率的增长，比如 Fare 等③利用 Malmquist – Luenberger 指数测算得到了美国制造业的绿色全要素生产率为 1.7%，而忽略环境因素的传统全要素生产率为 3.6%；陈诗一④基于方向性距离函数对改革开放以来中国工业全要素生产率进行了重新估算，发现不考虑环境资源约束的传统全要素生产率显著高于绿色全要素生产率。不管是工业细分层面的研究还是工业部门角度的研究，学者们多会将工业绿色全要素生产率与未考虑资源环境的传统全要素生产率进行对比，Lee 等⑤和陈超凡⑥均得到了工业绿色全要素生产率明显低于传统全要素生产率的结论。

---

① 李玲，陶锋. 中国制造业最优环境规制强度的选择——基于绿色全要素生产率的视角 [J]. 中国工业经济，2012 (5)：70 - 82.

② 李斌，彭星，欧阳铭珂. 环境规制、绿色全要素生产率与中国工业发展方式转变——基于 36 个工业行业数据的实证研究 [J]. 中国工业经济，2013 (4)：56 - 68.

③ Fare R., S. Grosskopf, and C. A. Pasurka Jr. Accounting for air pollution emidions in measurs of state manufacturing productivity growth [J]. Journal of Regional Science, 2001, 41 (3): 381 - 409.

④ 陈诗一. 中国的绿色工业革命：基于环境全要素生产率视角的解释 (1980 - 2008) [J]. 经济研究，2010 (11)：21 - 34.

⑤ Lee B., Wilson C., Pasurka C. The good, the bad and the efficient: productivity, efficiency and technical change in the airline industry, 2004 - 2008 [J]. Carl Pasurka, 2014, 2 (2): 18959 - 18973.

⑥ 陈超凡. 中国工业绿色全要素生产率及其影响因素——基于 ML 生产率指数及动态面板模型的实证研究 [J]. 统计研究，2016 (33)：53 - 62.

第三节 制造业节能潜力

一、要素配置效率

(一) 要素配置

资源配置（Resource Allocation）是对相对稀缺的资源在各种不同用途上加以比较作出的适用选择。资源是指社会经济活动中人力、物力和财力的总和，是社会经济发展的基本物质条件。在社会经济发展到一定阶段时，相对于人们的需求而言，资源总是表现出相对的稀缺性，从而要求人们对有限的、相对稀缺的资源进行合理配置，以便用最少的资源耗费，生产出最适用的商品和劳务，获取最佳的效益。资源配置合理与否，对一个国家经济发展的成败有着极其重要的影响。一般来说，资源如果能够得到相对合理的配置，经济效益就显著提高，经济就能充满活力；否则，经济效益就明显低下，经济发展就会受到阻碍。

在社会化大生产条件下，资源配置有两种方式：一种是计划配置，计划部门根据社会需要和可能，以计划配额、行政命令来统管资源和分配资源。在一定条件下，这种方式有可能从整体利益上协调经济发展，集中力量完成重点工程项目。但是，配额排斥选择，统管取代竞争，市场处于消极被动的地位，从而易于出现资源闲置或浪费的现象。另一种是市场配置即依靠市场运行机制进行资源配置的方式。这种方式可以使企业与市场发生直接的联系，企业根据市场上供求关系的变化状况和产品价格的信息，在竞争中实现生产要素的合理配置。但这种方式也存在着一些不足之处，例如，由于市场机制作用的盲目性和滞后性，有可能产生社会总供给和社会总需求的失衡、产业结构不合理，以及市场秩序混乱等现象。

要素配置效率是指以投入要素的最佳组合来生产出"最优的"产品数量组合。在投入不变的条件下，通过资源的优化组合和有效配置，效率会提高，产出会增加。帕累托效率（Pare to Efficiency）也称为帕累托最优、帕累托改善、帕雷托最佳配置，是博弈论中的重要概念，并且在经济学中用来描述要素的最优配置状态。

（二）要素最优配置

帕累托最优是指资源分配的一种理想状态，假定固有的一群人和可分配的资源，从一种分配状态到另一种状态的变化中，在没有使任何人境况变坏的前提下，使得至少一个人变得更好，这就是帕累托改进或帕累托最优化。帕累托最优的状态就是不可能再有更多的帕累托改进的余地，换句话说，帕累托改进是达到帕累托最优的路径和方法。帕累托最优是公平与效率的"理想王国"。帕累托改进是指一种变化，在没有使任何人境况变坏的前提下，使得至少一个人变得更好。一方面，帕累托最优是指没有进行帕累托改进的余地的状态；另一方面，帕累托改进是达到帕累托最优的路径和方法。帕累托最优是以提出这个概念的意大利经济学家维尔弗雷多·帕累托的名字命名的，维尔弗雷多·帕累托在他关于经济效率和收入分配的研究中使用了这个概念。如果一个经济体不是帕累托最优，则存在一些人可以在不使其他人的境况变坏的情况下使自己的境况变好的情形。普遍认为这样低效产出的情况是需要避免的，因此帕累托最优是评价一个经济体和政治方针的非常重要的标准。

达到帕累托最优需要三个条件：第一是交换最优，即使再交易，个人也不能从中得到更大的利益。此时对任意两个消费者，任意两种商品的边际替代率是相同的，且两个消费者的效用同时得到最大化。第二是生产最优，要求经济体必须在自己的生产可能性边界上。此时对任意两个生产不同产品的生产者，需要投入的两种生产要素的边际技术替代率是相同的，且两个生产者的产量同时得到最大化。第三是帕累托效率，经济体产出产品的组合必须反映消费者的偏好。此时任意两种商品之间的边际替代率必须与任何生产者在这两种商品之间的边际产品转换率相同。

(三) 要素配置扭曲

就市场扭曲的相关研究来看，更多的研究开始从行业层面转向微观企业层面，综合行业和企业两个层面的研究很少（王芃和武英涛，2014）。目前微观企业层面的相关研究多数只估计了要素之间的相对扭曲程度，而就各类要素在不同企业间市场相对扭曲情况的研究则很少，尽管有部分文献（龚关和胡关亮，2013）考虑了企业间要素的相对扭曲情况，仅比较了要素的边际收入产出而未考虑价格因素，但实际上各企业的要素价格可能差异较大（鄢萍，2012）。在这个意义上，仅使用要素边际收入难以反映不同要素间内在的价格差异性。

王芃等（2014）认为，市场扭曲既有产业层面的市场扭曲，又有企业层面的市场扭曲。而且，企业层面市场相对扭曲程度的变化可能将通过行业总体要素的投入产出变化来影响行业层面的市场扭曲测度，进而影响行业的全要素生产率和整个经济总体的全要素生产率。Restuccia 和 Rogerson（2013）、孔东民等（2013）同样认为，同一行业内各企业间因面临的税收政策，要素资源价格和可获得性等方面的不公平性，导致企业间存在市场扭曲。

近年来，越来越多的学者开始关注资源配置效率对全要素生产率的影响。他们认为发展中国家的要素市场不够发达、行政干预较多等导致其资源配置效率不高，妨碍了全要素生产率的提高（Restuccia & Rogerson，2008①；Hsieh & Klenow，2009②；Bollar et al.，2014③）。那么，一个随之而来的问题是：要素资源重新配置对全要素生产率的影响程度到底有多大？Hsieh 和 Klenow（以下

---

① Restuccia, D., R. Rogerson. Policy distortions and aggregate productivity with heterogeneous establishments [J]. Review of Economic Dynamics, 2008, 11 (4): 707 – 720.

② Hsieh, C. T., P. Klenow. Misallocation and manufacturing TFP in China and India [J]. Quarterly Journal of Economics, 2009, 124 (4): 1403 – 1448.

③ Bollard, A., P. Klenow., H. Y. Li. Entry costs rise with development [R]. Working Paper, 2014.

简写为 H - K，2009）对此进行了开创性的研究，其在 Melitz（2003）① 的基础上建立起要素配置扭曲同全要素生产率间的关系，提出可以使用全要素生产率的离散程度来衡量资源配置效率。实证结果表明，若中国的资源配置效率能够达到美国的水平，制造业的 TFP 将提高 30% ~ 50%；若完全消除要素市场的扭曲，制造业的 TFP 可以提高 86.6% ~ 115%。朱喜等（2011）② 基于 H - K 的方法，在完全竞争的市场环境下测量了要素配置不当对农业全要素生产率的影响；龚关和胡关亮（2013）③ 进一步改进了 H - K 中对规模报酬不变的假设，并使用资本和劳动边际产出的方差衡量了资本和劳动的配置扭曲程度。

　　以上研究深入地分析了中国经济中存在的扭曲，具有较强的实际意义。但是，他们主要关注的是要素市场扭曲对在位企业资源配置的影响。而从现实来看，要素市场的不完备还会扭曲企业行为（如进入和退出行为等）。例如，虽然国有企业的生产效率要低于民营和外资企业，但却可以以较低的价格获得银行贷款进行生产；而民营和外资企业虽然生产效率更高，但是由于在要素市场中处于劣势而无法进入市场。因此，要素市场扭曲不仅可能使企业间资源配置不当，还可能阻碍更有效率的企业进入到市场中，从而产生更大的效率损失。Banerjee 和 Moll（2010）④ 对资源配置不当进行分类，认为若在位企业边际产出不相等，那么通过在位企业间的资源重新配置可以提高总产出，这意味着此时存在狭义资源配置不当；若可以通过将在位企业的资本重新配置给其他潜在的生产者来提高经济的总产出，那么此时存在广义的资源配置不当。Midrigan 和 Xu（2014）⑤ 认为，资本市场摩擦会扭曲企业的进入退出行为和技术使用

---

① Melitz, M. The Impact of trde on intra - industry reallocations and aggregate industry productivity [J]. Econometrica, 2003, 71 (6): 1695 - 1725.
② 朱喜, 史清华, 盖庆恩. 要素配置扭曲与农业全要素生产率 [J]. 经济研究, 2011 (5): 34 - 52.
③ 龚关, 胡关亮. 中国制造业资源配置效率与全要素生产率 [J]. 经济研究, 2013 (4): 36 - 54.
④ Banerjee, A. V., B. Moll. Why does misallocation persist? [J]. American Economic Journal: Macroeconomics, 2010, 2 (1): 189 - 206.
⑤ Midrigan, V., D. Y. Xu. Finance and misallocation: Evidence from plant - level data [J]. American Economic Review, 2014, 104 (2): 422 - 458.

决策，而微观数据证明由于在位企业边际产品不等所引致的狭义效率损失非常小，相反，要素市场不完备导致的广义扭曲却会引起更大的效率损失。Peters（2013）[①]认为资源配置不当会改变企业的研发行为和进入决策从而影响经济增长，基于微观数据的实证分析表明，资源配置不当所造成的动态效率损失是静态时的4倍之多。Jaef（2014）[②]同样将要素市场扭曲同企业进入退出行为联系起来，揭示了要素市场扭曲通过广义资源配置不当对长期经济增长产生影响。在以中国为主要研究样本的研究中，如Hsieh和Klenow（2009）、龚关和胡关亮（2013）、邵宜航等（2013）主要考察了使在位企业边际产出相同时全要素生产率的改进空间，即狭义的要素配置不当。

二、要素配置效率的测算方法

要素配置效率的测度方法主要有基于全要素生产率的前沿测度方法和"边际法则"。如前文所述，前沿生产函数的估计方法主要有两种：一种是参数方法，另一种是非参数方法。参数方法是以计量经济方法为基础，用统计方法估计出模型参数和效率值。随机前沿分析方法（Stochastic Frontier Analgsic, SFA）就是参数分析方法的一个典型代表，且目前在效率研究中的应用也最广泛。非参数方法是用纯数学的线性规划方法求解前沿面，如数据包络分析方法。对两种方法的简单介绍如下：根据对已有研究文献的总结可以发现，生产要素配置效率测算的参数方法主要包括：确定性参数前沿分析（Deterministic Parametric Frontier Analysis, DPFA）、随机前沿分析（Stochastic Frontier Analysis, SFA）、自由分布分析（Distribution Free Analysis, DFA）和厚前沿分析（Thick Frontier Analysis, TFA）。在目前效率测算的研究领域中，随机前沿分析方法是应用最广泛的参数分析方法，该方法可以称得上是参数分析方法的典

---

① Peters, M. Heterogeneous Mark-ups, growth and endogenous misallocation [R]. Working Paper, 2013.
② Jael Fattal, R. N. Entry, exit and misallocation frictions [R]. Working Paper, 2014.

型代表，而自由分布分析和厚前沿分析也都是以随机前沿分析方法为基础，通过进一步变形得出的方法。非参数方法主要包括：自由可置壳（Free Disposal Hull，FDH）方法和数据包络分析方法。

在规模报酬不变和完全竞争市场的假设前提下，前沿方法或者用要素投入的成本份额与要素投入的产出份额的差异与投入要素增长率乘积来表示投入要素配置效率（孙传旺和李伯强，2014）①，或者用全要素生产率的离散程度来衡量资源配置效率（Hsieh & Klenow，2009）。龚关和胡关亮（2013）② 在 Hsieh 和 Klenow（2009）提出的测算资源配置效率方法的基础上，突破了模型规模报酬不变的限制，提出以投入要素的边际产出价值的离散程度作为衡量资源配置效率的指标。利用 1998～2007 年中国制造业微观数据，首先采用半参数估计方法估计出行业的要素产出弹性，然后结合一个涉及异质产品的垄断竞争模型计算得到：若资本和劳动均为有效的配置，1998 年我国的制造业全要素生产率将提高 57.1%，而 2007 年将提高 30.1%；此外，在这 10 年里，资本配置效率的改善促进全要素生产率提高了 10.1%，而劳动配置效率的改善促进全要素生产率提高了 7.3%。朱喜等（2011）③ 认为，用数据包络分析和随机前沿分析等方法来研究技术、要素投入或者要素配置对全要素生产率变化的影响时，可以衡量生产的技术和配置效率等，但不能解析配置扭曲的来源，而且不能分析生产单位个体的配置扭曲与总量全要素生产率的联系，因此，可以通过利用土地禀赋不变的完全竞争模型对农村各类市场的绩效考察来弥补这个缺憾。他们运用 2003～2007 年全国农村固定跟踪观察农户数据，实证分析了中国东部、中部、西部以及东北地区农户家庭生产的要素配置扭曲程度及其与总量全要素生产率的关系，发现不同地区农户要素配置的扭曲存在显著的差异：从扭曲水平和发散程度来看，东部和西部地区的资源配置扭曲较为严重，

---

① 孙传旺，林伯强. 中国工业能源要素配置效率与节能潜力研究 [J]. 数量经济与技术经济研究，2014（5）：86-99.
② 龚关，胡关亮. 中国制造业资源配置效率与全要素生产率 [J]. 经济研究，2013（4）：36-54.
③ 朱喜，史清华，盖庆恩. 要素配置扭曲与农业全要素生产率 [J]. 经济研究，2011（5）：34-52.

中部、东北地区的配置效率较高。即使不考虑技术因素，如果有效消除资本和劳动配置的扭曲，农户的农业全要素生产率有望再增长20%以上，其中东部和西部地区的改进空间超过30%。要素配置的扭曲程度主要取决于农村非农就业机会、金融市场和土地规模。促进社会转型是提高农业生产率的主要途径。邵宜航等（2013）①认为Hsieh和Klenow（2009）中的推算结论与其计算程序之间存在差异，在得到Hsieh和Klenow提供的计算程序基础上重新核实并详细地推算了测算公式。基于中国工业企业数据库对1998～2007年的资源配置状况进行了再测算。分析显示，这期间中国工业企业资源配置效率呈现先改善后恶化的态势，其中企业规模对资源配置扭曲的影响最为显著，大企业的资源配置效率逐渐改善，而小型企业间的资源配置效率则逐渐恶化，两者的综合效应则使得中国工业企业间总体资源配置扭曲程度呈现恶化趋势。此外，总体而论，金融市场等导致的扭曲损失大概是交通等基础设施的两到三倍，对大、中规模企业而言，交通等设施的扭曲影响则与金融的影响不相上下。最后，针对分析结论进一步探讨了相关对策建议。

"边际法则"用估计出的要素的边际收入产出与现实要素价格进行比较来测度要素配置效率的要素配置扭曲程度。Petrin和Levinsohn（2012）②构建了用来测算微观企业层面总生产效率增长的模型框架（Aggregate Productivity Growth Model，APG），张杰（2016）③在Petrin和Levinsohn（2012）的基础上，将企业的进入和退出行为引入APG模型，测算了中国制造业部门的要素配置效率，并力图探究其中的变化机制以及核心的影响因素，进而为合理解决制造业要素配置效率低下以及生产率增长乏力寻找合适的政策措施。施炳展和

---

① 邵宜航，步晓宁，张天华. 资源配置扭曲与中国工业全要素生产率——基于工业企业数据库再测算 [J]. 中国工业经济，2013（12）：27-41.
② Petrin A., Levinsohn J. Measuring aggregate productivity growth using plant-level data [J]. Rand Journal of Economics, 2012, 4（4）：705-725.
③ 张杰. 中国制造业要素配置效率的测算、变化机制与政府干预效应 [J]. 统计研究，2016（3）：72-81.

冼国明（2012）① 采用 C-D 生产函数方法，利用 1999~2007 年微观企业数据中国工业企业测度要素价格扭曲。其基本思想是，估计生产函数求出要素的边际产出，即要素应得报酬；然后与要素实际报酬做比值，如果比值大于 1，说明要素应得大于要素实际所得，要素价格被负向扭曲，反之要素价格被正向扭曲。结果发现，中国工业企业要素价格存在严重负向扭曲并有增加趋势；东部地区、外资、港澳台资和私营企业扭曲程度最高。

三、能源要素配置效率

以中国目前的市场化水平来看，要素市场的扭曲程度要大于产品市场，行政力量在很大程度上决定着要素配置以及要素价格。尤其是在能源要素市场中，有形的手几乎完全主导着石油、电力等价格的制定。同时，由于工业发展和社会稳定的需要（张曙光和程炼，2010）②，能源要素价格长期处于相对被低估的状态（Sun & Lin，2013）③。而相对被低估的能源要素价格最终导致某些行业对能源的过度使用，造成能源要素配置的扭曲。

近年来一部分学者对中国要素配置扭曲与能源要素配置效率的问题进行了定量测度与经验分析。林伯强和杜克瑞（2013）④ 利用面板数据的固定效应随机前沿模型和反事实计量的方法，对我国 1997~2009 年要素市场扭曲的能源效应进行实证分析。研究结果表明，要素市场扭曲对我国能源效率的提升有显著负面影响；消除要素市场扭曲年均可提高 10% 的能源效率和减少 1.45 亿吨标准煤的能源浪费；要素市场扭曲的能源损失量占总能源损失的 24.9%~33.1%。因此，进一步推动我国要素市场的市场化进程，提高能源效率，发挥

---

① 施炳展，冼国明. 要素价格扭曲与中国工业企业出口行为 [J]. 中国工业经济，2012（2）：47-56.

② 张曙光，程炼. 中国经济转轨过程中的要素价格扭曲与财富转移 [J]. 世界经济，2010（10）：12-24.

③ Sun C. W., Lin B. Reforming residential electricity tariff in China: Block tariffs pricing approach [J]. Energy Policy, 2013, 60（9）：741-752.

④ 林伯强，杜克瑞. 要素市场扭曲对能源效率的影响 [J]. 经济研究，2013（9）：125-136.

市场对资源的配置作用,对建设节约型社会具有重大的现实意义。何晓萍(2011)[①]通过构建关于过度能源投入的随机前沿模型讨论工业部门的节能潜力及影响因素,发现一年间工业能源投入效率呈动态改进趋势,所有制结构和对外开放是影响工业能源投入效率的显著因素,工业节能潜力集中在重工业,重工业的效率改进是工业节能潜力的主要来源。以相对前沿的过度投入来衡量节能潜力,通过提高技术效率可实现的工业节能潜力较大。孙传旺和林伯强(2014)[②]认为现有文献计量的能源要素配置效率几乎都没有充分考虑能源的价格扭曲,导致现实中能源要素配置中存在的典型事实(即不完善的能源要素市场所形成能源要素价格与市场出清价格的偏离)无法得到准确体现。因此,如果不能从生产函数与要素价格信息中反映资本、劳动和能源等要素的实际投入与有效投入之间的扭曲程度,便很难测度中国制造业能源要素的配置效率。魏楚和沈满洪(2009)[③]构建了一个考虑要素价格信息的全要素能源经济效率指标,以测度不同经济体在实现"产出最大化"和"成本最小化"两个维度上的相对效率,并分解出规模效率和配置效率;在此基础上利用世界35个主要国家(地区)1998~2003年的面板数据进行测算。结果显示,在所有样本中,卢森堡的全要素能源经济效率最高,印度尼西亚最低,中国的平均排名为第31位,其能源利用低效主要是由较低的规模效率和要素配置效率所致。其所蕴含的政策含义在于:一方面,需要通过优化投资质量和完善要素市场等方式来提高规模效率;另一方面,短期内可以通过提高能源价格来改善要素配置效率,长期来看,加强人力资本投资、提高劳动生产率则更符合中国的现实需求。

---

① 何晓萍. 中国工业的节能潜力及影响因素[J]. 金融研究,2011(11):34-46.
② 孙传旺,林伯强. 中国工业能源要素配置效率与节能潜力研究[J]. 数量经济技术经济研究,2014(5):86-99.
③ 魏楚,沈满洪. 规模效率和配置效率——一个对中国能源低效的解释[J]. 世界经济,2009(4):84-96.

四、节能潜力

大多数关于中国节能潜力的文献都认同节能潜力反映的是实际能源消费与目标能源消费的差距,认为技术效率和配置效率的缺失将产生节能的空间(傅晓霞和吴利学,2006)①。而不同学者对节能潜力的分歧主要集中在对目标能源消费或能源效率的界定和计量方法上。蔡圣华等(2012)② 从成本最小化角度入手,基于省级面板数据,通过构建静态和动态面板数据模型,对我国能源效率变动的影响因素进行了深入分析,并通过样本内拟合标准和样本外预测标准进行模型选择,以确定最优的计量模型,进而对"十二五"期间我国提高能源效率的目标进行了估计。研究结果表明,人均收入水平、产业结构、城市化水平、政府科研支出、技术进步、能源价格以及资本调整速度都对我国的能源使用效率有重要影响。模拟结果表明,在一切照旧的情况下,"十二五"期间我国的节能潜力也可达到5%左右。而在政府制定适当的节能政策的情况下,"十二五"期间的节能潜力可以达到14%~17%,但是更高的节能目标不容易实现。史丹(2006)③ 提出了一个相对能源效率标准,将本省实际能源强度与同一时期能源强度最低的省份作比较,并将两者之间的差距作为节能的潜力。同时,笔者对影响能源效率的影响因素进行了分析,发现能源效率和人均GDP是同向变动的。Lin等(2006)④ 应用Laspeyres指数分解方法,通过对各产业和部门的详细分析,考察了我国实现"十一五"规划20%节能目标的可能性,并提出了相应的政策措施。Yang(2008)⑤ 则从中国的经济增长趋势、

---

① 傅晓霞,吴利学. 技术效率、资本深化与地区差异——基于随机前沿模型的中国地区收敛分析[J]. 经济研究,2006(10):52-61.
② 蔡圣华,杜立民,毕清华. 我国提高能源效率的目标设计[J]. 中国管理科学,2012(6):152-160.
③ 史丹. 中国能源效率的地区差异与节能潜力分析[J]. 中国工业经济,2006(10):49-58.
④ Lin J., Zhou N., Levine M. Achieving China' starget for energy intensity reduction in 2010: an exploration of recent trends and possible future scenarios[R]. Lawrence Berkeley National Laboratory, Berkeley, 2006.
⑤ Ming Y. China's energy efficiency target 2010[J]. Energy Policy, 2008, 36(2):561-570.

产业结构、节能措施和技术进步等方面入手，分析了到2010年实现20%节能目标的可行性和努力的方向。

大多数学者认为节能潜力是相对于生产技术前沿面而言的。余泳泽（2007）① 将非合意性产出（污染物）纳入投入和产出导向的DEA模型，计算了我国节能减排潜力和效率，并计算了污染治理效率。研究显示：2003～2008年年均节能潜力约8亿吨标准煤，节能效率只有0.671；年均二氧化碳减排潜力为312万吨，减排效率只有0.393；年均二氧化硫减排潜力为1334万吨，减排效率只有0.345，污染治理效率平均为0.660。基于以上地区数据，采用了二维矩阵的方法，分析了各地区的节能减排路径，并研究了全要素生产率、产业结构调整与升级以及政府采取的激励约束机制对节能减排效率的影响，在此基础上深入分析我国节能减排面临的压力。孙传旺等（2010）② 针对传统的全要素生产率测度方法没有考虑二氧化碳排放的问题，提出了碳排放强度约束下的全要素生产率测度指标，通过与传统的全要素生产率比较，认为碳强度约束下的全要素生产率指标与碳强度目标相吻合，能够实现对低碳经济发展中全要素生产率较准确的评价。经过进一步对碳约束下的全要素生产率指数的分解，推动生产可能性边界外移的创新者分析，以及全要素生产率的收敛性研究，认为技术进步是推动碳强度约束下全要素生产率提高的主要因素。廖华和魏一鸣（2011）则从国别或地区间的能源效率差距理解节能潜力，认为未来我国能源需求规模存在较多不确定性，把握节能潜力是设定节能目标并采取相应政策措施的前提条件。力求从更大范围的国际比较和更长历史时期的国际经验来讨论我国的节能潜力。依据人均GDP、经济结构、人均钢材和水泥保有量、人均用电量、人均居民生活用电量等指标，结合资源禀赋结构、气候条件、设备用能效率差异、后发优势等因素综合考量，从能源经济发展阶段来看，目前我国大

---

① 余永泽.我国节能减排潜力、治理效率与实施路径研究［J］.管理世界，2007（8）：58-68.
② 孙传旺，刘希颖，林静.碳强度约束下中国全要素生产率测算与收敛性研究［J］.金融研究，2010（6）：17-33.

致处在美国 1960 年左右的水平,处在英、法、德、意、日五大工业国 1970 ~ 1980 年的水平。参考发达国家近 50 年来的能源发展经验和我国近 30 年来的发展历程,2010 ~ 2030 年我国年均经济增速潜力将超过 8.5%,能源弹性系数潜力为 0.6;单位 GDP 能耗年均下降潜力将超过 3.4%,累计下降潜力大约为 50%。林伯强等(2010)①认为实现最优节能量的条件是节能边际成本与边际收益相等。中国要从供给和需求双侧管理来考虑满足能源需求问题,要将二氧化碳排放作为满足能源需求的一个约束。建立优化模型,得到反映节能和排放约束下的最优能源结构,进而通过可计算一般均衡模型,评估能源结构变化导致的能源成本增加对宏观经济的影响,结果表明:政府的可再生能源规划对二氧化碳减排具有重要的正面影响,但二氧化碳排放约束改变能源结构导致的能源成本增加,对宏观经济具有一定的负面影响。因为中国许多重要行业对煤炭和火电的依赖程度依然很高,所以,现阶段通过改变能源结构来减排的空间不大,应该重视其他方面的节能减排努力。陈诗一(2010)②设计了一个基于方向性距离函数的动态行为分析模型来对中国工业从现在到中华人民共和国成立 100 周年之际节能减排的损失和收益进行模拟分析,找到了通向中国未来双赢发展的最优节能减排路径。在此路径下,节能减排一开始确实会造成较大潜在的生产损失,但这种损失会逐年降低,最终将低于潜在产出增长,双赢可期;节能减排虽然在前期对技术进步有负面影响,但由于前期较高的技术效率以及后期技术进步的主导作用,中国工业全要素生产率在未来 40 年将会保持逐年平稳小幅增长的态势,其预测支持了环境治理可导致环境和经济双赢发展的环境波特假说。李爱军(2010)③从行业的层面探讨中国在当前经济技术发展水平下可能实现的节能(减排)潜力,以分析我国中长期节能潜力为目的,建立了一个 22 部门动态 CGE 模型。首先对 2002 年货币单位和物理单位的能源

---

① 林伯强,姚昕,刘希颖. 节能和碳排放约束下的中国能源结构战略调整[J]. 中国社会科学, 2012(2):58 - 71.
② 陈诗一. 节能减排与中国工业的双赢发展:2009 - 2049[J]. 经济研究,2010(3):129 - 143.
③ 李爱军. 我国中长期节能潜力的一般均衡分析[J]. 统计研究,2010(3):45 - 52.

平衡关系进行了核算；然后对粗放发展的四种情景和集约发展的三种情景下 2002~2030 年的经济增长和能源消费进行了数值仿真计算；根据计算结果，分析了产业技术升级、提高能源效率和提高物质循环利用率对 GDP、能源强度和能源消费等指标的影响。研究表明，到 2030 年我国经济结构依然偏重，只有大幅度提高能源效率和物质循环利用率，才能在促进经济增长的同时有效地降低能源强度。

第四节　制造业减排潜力

一、排污权交易

排污权交易的基本思想最早源自 1968 年 Dales 的《污染、财富和价格》一文。Dales 认为，环境作为一种商品，政府对这种商品拥有所有权，可以在专家的帮助下将污染物以某种方式进行分割，污染者以一定价格购买，同时允许交易。于是，1974 年，为应对日益严重的 SO_2 污染，排污权交易被美国联邦环保局（EPA）首次用于大气污染管理并获得显著成效。此后，不仅德国、英国等国家纷纷借鉴美国的成功经验来解决本国的环境污染问题，排污权交易也成为各国学术界普遍关注的焦点，围绕排污权交易的研究也是收获颇丰。

大多数对排污权研究的文献主要是对排污权交易机制实践效果的研究，如和晋予和肖博强（2010）[①] 指出排污权交易实践虽然在中国得到了较快推广和长足发展，但所反映出的困难和有待解决的问题依然存在，需要用法律和市场

---

① 和晋予，肖博强. 排污权交易的试点启动与市场主体界定 [J]. 改革, 2010 (4): 13-18.

手段协同解决。郑伟（2010）①则从发展规划、交易市场、相关政策法规、排污权交易制度与管理体制四个方面对中国目前的减排机制和排污权交易发展现状进行了评估，发现中国的清洁发展机制与排污权交易制度体系已经初步形成，但其发展还不完善。有的学者则将视角聚焦于碳交易的实践效果，如Kara等（2008）②的研究发现，碳交易可以使电力行业获取高额利润，而消费者和钢铁行业则会因电价提高而受到损失。崔连标等（2013）③构建省级排污权交易模型，分析了在实现各省减排目标的过程中，碳排放权交易机制发挥的成本节约效应，发现与无碳排放权交易市场相比，在全国范围内实施碳排放权交易可以节约23.44%的减排成本，六个交易试点参与碳排放交易则可以节约4.42%的减排成本，分地区来看，东部、西部地区成本节约较为明显。

此外，国内有学者对国内外的文献进行了述评。张利飞和彭莹莹（2011）④认为排污权交易谋求充分利用市场机制治理环境污染，通过总量管制与排放交易规制，达到环境容量优化配置，其实质是环境容量产权明晰化的制度变迁过程。排污权初始配置方式与价值评估、排污权定价机制、排污权交易制度下厂商行为、政府管制及交易制度的社会福利分析，构成了当前排污权交易机制研究的基本内容。现行的排污权交易制度刚刚处于起步阶段，亟须在排污总量控制的科学性、排污权定价的约束性、初始分配的公平性、市场交易的完备性、监督机构的权威性等方面积累探索经验。刘长松（2011）⑤在归纳国外关于减排政策分配效应的研究成果后，从分配效应的作用机理、产生根源及其不利后果三个方面来研究主要减排政策分配效应的成因与影响，得出如下结论：在生产端引入碳税或排放权交易，将导致能源价格上涨，加重低收入家

---

① 郑伟. 低碳经济背景的排污权交易体系走向评估 [J]. 改革, 2010（4）: 114 – 119.
② Kara, M., S. Syri, A. Lehtila, et al. The impacts of EU CO_2 emissions trading on electricity markets and electricity consumers in Finland [J]. Energy Economics, 2008（2）: 46 – 57.
③ 崔连标, 范英, 朱磊. 碳排放交易对实现我国"十二五"减排目标的成本节约效应研究 [J]. 中国管理科学, 2013（1）: 37 – 47.
④ 张利飞, 彭莹莹. 排污权交易机制研究进展 [J]. 经济学动态, 2011（4）: 135 – 140.
⑤ 刘长松. 减排政策分配效应研究进展 [J]. 经济学动态, 2011（9）: 127 – 131.

庭生活负担，扩大收入差距；政府如何使用碳税和排放权交易所得的收入进行社会补偿，是影响政策分配效应大小的关键因素；减排政策的选择不仅要考虑效率因素，社会公平与收入分配也是重要的政策目标。在此基础上提出，要在消费端进行减排，并对社会弱势群体建立补偿机制，才能实现公平、有效的减排。

也有部分文献探讨了国外排污权交易机制实践经验及启示。胡迟（2007）[①] 提到了美国与德国的排污权交易政策及其实施的良好效果，并认为我国企业应逐步运用排污权交易的办法，提高自身控制污染的能力。魏圣香和王慧（2013）[②] 提到自《京都议定书》规定碳排放交易机制以来，排污权交易机制已成为国际社会和各国应对气候变化的重要手段。美国历来是排污权交易机制的先行者，借助排污权交易机制解决酸雨、湿地保护和气候变化等环境问题。从美国40多年的排污权交易机制经验来看，排污权交易机制能够以最低的成本实现最高的环境绩效。不过，排污权交易机制在实施过程中也面临诸多挑战。我国在设计碳排放交易机制时应该以美国为鉴，高度关注排污权的界定、分价格设定和监督执行等问题。

还有一些文献研究了二氧化硫排污权交易。如魏淑甜等（2006）[③] 通过分析美国的排污权交易制度，借鉴美国的成功经验，研究了我国二氧化硫排污权交易中存在的问题，且针对这些问题分别提出了相应对策。Dudek 等（2007）[④] 回顾了大气污染物排放总量控制和排污权交易在中国发展的历程。通过对美国二氧化硫排放总量控制和排污权交易核心要素的分析，揭示了目前中国在排污权交易政策方面的欠缺，指出了排污权交易政策是帮助中国完成

---

① 胡迟. 排污权交易的最新发展及对我国的影响 [J]. 经济纵横, 2007 (8): 2-6.
② 魏圣香, 王慧. 美国排污权交易机制的得失及其镜鉴 [J]. 中国地质大学学报 (社会科学版), 2013 (6): 34-39.
③ 魏淑甜, 廖先玲. 我国 SO_2 排污权交易中存在的问题及对策研究 [J]. 煤炭经济研究, 2006 (8): 14-18.
④ Dudek, D. J., 王昊, 张建宇. SO_2 排污权交易在中国的发展与挑战 [J]. 电力环境保护, 2007 (2): 1-5.

"十一五"规划环境目标的有效手段。李永友等（2008）①利用跨省工业污染数据对环境政策是否有助于实现清洁增长的问题进行了实证分析，研究显示：我国采取的环境政策对减少污染排放起到了显著效果，但这种效果主要是通过污染收费制度实现的，其作用弹性达到了0.4。相比较而言，减排补贴和环保贷款制度对污染减排作用效果不明显，同时，部分地区试行的排污权交易在经验上还没有显示出其在减排方面的积极效果；公众的环保行为没有被纳入我国环境管制的框架内，公众的环境质量诉求还无法在环保执法中得到满足；邻近地区污染控制的严厉程度对本地污染控制决策具有显著影响，地区间污染控制决策呈现出明显的策略性特征；中央政府控制污染的决心未能对地方环保部门和地方政府的环保执法起到积极的促进作用。闫文娟等（2012）考察了排污权交易的减排成效；涂正革等（2015）利用省级工业面板数据引入排污权交易机制，通过倍差法和DEA模型检验二氧化硫排污权交易能否在中国实现波特效应，研究发现：尽管排污权交易机制在一定程度上缓解了现阶段二氧化硫排污权配置的严重无效率问题，但从显示和潜在两个角度观察，二氧化硫排放权交易试点政策在我国均未能产生波特效应。目前还没有探讨中国排污权交易红利问题的文献，这方面的文献在国外也比较少见。Brannlund等（1998）②借鉴Fare等（2007）③处理可自由配置投入的短期行业求解最大产出的DEA模型思想对污染物进行处理，计算了瑞典造纸及纸制品工业可以实现的潜在利润。这个模型被Fare等（2013）④加以扩展，认为排污权作为行政许可权既可以进行空间交易（同一时期不同生产者之间的交易）又可以进行跨期交易

---

① 李永友，沈坤荣. 我国污染控制政策的减排效果——基于省级工业污染数据的实证分析［J］. 管理世界，2008（7）：7-17.

② Brannlund, R., Y. Chung, R. Fare. Emissions trading and profitability: The Swedish pulp and paper industry［J］. Environmental and Resource Economics, 1998（12）：43-57.

③ Fare, R., S. Grosskopf, C. A. Pasurka Jr. Environmental production functions and environmental directional distance functions［J］. Energy, 2007（32）：1066.

④ Fare, R., S. Grosskopf, C. A. Pasurka Jr. Tradable permits and unrealized gains from trade［J］. Energy Econimics, 2013（40）：416-424.

(未使用的排污许可权可以存放在交易机构用于下期使用或转卖),排污权交易有助于释放经济体的潜在经济红利。在考虑污染物排放权同期和跨期两种交易情形下,构建了引入排污权交易后求解最大产出的 DEA 模型。Fare 等(2014)① 使用其构建的模型计算了美国燃煤发电厂对不同污染物的组合实行排污权交易所能带来的潜在产出增长。

二、排污权定价

国内外很多学者对排污权定价问题进行了研究。Liao(2009)等提出了初始排污权定价的影子价格法。戴天晟等(2009)② 对水权期权价值评估问题进行了讨论:假定水权价格及期权价格是随时间变化的几何布朗运动,应用实物期权理论,通过建立水权期权价值评估模型,给出了关于时间、购买水权支出等水权价值解析表达式,并认为该模型有助于市场参与者对交易做科学决策、选择最优交易时机,并可以有效地规避风险。林云华(2009)③ 利用排污权影子价格模型,深入剖析了排污权影子价格的形成机制和相关命题,并论述了排污权影子价格的政策含义及其对中国开展排污权交易的启示。储益萍(2011)④ 研究了初始排污权的定价方案,指出排污权交易初始分配价格在很大程度上决定了排污权交易市场的活跃程度,初始价格的确定应依据不同污染物的社会平均污染治理成本,并兼顾区域经济发展、行业水平、企业公平等因素。于鲁冀等(2012)⑤ 通过对水污染物排污权的内涵进行探讨,提出了一种基于水环境容量价值的定价策略,该定价策略综合考虑了水环境容量的经济价

---

① Fare, R., S. Grosskopf, C. A. Pasurka Jr. Potential gains from trading bad outputs: The case of U.S. electric power plants [J]. Resource and Energy Economics, 2014 (36): 99-112.
② 戴天晟,赵文会,顾宝炎. 基于实物期权理论的水权期权价值评估模型 [J]. 系统工程, 2009 (5): 67-73.
③ 林云华. 排污权影子价格模型的分析及启示 [J]. 环境科学与管理, 2009 (2): 16-20.
④ 储益萍. 排污权交易初始价格定价方案研究 [J]. 环境科学与技术, 2011 (12): 380-384.
⑤ 于鲁冀,侯保峰,章显. 水污染物初始排污权定价策略研究 [J]. 环境污染与防治, 2012 (3): 101-106.

值和生态价值,以及地区、行业间的差异,以期能够更加准确地反映水污染物排污权的内在价值,并为今后初始排污权定价方法的研究提供一种思路。夏德建等 (2010)① 从动态博弈的视角分析了政府与企业在排污权价格制定上的策略演化,获得了与现实世界较为拟合的演化稳定策略,对政府制定公平有效的排污权定价模式提供了可资借鉴的参考。张坤等 (2013)② 认为现有的估价方法中,有效方法并不太多,其可操作性差、成本太高,中国的排污权交易市场还相当不成熟,参与的排污主体太少,交易不活跃,交易量也不多,完全采用市场化手段、通过排污权的二次分配实现配置最优化是不太可能的。因此,在所有排污主体和政府都参与的情况下,客观公正地对排污权进行初次分配和定价显得格外重要——它直接影响排污权配置的有效性,并提出了一种基于完全竞争市场的、在市场出清条件下的、低成本而高效率的分散决策方法,可在一定程度上解决政府与排污者之间信息不对称的矛盾,虽然完全竞争条件在实践中不好满足,但是模型结果可为初始排污权的定价提供一定参考,具有一定的理论价值和实践意义。

三、制造业排污权配置效率

关于排污权配置效率的测度问题,Stavings (1995)③ 和 Montero (1998)④ 最早提出了交易成本和排污权交易许可证之间相互关系的理论框架,指出如果市场效率低下,则会导致排污权交易的实际收益低于其边际减排成本,这意味着排污权没有得到有效配置。受 Montero (1998) 排污权配置效率思想的影响,

---

① 夏德建,孙睿,任玉珑. 政府与企业在排污权定价中的演化稳定策略研究 [J]. 技术经济, 2010 (3): 23-28.
② 张坤,孙涛,戴红军. 初始排污权定价的分散决策模型 [J]. 技术经济, 2013 (7): 53-56.
③ Stavings R. N. Transaction costs and tradable permics [J]. Journal of Environmental Economics and Management, 1995, 29 (9): 133-148.
④ Montero J. P. Marketable pollution permits with uncertainty and transaction costs [J]. Resource and Energy Economics, 1998, 20 (8): 27-50.

Brannlund（1998）①首次将排污权交易引入数据包络分析模型，测度了排污权配置效率，发现在有效市场下，瑞典造纸及纸制品工业的排污权交易可实现潜在利润增长。Fare 等（1998）②认为排污权作为行政许可权既可以进行空间交易（同一时期不同生产者之间的交易）又可以进行跨期交易（未使用的排许可权可以存放在交易机构用于下期使用或转卖），排污权交易有助于释放经济体的潜在经济红利。

虽然排污权配置效率的测度已经有了比较丰富的方法积累，但还没有研究将这些方法应用到制造业，测度制造业排污权配置效率问题。笔者认为，既然排污权是一种有价值的资产，就应该与资产和劳动力一样，将其视作生产的一种投入要素，于是，排污权的配置效率必然影响生产单位的绿色全要素生产率。

四、制造业减排潜力

关于制造业的减排潜力的研究，学者们多采用倍差法来测度中国工业的减排潜力，还不曾有文献专门研究中国制造业的减排潜力。陈诗一（2010）③设计了一个基于方向性距离函数的动态行为分析模型来对中国工业从现在到中华人民共和国成立 100 周年之际节能减排的损失和收益进行模拟分析，找到了通向中国未来双赢发展的最优节能减排路径。在此路径下，节能减排一开始确实会造成较大的潜在生产损失，但这种损失会逐年降低，最终将低于潜在产出增长，双赢可期；节能减排虽然在前期对技术进步有负面影响，但由于前期较高的技术效率以及后期技术进步的主导作用，中国工业全要素生产率在未来 40 年将会保持逐年平稳小幅增长的态势。其预测支持了环境治理可导致环境和经

---

① Brannlund R., Y. Chung, R. Fare, S. Grosskopf. Emissions trading and profitability: The swedish pulp and paper [J]. Industry Environmental and Resource Economics, 1998 (12): 345 – 356.
② Fare R., S, Grosskopf, C. A. Pasurka Jr. Tradable permits and unrealized gains from trade [J]. Energy Economics, 1998, 40 (7): 436 – 424.
③ 陈诗一. 节能减排与中国工业的双赢发展：2009 – 2049 [J]. 经济研究，2010 (11): 129 – 143.

济双赢发展的环境波特假说。始于1998年的中国酸雨控制区和二氧化硫污染控制区是中国一项重要的环境政策，Jefferson等（2013）① 采用倍差法发现其引致了双赢发展，促进了污染密集型企业在利润、成本、就业等方面的表现。始于1987年的《大气污染防治法》（The Air Pollution Prevention and Control Law，APPCL），先后在1995年和2000年进行修订，是中国另一项重要的环境政策。李树和陈刚（2013）② 采用倍差法评估了APPCL2000的修订对中国工业行业全要素生产率增长的影响。研究发现，中国APPCL2000的修订显著提高了空气污染密集型工业行业的全要素生产率，且其边际效应随着时间的推移呈递增趋势。其发现说明，实施严格且适宜的环境管制可能会使中国经济赢得提高环境质量和生产率增长的双赢结果，同时，该发现也反驳了认为中国的书面法律不重要的观点。

---

① Jefferson, G. H., S. Tanaka, W. Yin. Environmental regulation and industrial performance: Evidence from unexpected externalities in China [R]. Working Paper, 2013.

② 李树，陈刚. 环境规制与生产率增长——以APPCL2000的修订为例 [J]. 经济研究，2013（1）：17-31.

第三章 制造业绿色全要素生产率

第一节 绿色全要素生产率的测度方法选择

用来测算绿色全要素生产率的测算方法有参数方法和非参数方法，其中参数方法的代表是随机前沿分析，非参数方法的代表是数据包络分析。通常测算效率或者使用 DEA 方法，或者使用随机前沿方法，两种方法都可以测算到技术进步（Technological Change，TC）、技术效率变化（Technical Effieiency Change，TEC）、规模效率变化（Scale Efficiencg Change，SEC）和配置效率变化（AEC），主要区别在于是否归结出噪声。随机前沿方法相对于 DEA 方法的优点在于可以解释噪声、可以用来研究传统的假设检验；缺点在于需要设定无效项的分布形式、需要设定生产函数的形式。然而在使用面板数据的情况下使用随机前沿方法，可以放松对无效效应和噪声的强分布假设；通过设定无效项的分布形式，可以捕捉到技术效率随时间的变化；通过设定形式灵活的超越对数形式的生产函数，回归结果可以显示出更多的产出关于投入要素的信息，如产出关于投入要素的弹性等。

鉴于以上的原因，本章对制造业绿色全要素生产率的研究采用超越对数形式的随机前沿方法。DEA 分析作为一个全要素生产率研究的重要方法，本节对其做一般情况的简要介绍。介绍随机前沿方法时，依据本章的研究内容，对其做了更有针对性的设定。

一、非参数方法

数据包络分析是一种对多个同类多投入、多产出决策单元运用线性规划（Linear Programming）方法构建观测数据的非参数分段曲面（或前沿），然后相对于这个前沿面来计算效率的效率分析方法。

DEA 方法不需要设定具体的函数形式和误差分布形式，完全通过数据的驱动来测算距离函数。DEA 方法所构建的前沿面由决策单元中最有效的单元构成，其他决策单元的效率通过在前沿面的径向收缩程度来刻画。

采用 DEA 方法测算效率问题基于距离函数，距离函数有投入与产出导向问题之分，同样，测算生产效率的 DEA 模型也有投入与产出导向之分。投入导向 DEA 模型是在保持产出水平不变的情况下，通过按比例的减少投入量来测算技术的无效性。产出导向的 DEA 模型则是在保持投入水平不变的情况下，通过按比例的减少产出量来测算技术无效性。在规模报酬不变（CRS）的条件下，这两种方法所测算的数值是相等的；但是，在规模报酬可变（VRS）的情况下，两种结果不相等。以下以投入导向的 CRS 模型和 VRS 模型为代表介绍 DEA 模型。

（一）CRS 模型[①]

假设有 I 个厂商，每个厂商都以最大规模运营，每个厂商都有 N 种投入与 M 种产出。第 i 个决策单元的投入与产出分别用向量 x_i 与 q_i 表示。$N \times I$ 投入矩阵 X 与 $M \times I$ 产出矩阵 Q 代表所有 I 个决策单元的数据。对于每一个决策单

---

① [美] 蒂莫西·J. 科埃利，D. S. 普拉萨德·拉奥，克里斯托弗·J. 奥唐奈·乔治·E. 巴蒂斯著. 效率与生产率分析引论（第二版）[M]. 王忠玉译. 北京：中国人民大学出版社，2008：79-86.

元,所有产出与所有投入的比率记为 $u'q_i/v'x_i$,其中 u 表示产出权数的 $M \times I$ 向量;v 表示投入权数的 $N \times I$ 向量。通过求解下述线性规划问题,可以得到最优权数:

$$\max_{uv} (u'q_i/v'x_i)$$
$$s.t. \quad u'q_i/v'x_i \leq 1, \quad i=1,2,\cdots,I$$
$$u, v \geq 0 \tag{3-1}$$

其含义是在所有效率值小于等于1的条件下,求解出 u 和 v 的值。由于这个线性规划存在无穷多个解,于是加入约束条件 $v'x_i = 1$:

$$\max_{uv} (u'q_i)$$
$$s.t. \quad v'x_i = 1$$
$$u'q_i - v'x_i \leq 0, \quad i=1,2,\cdots,I$$
$$u, v \geq 0 \tag{3-2}$$

模型(3-2)是乘数形式的 DEA 模型,由于线性规划的对偶性,于是可以得到如下有少许约束的等价模型:

$$\max_{\theta,\lambda} \theta$$
$$s.t. \quad -q_i + Q\lambda \geq 0$$
$$\theta x_i - X\lambda \geq 0$$
$$\lambda \geq 0 \tag{3-3}$$

λ 表示一个 $I \times 1$ 常数向量,求解得到的 θ 值是第 i 个决策单元的效率值,θ≤1,θ 值等于1表示决策单元是技术有效的,该决策单元位于前沿面上。对于 I 个决策单元需要求解 I 次线性规划,求得每个决策单元的效率值 θ。

(二) VRS 模型

在不满足所有厂商都以最大规模运营的条件下,适用 CRS 设定会导致技术效率(Technical Efficiencies,TE)的测量结果与规模效率(Scale Dfficiencies,SE)的混淆不清。规模效率可变 DEA 模型可以解决以上问题,把 SE 分离出来,针对 TE 进行计算。

在 CRS 模型中加入凸性约束条件 $I1'\lambda = 1$ 即为 VRS 模型：

$$\max_{\theta,\lambda} \theta$$
$$\text{s. t.} \quad -q_i + Q\lambda \geq 0$$
$$\theta x_i - X\lambda \geq 0$$
$$I1'\lambda = 1$$
$$\lambda \geq 0 \tag{3-4}$$

其中，I1 表示元素为 1 的 $I \times 1$ 向量，高方法构建的相交面组成的凸包比 CRS 模型的锥包更紧凑，因而得到的技术效率值大于或等于 CRS 模型所得到的结果。

通过同时计算每个决策单元的 CRS 模型和 VRS 模型，可以把 CRS 模型中获得的技术效率值分解为两部分：规模无效和纯技术无效。因而对同一个决策单元而言，如果 CRS 技术效率值与 VRS 技术效率值不同，说明该厂商是规模无效的，差别部分即为规模无效。

二、参数方法

（一）随机前沿生产函数模型的一般形式

随机前沿生产函数设定如下：

$$Y_{it} = f(X_{it}, t; \beta) \exp(v_{it} - u_{it}) \tag{3-5}$$

其中，$i = 1, 2, \cdots, 15$ 代表现代制造业的 15 个行业；$t = 1, 2, \cdots, 9$ 代表 2003~2011 年的时间跨度；Y_{it} 代表第 i 个行业第 t 年的产出；X_{it} 代表第 i 个行业第 t 年的要素投入；β 为待估参数向量。$f(X_{it}, t; \beta)$ 为随机前沿生产函数中的确定性前沿产出部分。随机扰动项由两部分组成：v_{it} 是一般意义上的随机干扰项，假定服从白噪声的正态分布，u_{it} 是非负的技术无效率，假定服从非负截尾的正态分布 iid $N^+(\mu, \sigma^2)$。$\exp(v_{it} - u_{it})$ 刻画了技术效率（TE），表示由生产无效率造成的实际产出与最大可能产出之间的距离。

（二）TFP 增长率的分解

在多要素投入单产出的条件下，按照 Kumbhakar（2000）的方法，可以将

TFP 的变化分解为四个部分：技术进步（TC）、技术效率变化（TEC）、规模效率改进（SEC）和配置效率改进（AEC）。具体做法如下：

首先对式（3-5）两边取对数，对时间 t 取一阶导数，两边同时除以 Y，得到

$$\frac{\partial \ln Y_{it}}{\partial t} = \frac{\partial \ln f[X_{it}, t; \beta]}{\partial t} + \sum_{j=1}^{4} \frac{\partial \ln f[X_{it}, t; \beta]}{\partial \ln X_{itj}} \frac{\partial \ln X_{itj}}{\partial t} + \frac{\partial \ln e^{-u_{it}}}{\partial t} \quad (3-6)$$

其中，j=1，2，3，4 对应资本、劳动、能源和排污权，$\partial \ln f[X_{it}, t; \beta]/\partial \ln X_{itj}$ 为第 j 种要素的产出弹性 ε_{itj}，$\partial \ln Y_{it}/\partial t$ 为产出变化率 $\dot{Y}_{it}$，$\partial \ln X_{itj}/\partial t$ 为第 j 种要素的变化率 $\dot{X}_{itj}$，定义技术改变为 $TC_{it} = \partial \ln f(X_{it}, t; \beta)/\partial t$，表示投入要素保持不变的条件下产出随时间的变化率，技术效率变化为 $TEC_{it} = \frac{\partial \ln TE_{it}}{\partial t} = -\partial u_{it}/\partial t$，表示在特定技术和要素投入规模下实际产出与最大可能产出之间的距离变化。则式（3-5）改写成如式 3-7 所示：

$$\dot{Y} = TC_{it} + \sum_{j=1}^{4} \varepsilon_{itj} \dot{X}_{itj} + TEC_{it} \quad (3-7)$$

按照增长核算法，TFP 增长率被定义为：

$$\dot{TFP} = \dot{Y}_{it} - \sum_{j=1}^{4} S_{itj} \dot{X}_{itj} \quad (3-8)$$

其中，$S_{itj} = w_{itj} x_{itj} / \sum_{j=1}^{4} w_{itj} x_{itj}$，$w_{itj}$ 表示 t 时刻 i 行业内要素 j 的价格，因此，S_{itj} 表示 t 时刻要素 j 的实际成本占 i 行业该要素总成本的份额，$\sum_{j=1}^{4} w_{itj} = 1$，将式（3-6）代入式（3-7）后得到 TFP 增长率分解式：

$$\dot{TFP} = TC_{it} + TEC_{it} + (RTS_{it} - 1) \sum_{j=1}^{4} \lambda_{itj} \dot{X}_{itj} + \sum_{j=1}^{4} (\lambda_{itj} - s_{itj}) \dot{X}_{itj} \quad (3-9)$$

其中，$RTS_{it} = \sum_{j=1}^{4} \varepsilon_{itj}$ 为投入规模弹性，即所有要素产出弹性之和。$\lambda_{itj} = \varepsilon_{itj}/RTS_{it}$ 表示第 j 种要素在前沿生产函数中的相对产出弹性，在规模报酬不变的假定下，就等于产出弹性。在规模报酬可变的假定下，式（3-8）右边第

三项能够捕捉由于行业规模经济导致的生产率改进，即规模效率变化（SEC）。式（3-8）右边的第四项刻画了要素投入结构变化所带来的生产率增长，即要素配置效率变化（FAEC）。

于是，TFP 增长率最终被分解为以下四部分，即技术进步（TC）、技术效率变化（TEC）、规模效率变化（SEC）和要素配置效率变化（FAEC）：

$$TFP_{it} = TC_{it} + TEC_{it} + SEC_{it} + FAEC_{it} \tag{3-10}$$

$$TC_{it} = \alpha_T + 2\alpha_{TT}T + \alpha_{kT}\ln K_{it} + \alpha_{lT}\ln L_{it} + \alpha_{ET}\ln E_{it} + \alpha_{pT}\ln P_{it} \tag{3-11}$$

$$TEC_{it} = \varphi\, u_{it} \tag{3-12}$$

$$SEC_{it} = \left(\sum_{j=1}^{4}\varepsilon_{itj} - 1\right)\sum_{j=1}^{4}\frac{\varepsilon_{itj}}{\sum_{j=1}^{4}\varepsilon_{itj}}\dot{X}_{itj} \tag{3-13}$$

$$FAEC_{it} = \sum_{j=1}^{4}\dot{X}_{itj}\left(\frac{\varepsilon_{itj}}{\sum_{j=1}^{4}\varepsilon_{itj}} - S_{itj}\right) \tag{3-14}$$

TC 代表由技术创新带来的经济增长；TEC 代表在特定技术水平和要素投入下，实际产出与最大前沿产出之间的差距；SEC 代表由于规模经济导致的生产率改进；FAEC 代表要素投入和产出弹性结构变化所引起的生产率改进。ε_{itj} 代表投入要素 j 的产出弹性，资本、劳动、能源和排污权的要素产出弹性的具体表达式将在下一节中给出。

第二节 绿色全要素生产率测度

绿色全要素生产率（GTFP）是将能源消耗和环境污染纳入传统全要素生产率核算框架测得的全要素生产率。

一、前沿函数设定

考虑资本（K）、劳动（L）、能源（E）和排污权（P）四个投入要素，考虑非单调非中性的技术变化对式（3-5）取对数后，将前沿函数设定为如下超越对数形式：

$$\begin{aligned}\ln Y_{it} = &\alpha_0 + \alpha_T T + \alpha_{TT} T^2 + \alpha_k \ln K_{it} + \alpha_L \ln L_{it} + \alpha_E \ln E_{it} + \alpha_p \ln P_{it} + \alpha_{kk} (\ln K_{it})^2 \\ &+ \alpha_{LL} (\ln L_{it})^2 + \alpha_{EE} (\ln E_{it})^2 + \alpha_{PP} (\ln P_{it})^2 + \alpha_{KL} \ln K_{it} \ln L_{it} + \alpha_{KE} \ln K_{it} \ln E_{it} \\ &+ \alpha_{KP} \ln K_{it} \ln P_{it} + \alpha_{LE} \ln L_{it} \ln E_{it} + \alpha_{LP} \ln L_{it} \ln P_{it} + \alpha_{PE} \ln P_{it} \ln E_{it} + \alpha_{TK} T \ln K_{it} \\ &+ \alpha_{TL} T \ln L_{it} + \alpha_{TE} T \ln E_{it} + \alpha_{TP} T \ln P_{it} - u_{it} + v_{it}\end{aligned} \quad (3-15)$$

其中，i代表行业，t代表年份，T为时间变量，α为待估参数，u_{it}代表技术无效率，服从半正态分布，v_{it}为随机误差项，服从标准正态分布。在不考虑随机误差项的情况下，生产的技术效率（TE）可以刻画为：$TE_{it} = \exp(-u_{it})$。按照Battese和Coelli（1992）① 设定的时变无效性随机前沿模型，假定u_{it}服从：

$$u_{it} = u_i \eta_{it} = u_i \exp[-\eta(t-T)] \quad (3-16)$$

η_{it}是决定技术无效率随时间变化的函数，η表示技术效率指数的变化率，η的符号决定了技术效率相对于时间是非递减的还是非递增的，$\eta>0$表示随着时间的推移，相对前沿的技术效率不断改善，$\eta<0$表示技术效率不断恶化，$\eta=0$则表示技术效率不随时间变化。

式（3-10）和式（3-11）确定了随机前沿模型，可以采用极大似然法（ML）估计其中的参数②。似然函数按照$\sigma^2 = \sigma_u^2 + \sigma_v^2$，$\gamma^2 = \sigma_u^2/\sigma^2$进行参数化。如果$\gamma=0$，则不存在技术无效效应，并且所有相对于前沿的偏离都是由

---

① Battese, G. E., Coelli, T. J. Frontier production function' technical efficiency and panel data: With application to paddy farmers in India [J]. Journal of Productivity Analysis, 1992, 109 (3): 153-169.

② 对数似然函数的最大化通常要求出未知参数的一阶导数，并设它们为0，然而，对数似然函数的这些一次条件都是高度非线性的，而且不能从解析形式上解出待估计的参数。因而，必须通过迭代优化程序使得似然函数最大化。

噪声引起的。

进一步,按照 Jondrow 等(1982)[①]的方法从混合误差 $e_{it} = v_{it} - u_{it}$ 中求出技术无效率项 u_i 的预测式:

$$\hat{u}_{it} = \left[\mu_i^* + \sigma_i^* \frac{\phi(-\mu_i^*/\sigma_i^*)}{\phi(\mu_i^*/\sigma_i^*)}\right]\exp[-\eta(t-T)] \tag{3-17}$$

其中 μ_i^* 和 σ_i^* 分别表示为:

$$\mu_i^* = \frac{\mu\sigma_v^2 - \sigma_u^2 \sum_{t=1}^{9}\eta_{it}e_{it}}{\sigma_v^2 + \sigma_u^2\sum_{t=1}^{9}\eta_{it}^2} = \frac{\mu(1-\gamma) - \gamma\sum_{t=1}^{9}\eta_{it}e_{it}}{(1-\gamma) + \gamma\sum_{t=1}^{9}\eta_{it}^2} \tag{3-18}$$

$$\sigma_i^{*2} = \frac{\sigma_v^2\sigma_u^2}{\sigma_v^2 + \sigma_u^2\sum_{t=1}^{9}\eta_{it}^2} = \frac{(1-\gamma)\gamma\sigma^2}{(1-\gamma) + \gamma\sum_{t=1}^{9}\eta_{it}^2} \tag{3-19}$$

Battese 和 Coelli(1998)[②]利用概率密度函数得到了在均方预测误差最小的意义下的技术效率的预测值:

$$TE_{it} = E[\exp(-u_{it})/e_{it}] = \frac{\phi(\mu_i^*/\sigma_i^* - \eta_{it}\sigma_i^*)}{\phi(\mu_i^*/\sigma_i^*)}\exp(-\eta_{it}u_i^* + \frac{1}{2}\eta_{it}^2\sigma_i^{*2}) \tag{3-20}$$

基于包含四个投入要素的超越对数形式的前沿函数,资本、劳动、能源和排污权的要素产出弹性 ε_{itj} 分别表示为:

$$\varepsilon_{itk} = \alpha_k + \alpha_{kl}\ln L_{it} + \alpha_{kE}\ln E_{it} + \alpha_{kp}\ln P_{it} + 2\alpha_{kk}\ln K_{it} + \alpha_{TK}T \tag{3-21}$$

$$\varepsilon_{itl} = \alpha_l + \alpha_{kl}\ln K_{it} + \alpha_{lE}\ln E_{it} + \alpha_{lp}\ln P_{it} + 2\alpha_{ll}\ln L_{it} + \alpha_{TL}T \tag{3-22}$$

$$\varepsilon_{itE} = \alpha_E + \alpha_{kE}\ln K_{it} + \alpha_{lE}\ln L_{it} + \alpha_{PE}\ln P_{it} + 2\alpha_{EE}\ln E_{it} + \alpha_{TE}T \tag{3-23}$$

$$\varepsilon_{itp} = \alpha_p + \alpha_{kp}\ln K_{it} + \alpha_{lp}\ln L_{it} + \alpha_{EP}\ln E_{it} + 2\alpha_{pp}\ln P_{it} + \alpha_{TP}T \tag{3-24}$$

---

① Jondrow, J., Lovell, C. A. K., Materov, I. S., Schmidt, P. On estimation of technical inefficiency in the stochastic frontier production function model [J]. Journal of Econometrics, 1982, 135 (19): 233 – 238.

② Battese, G. E., Coelli, T. J. Prediction of firm – level technical efficiencies with a generalized frontier production function and panel data [J]. Journal of Econometrics, 1998, 98 (38): 387 – 399.

二、统计口径

制造业行业口径总体参照2002年版的《国民经济行业分类标准》,同时为了使行业口径在不同年鉴和不同年份之间保持一致,本书做了如下处理:①由于《中国工业统计年鉴》2003年之前没有"废弃资源和废旧材料回收加工业"和"其他制造业",2003年之后没有"武器弹药制造业",因此将2003年之后的"废弃资源和废旧材料回收加工业"合并计入"其他制造业",剔除2003年之前的"武器弹药制造业"。②将2012~2014年的《中国工业统计年鉴》中的"汽车制造业""铁路、传播、航空航天和其他运输设备制造业"合并计入"交通运输设备制造业"。③将2001~2005年的《中国环境统计年鉴》的"水泥制造业"合并计入"非金属矿物制品业",最后得到29个两位数制造业行业作为本书的行业口径基础(见表3-1):

表3-1 制造业行业口径

行业名称	代码
农副食品加工业	C13
食品制造业	C14
饮料制造业	C15
烟草制品业	C16
纺织业	C17
纺织服装、鞋、帽制造业	C18
皮革、毛皮、羽毛(绒)及其制品业	C19
木材加工及木、竹、藤、棕、草制品业	C20
家具制造业	C21
造纸及纸制品业	C22
印刷业和记录媒介的复制	C23
文教体育用品制造业	C24
石油加工、炼焦及核燃料加工业	C25
化学原料及化学制品制造业	C26

续表

行业名称	代码
医药制造业	C27
化学纤维制造业	C28
橡胶制品业	C29
塑料制品业	C30
非金属矿物制品业	C31
黑色金属冶炼及压延加工业	C32
有色金属冶炼及压延加工业	C33
金属制品业	C34
通用设备制造业	C35
专用设备制造业	C36
交通运输设备制造业	C37
电气机械及器材制造业	C38
通信设备、计算机及其他电子设备制造业	C39
仪器仪表及文化、办公用机械制造业	C40
工艺品及其他制造业	C41

资料来源：《中国工业统计年鉴》。

三、资料来源

（一）产出

由于生产函数没有考虑中间投入要素，所以制造业分行业产出采用制造业增加值数据。2000~2003年和2005~2007年的增加值数据来自《中国工业统计年鉴》，2004年的增加值数据来自《中国经济贸易年鉴（2005）》。对于2008~2014年的增加值数据，本书假定增加值增长率与总产值增长率相同，通过计算2008~2014年分行业工业总产值增长率，以2007年增加值为基础展期计算。最后，利用工业分行业工业品出厂价格指数对制造业分行业增加值（当年价）进行平减，得到以2000年为基年的制造业可比价增加值序列（见表3-2和表3-3）：

表3-2 制造业分行业增加值数据（2000~2007年）　　单位：亿元

年份 行业	2000	2001	2002	2003	2004	2005	2006	2007
C13	850.23	944.70	1137.72	1465.70	1381.43	2465.98	3044.69	3925.96
C14	406.68	451.87	565.45	666.76	628.43	1049.20	1279.27	1574.26
C15	578.30	642.56	725.60	795.58	749.84	1045.97	1254.71	1592.95
C16	983.76	1093.07	1390.21	1572.70	1482.28	1849.95	2074.85	2468.35
C17	1248.77	1387.52	1604.40	1905.76	1796.19	2909.81	3455.26	4155.53
C18	619.31	688.12	762.86	916.09	863.42	1275.09	1598.78	1915.53
C19	352.58	391.76	468.26	591.06	557.08	848.09	1022.59	1251.92
C20	173.62	192.91	218.73	265.59	250.32	458.77	597.74	871.28
C21	105.82	117.58	142.47	182.87	172.36	345.63	436.89	546.94
C22	427.38	474.87	583.72	681.08	641.93	1029.51	1208.81	1474.04
C23	219.58	243.98	285.82	334.29	315.08	415.85	486.30	585.15
C24	161.88	179.87	209.12	249.81	235.44	340.99	405.37	468.98
C25	794.97	883.30	1026.50	1286.81	1212.83	1779.59	2017.73	2619.01
C26	1441.14	1601.27	1904.54	2463.66	2322.02	3944.11	4707.10	6207.54
C27	650.19	722.43	853.43	1024.23	965.35	1373.82	1576.53	1933.70
C28	199.89	222.10	254.52	295.10	278.14	435.83	526.76	684.51
C29	223.46	248.29	299.13	369.77	348.51	534.66	623.36	810.99
C30	490.52	545.02	661.39	762.82	718.97	1142.35	1455.07	1807.31
C31	1090.69	1211.88	1395.87	1748.22	1647.71	2521.62	3187.77	4100.79
C32	1377.14	1530.15	1839.97	2822.62	2660.34	5187.87	6107.05	7617.03
C33	532.06	591.18	640.22	901.68	849.84	1732.90	3311.41	3786.56
C34	641.95	713.28	860.15	970.52	914.72	1520.72	1940.76	1700.14
C35	874.47	971.63	1178.97	1589.60	1498.21	2663.90	3312.50	4319.27
C36	573.19	636.88	799.34	1007.69	949.76	1510.10	2002.14	2593.96
C37	1470.32	1633.69	2226.15	2895.54	2729.07	3439.95	4301.35	5898.08
C38	1240.60	1378.44	1620.38	2022.48	1906.20	3209.70	4026.31	5119.48

续表

年份 行业	2000	2001	2002	2003	2004	2005	2006	2007
C39	1831.53	2035.03	2577.63	3480.78	3280.66	5138.67	6176.67	6701.54
C40	214.11	237.90	274.58	444.81	419.24	658.43	843.93	983.72
C41	260.43	289.37	325.18	358.23	337.64	566.45	697.89	913.04
均值	690.85	767.61	925.25	1174.89	1107.34	1772.26	2195.85	2711.30
标准差	463.16	514.63	645.32	871.95	821.82	1348.75	1636.20	2019.90
最大值	1831.53	2035.03	2577.63	3480.78	3280.66	5187.87	6176.67	7617.03
最小值	105.82	117.58	142.47	182.87	172.36	340.99	405.37	468.98

资料来源：《中国工业统计年鉴》《中国经济贸易年鉴》。

表3-3 制造业分行业增加值数据（2008～2014年） 单位：亿元

年份 行业	2008	2009	2010	2011	2012	2013	2014
C13	5020.43	6204.25	7347.29	8755.35	10415.68	12272.00	13338.73
C14	1871.82	2363.98	2759.22	3220.87	3632.65	4289.33	4826.79
C15	1832.62	2313.66	2689.25	3279.99	3730.95	4353.94	4796.51
C16	2744.78	3183.33	3580.09	3933.62	4668.84	5227.99	5570.11
C17	4439.24	5038.84	5928.23	6404.84	6340.75	7210.06	7817.79
C18	2224.60	2603.06	2913.45	3017.06	3899.49	4479.29	4960.45
C19	1334.28	1543.56	1798.53	1917.72	2435.62	2790.36	3146.18
C20	1112.09	1409.52	1715.25	1970.04	2289.40	2735.51	3120.78
C21	648.33	765.26	933.47	1015.12	1145.82	1368.77	1549.18
C22	1716.43	1904.39	2279.38	2489.08	2632.64	2772.86	3000.47
C23	694.06	812.35	922.96	943.41	1126.90	1536.34	1780.66
C24	522.24	581.16	656.80	634.73	2025.44	2600.92	3083.20
C25	3105.70	3118.15	4021.47	4785.74	5150.17	5403.97	5595.60
C26	7357.52	8454.02	10405.64	12458.32	13842.24	16093.78	17830.54
C27	2239.10	2838.29	3345.54	4015.90	4630.46	5610.20	6591.38
C28	616.92	628.83	771.43	980.24	988.15	1062.37	1111.38
C29	926.53	1103.62	1296.97	1518.29	1636.12	1875.67	2018.98

续表

年份 行业	2008	2009	2010	2011	2012	2013	2014
C30	2060.57	2414.17	2894.32	3066.06	3310.31	3848.28	4349.85
C31	5163.50	6474.78	7920.41	9363.96	10468.50	12628.04	14347.42
C32	9456.24	9528.53	10981.85	12803.36	13859.71	14962.06	15004.40
C33	4115.14	4270.81	5535.43	6667.36	7093.35	8215.84	9059.42
C34	2088.14	2362.03	2803.36	3066.64	3870.49	4522.45	10337.08
C35	5416.60	6345.97	7724.78	8501.67	7977.89	9315.65	10337.08
C36	3326.70	4064.65	4950.16	5662.61	6261.05	4820.84	8020.83
C37	6787.18	8965.31	11294.11	12151.35	12932.42	15016.67	17260.83
C38	6067.04	7115.03	8660.63	9692.33	10390.86	12008.41	13332.65
C39	7016.81	7528.82	8804.48	9632.13	10678.48	12269.89	13614.11
C40	1064.73	1147.82	1369.81	1541.22	1359.94	1574.90	1768.63
C41	1097.21	1311.33	1676.50	1947.47	991.02	1174.81	1318.12
均值	3174.71	3668.81	4413.13	5015.05	5509.84	6277.28	7203.07
标准差	2389.76	2701.89	3275.21	3747.89	4039.88	4635.44	5098.92
最大值	9456.24	9528.53	11294.11	12803.36	13859.71	16093.78	17830.54
最小值	522.24	581.16	656.80	634.73	988.15	1062.37	1111.38

资料来源：《中国工业统计年鉴》。

(二) 能源投入

分行业能源成本根据以下公式计算：

$$C_{itE} = O_t \sum_d E_{itd} P_{itd} \tag{3-25}$$

分行业能源平均价格根据以下公式计算：

$$P_{it} = \frac{C_{itE}}{\sum_d E_{itd}} \tag{3-26}$$

其中，C_{itE} 表示行业 i 第 t 年的能源总成本，O_t 是第 t 年的燃料类商品零售价格指数（以2000年为基年），E_{itd}表示第d类终端能源消费量，P_{itd}表示第d类终端能源的价格。能源考虑制造业各行业煤炭消费量、原油消费量、成品油消费量、天然气消费量和电力消费量五类能源，其中成品油消费量为汽油、煤油、柴油和燃料油消费量合计。

O_t数据来自于《中国统计年鉴》（2002~2015年），E_{itd}数据来自于《中国能源统计年鉴》（2001~2015年），所有终端能源消费量单位均为万吨标准煤当量，其中天然气消费量按照1亿立方米=12.1万吨标准煤折算，电力消费量按照1亿千瓦·时=3.2万吨标准煤折算。

煤炭、原油和成品油价格按照各年煤炭、原油和成品油的进口金额和进口数量计算得出，并根据各年汇率换算成人民币计价。用石油和天然气开采业规模以上工业企业工业销售产值（现价）和石油天然气产量计算得出的石油天然气价格作为天然气的价格，其中石油天然气产量由原油产量、成品油产量和天然气产量计算得出。电力的价格按照电力、蒸汽和热水的生产和供应业规模以上工业企业销售产值（现价）和电力产量计算得出。以上所用数据均来自《中国贸易统计年鉴》（2001~2015年）、《中国能源统计年鉴》（2001~2015年）和《中国统计年鉴》（2001~2015年）。图3-1显示了2014年制造业各行业终端的能源消费量，图3-2显示了2014年制造业各行业终端能源的平均价格。

以2014年为例，终端能源消费量最多的三个行业是"石油加工、炼焦及核燃料加工业""黑色金属冶炼及压延加工业"和"化学原料及化学制品制造业"，均属于基础工业品制造业，这三个行业的能源消费量占2014年制造业全行业终端能源消费量的62.1%。与中国所处的城市化发展阶段相符，目前基础工业品是工业能源消费的主要去向，包括钢铁水泥等大量基础设施建设工业原料的能源消费量占到了整个工业终端能源消费的一半以上。

从能源价格数据上看，三个能源消费量最大的行业的能源平均价格却都较低，其中能源消费量在29个制造业行业中排在第1位的"石油加工、炼焦及核燃料加工业"的能源平均价格却排在最后一位,能源消费量排在第2位的"黑色金属冶炼及压延加工业"的能源平均价格排在第21位,能源消费量排在第3位的"化学原料及化学制品制造业"的能源平均价格排在第22位。能源平均价格最高的三个行业分别是"通信设备、计算机及其他电子设备制造业""仪器仪表制造业"和"金属制品业"。

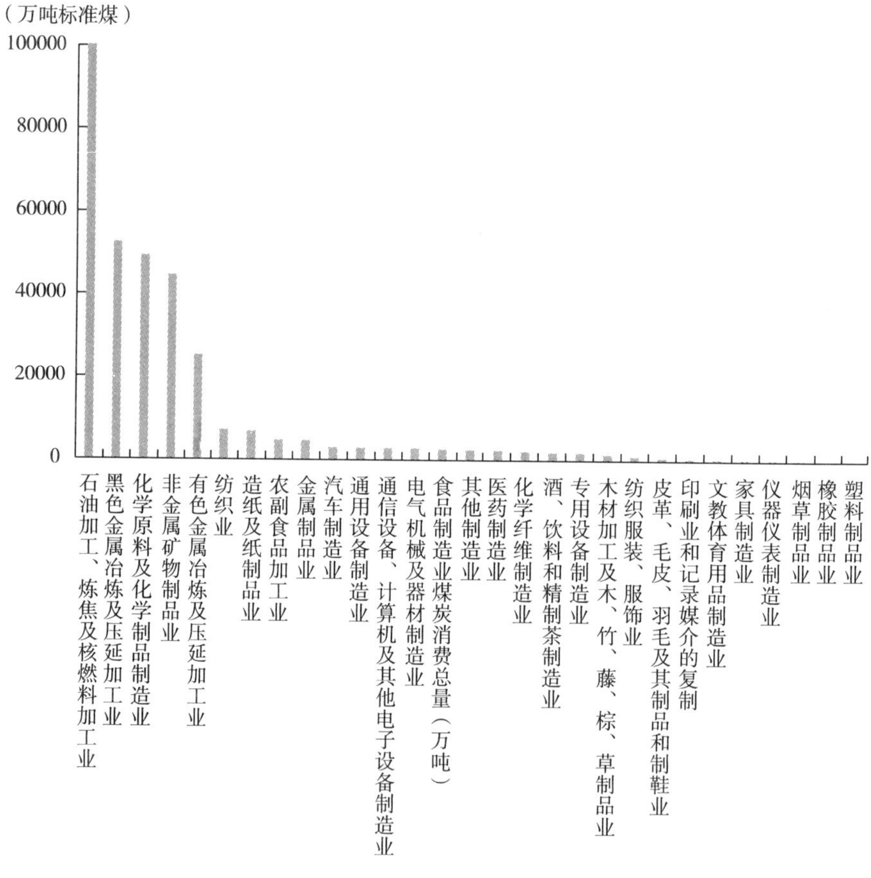

图3-1　2014年制造业各行业终端能源消费量

（三）排污权投入

如前文所述,环境经济学基于科斯理论,倡导用明晰产权的方法来解决外部性和环境污染问题。学术界将政府在经济发展中保护资源和环境的行为称为

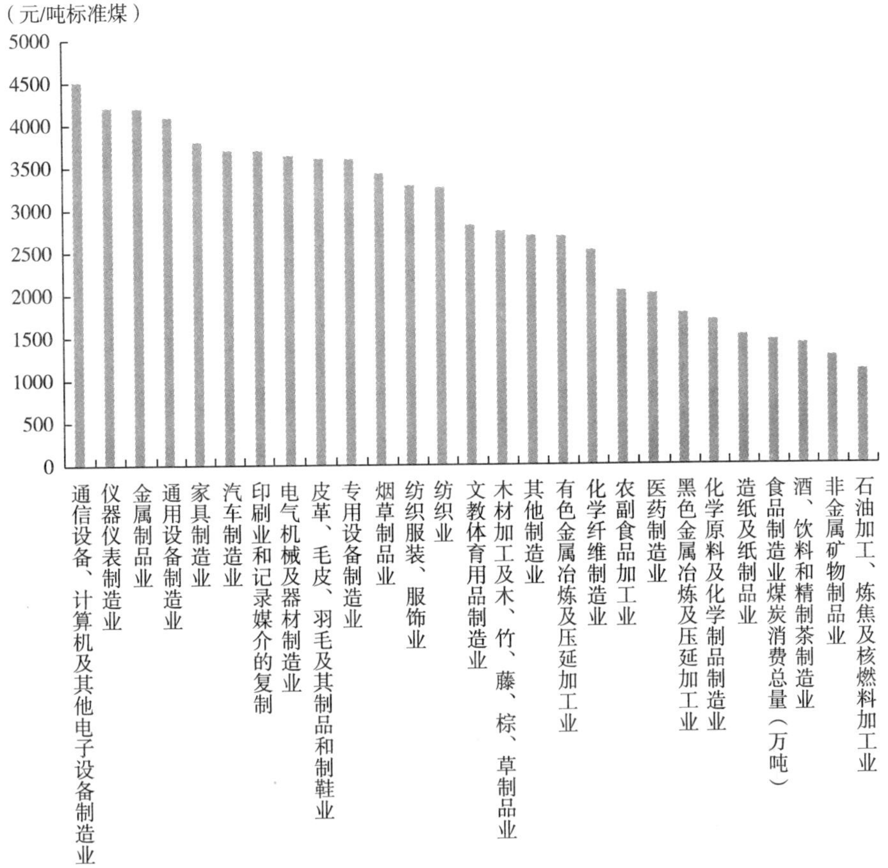

图3-2 2014年制造业各行业终端能源平均价格

环境规制。环境规制的类型包括命令—控制型环境规制和基于市场的激励型环境规制。中国的环境规制政策多以命令—控制为主,近十年基于市场机制促进污染物减排的环境规制政策逐渐丰富。2007年,财政部选择电力行业和太湖流域开展排污权有偿使用和排污交易试点,此后稳步推进资源环境有偿使用制度的试点改革。2011年,国家发展和改革委员会批准北京市、天津市、上海市、重庆市、湖北省、广东省及深圳市开展碳排放交易试点。2014年8月,国务院办公厅印发《关于进一步推进排污权有偿使用和交易试点工作的指导意见》，提出到2017年底基本建立排污权有偿使用和交易制度。2016年1月，国家发展和改革委员会公布了《国家发展改革委办公厅关于切实做好全国碳排放权交易市场启动重点工作的通知》提出要充分发挥市场机制在温室气体排放、资源配置中的决定性作用，将石化、化工、建材、钢铁、有色、造纸、电力、航空等一批工业行业第一阶段纳入碳排放交易市场。渐进式的排污权交易机制已经成为中国协调环境保护和经济发展关系的重要手段。

基于以上原因，本书将排污权视作有价值的投入要素，用生产单位的污染物排放量作为排污权投入量，用治污成本作为排污权要素的成本，用治污成本与污染物排放量的比值作为排污权的价格。污染物排放量数据来自《中国环境统计年鉴》（2001~2015年），基于制造业各行业污染物排放数据的可获得性和统计数据的连续性，污染物排放量选取污水排放量、烟尘排放量、SO_2排放量和粉尘排放量四项污染物排放量之和度量。对于缺失的2003年数据，假定污染物排放量增长率等于增加值增长率，以2002~2004年的各行业增加值为基准，线性插值计算得出。表3-4和表3-5报告了2000~2014年制造业分行业的排污权投入量数据。本书以治理废水设施本年运行费和治理废气设施本年运行费加总衡量排污权要素成本，并用固定资产投资价格指数对成本平减，得到以2000年为基年的排污权成本序列数据。表3-6和表3-7报告了2000~2014年制造业分行业的排污权投入成本数据。图3-3和图3-4分别显示了2014年制造业分行业排污权投入量和排污权价格。

表3-4 制造业分行业排污权投入量（2000~2007年） 单位：亿吨

年份 行业	2000	2001	2002	2003	2004	2005	2006	2007
C13	19.53	21.82	50.28	33.80	10.50	13.88	25.47	107.18
C14	11.19	12.49	16.78	12.16	3.81	16.15	13.25	13.53
C15	36.66	40.81	26.28	16.44	3.44	11.70	12.45	31.38
C16	2.78	3.12	2.65	1.71	0.34	0.93	73.19	1.52

续表

年份 行业	2000	2001	2002	2003	2004	2005	2006	2007
C17	34.36	38.36	47.23	36.30	15.65	44.91	53.34	86.30
C18	1.30	1.46	1.73	1.47	1.15	3.31	3.88	5.52
C19	2.10	2.35	4.07	2.85	1.66	5.79	9.49	7.50
C20	6.81	7.62	8.71	6.16	0.89	4.85	1.90	2.46
C21	1.21	1.36	0.65	0.48	0.064	0.51	0.83	0.55
C22	66.90	74.61	91.30	70.25	32.26	64.91	78.16	87.44
C23	0.82	0.92	0.60	0.38	0.14	0.50	0.52	0.54
C24	0.45	0.51	1.60	0.91	0.07	0.36	0.28	0.32
C25	55.54	62.13	72.54	45.84	7.14	47.00	53.77	58.13
C26	120.30	134.71	166.72	120.16	33.76	91.89	106.15	119.62
C27	9.80	10.95	13.91	8.57	4.41	12.99	15.89	16.82
C28	17.12	19.31	23.39	15.84	5.00	23.40	15.30	18.16
C29	5.73	6.41	6.55	4.20	0.66	2.42	1.91	2.27
C30	2.26	2.53	2.57	1.85	0.31	1.48	1.51	2.26
C31	749.93	836.67	811.88	480.96	9.53	45.86	51.23	67.12
C32	18.110	20.375	229.49	155.84	23.28	149.46	126.61	172.81
C33	93.03	104.36	108.12	71.80	4.72	32.31	36.27	70.25
C34	7.84	8.76	7.92	6.20	1.63	15.08	25.62	24.32
C35	8.42	9.40	9.18	6.51	2.03	5.23	4.01	4.31
C36	5.48	6.12	9.01	6.10	1.13	8.65	3.24	3.32
C37	9.39	10.58	14.12	8.44	4.24	11.87	9.66	37.75
C38	4.70	5.30	6.15	4.24	0.86	8.65	2.83	4.10
C39	1.95	2.28	3.70	2.63	1.51	10.09	11.52	18.96
C40	0.45	0.50	0.88	0.99	1.07	5.61	3.79	4.47
C41	590.37	658.78	626.60	473.64	6.75	37.01	30.68	0.80
均值	70.61	78.90	81.54	55.06	6.14	23.34	26.65	33.44
标准差	169.54	189.20	183.06	120.65	8.90	32.16	32.85	43.73
最大值	749.93	836.67	811.88	480.96	33.76	149.46	126.61	172.81
最小值	0.45	0.50	0.60	0.38	0.06	0.36	0.28	0.32

资料来源：《中国环境统计年鉴》（2001～2008年）笔者计算整理得出。

表3-5 制造业分行业排污权投入量（2008~2014年）　　单位：万吨

年份 行业	2008	2009	2010	2011	2012	2013	2014
C13	306781	647885	628392	937641	903748	741905	845016
C14	148950	324471	456072	465161	488067	351664	469693
C15	182452	360284	383089	548558	455824	351390	448374
C16	14988	33485	35412	42478	48112	34860	43267
C17	689494	1064780	1192474	1657335	1225987	747989	1249613
C18	44650	83360	309397	271419	93658	53812	86166
C19	84241	80251	110360	135385	134031	76301	124724
C20	19471	128739	126674	291133	257855	232479	230209
C21	6746	14628	129072	14849	12097	11463	12113
C22	974072	1657606	1848985	2116997	2104387	1298664	1880828
C23	6119	11361	12552	57178	17366	13048	20930
C24	3046	6039	6765	12445	15485	9540	13776
C25	694328	1706217	1908531	2709324	2818501	2196132	2708411
C26	1329216	2924595	2994860	4276477	4250255	3370777	4733738
C27	189190	370031	345026	421971	601766	282996	475609
C28	166796	297976	304458	390460	324835	226192	324470
C29	24829	85013	90270	191161	245555	214757	255164
C30	26204	64023	70655	7656276	8640098	8479794	9042627
C31	643291	7282925	5852747	7779464	9424007	8352741	14021153
C32	2032430	5446028	6064525	4029428	2559731	2740329	3085197
C33	672940	1464760	1886087	992960	525586	287750	592832
C34	200640	13087696	267094	330994	119385	113946	111315
C35	74954	163062	208794	111490	95243	70448	88158
C36	35776	1927984	110373	207446	172185	109035	209602
C37	102662	226685	293786	186799	147239	105056	109729
C38	39970	62830	75261	84887	215656	73760	120541

第三章 制造业绿色全要素生产率

续表

年份 行业	2008	2009	2010	2011	2012	2013	2014
C39	235476	231631	240568	410045	634479	165075	426335
C40	36259	34374	26628	21790	13174	7768	11691
C41	10841	28529	27573	59877	123740	113155	141179
均值	310235	1373008	896775	1255566	1264416	1063201	1444223
标准差	463119	2764230	1554924	2082986	2336327	2165902	3019993
最大值	2032430	13087696	6064525	7779464	9424007	8479794	14021153
最小值	3046	6039	6765	12445	12097	7768	11691

资料来源：《中国环境统计年鉴》（2009～2015年）笔者计算整理得出。

表3-6 制造业分行业排污权投入成本（2000～2007年） 单位：亿元

年份 行业	2000	2001	2002	2003	2004	2005	2006	2007
C13	7.101	7.89	17.34	12.8	6.44	13.27	87.36	16.88
C14	3.312	3.68	4.35	5.89	8.32	4.94	4.84	5.2
C15	4.752	5.28	7.97	6.87	5.28	4.97	7.28	7.63
C16	0.927	1.03	1.06	0.91	0.69	66.31	1.1	1.01
C17	13.401	14.89	76.4	57.25	22.34	21.85	47.15	24.34
C18	0.414	0.46	1.44	1.22	0.94	1.06	2.24	2.31
C19	1.143	1.27	1.9	2.21	2.41	2.1	2.23	2.4
C20	0.54	0.6	0.47	1.72	4.09	1.2	1.67	1.13
C21	0.45	0.5	0.16	0.2	0.29	0.65	0.32	0.44
C22	29.574	32.86	22.26	27.06	34.42	42.34	39.34	44.17
C23	0.252	0.28	0.26	0.24	0.22	0.23	0.2	0.29
C24	0.135	0.15	0.2	0.18	0.16	0.19	0.15	0.14
C25	10.017	11.13	22.35	23.65	24.66	18.51	22.62	32.07
C26	40.05	44.5	42.74	44.91	47.55	50.16	54.58	61.28
C27	3.96	4.4	5.77	6.26	6.35	4.92	5.4	6.13
C28	6.426	7.14	7.2	11.43	16.7	5.55	7.9	7.23

续表

年份 行业	2000	2001	2002	2003	2004	2005	2006	2007
C29	0.936	1.04	0.74	1.17	1.74	1.18	1.43	1.55
C30	0.855	0.95	0.64	0.74	0.94	0.97	0.99	1.21
C31	21.069	23.41	34.05	36.65	38.93	39.78	55.17	50.63
C32	34.335	38.15	46.67	68.75	103.86	75.04	102.84	113.91
C33	14.031	15.59	16.39	19.09	23.25	23.87	53.18	44.75
C34	1.629	1.81	6	6.21	6.65	3.24	3.46	4.87
C35	1.953	2.17	3.85	3.83	3.7	2.34	2.34	3.05
C36	1.593	1.77	1.36	3.4	6.52	1.96	1.73	1.73
C37	3.177	3.53	3.62	6.46	8.14	4.14	28.85	4.82
C38	1.503	1.67	1.65	1.85	2.12	1.28	1.44	1.63
C39	2.133	2.37	6.39	5.31	4.06	3.91	4.32	8.92
C40	0.261	0.29	1.18	2.66	3.56	1.33	1.32	1.27
C41	17.577	19.53	30.09	30.87	32.94	27.5	0.28	0.41
均值	8	9	13	13	14	15	19	16
标准差	11	12	18	18	21	21	28	25
最大值	40	45	76	69	104	75	103	114
最小值	0	0	0	0	0	0	0	0

资料来源:《中国环境统计年鉴》(2001~2008年)笔者计算整理得出。

表3-7 制造业分行业排污权投入成本(2008~2014年) 单位:亿元

年份 行业	2008	2009	2010	2011	2012	2013	2014
C13	15.3	15.81	17.54	16.38	16.57	14.34	23.65
C14	5.53	7.76	6.45	10.38	7.16	7.05	12.43
C15	7.75	7.84	8.37	8.44	8.51	7.87	14.04
C16	0.96	1.34	1.24	1.5	1.12	1.11	0.8
C17	23.88	34.39	51.89	25.31	24.77	29.87	49.08
C18	3.56	22.01	1.33	2.08	1.86	1.85	3.35
C19	2.56	2.6	2.67	2.44	2.47	2.1	5.65

续表

年份 行业	2008	2009	2010	2011	2012	2013	2014
C20	2.48	1.6	1.52	2.79	2.37	2.18	1.06
C21	0.4	9.86	0.52	0.3	0.26	0.23	0.24
C22	38.95	39.86	42.16	47.66	37.99	42.08	62.99
C23	0.26	0.26	3.61	0.34	0.39	0.42	0.48
C24	0.18	0.22	0.18	0.38	0.37	0.32	0.52
C25	30.33	39.22	44.8	59.08	45.88	48.14	40.34
C26	54.94	59.04	65.51	71.28	70.7	88.13	91.25
C27	5.94	7.43	7.34	6.73	7.94	7.27	18.4
C28	6.2	6.88	7.3	5.69	5.23	5.41	9.87
C29	1.58	1.83	2.36	5.19	4.91	5.87	2.81
C30	1.64	1.7	1.81	91.92	91.35	95.63	10.33
C31	126.87	54.94	82.23	226.81	230.01	404.97	93.22
C32	120.69	149.66	172.73	54.71	67.14	70.97	16.65
C33	39.34	51.41	47.14	11.48	7.83	11.67	19.14
C34	4.87	5.04	4.79	2.12	3.82	2.03	3.05
C35	2.96	4.67	4.18	2.39	2.09	2.12	1.87
C36	1.73	2.17	2.14	5.06	5.1	6.81	7.37
C37	5.27	6.4	6.52	3.4	4.34	3.19	2.41
C38	1.83	1.96	2.38	11.65	3.87	4.07	4.02
C39	6.02	6.15	14.59	10.54	11.13	11.29	22.89
C40	0.88	1.12	0.95	0.31	0.46	0.29	0.62
C41	0.62	0.67	0.35	0.81	1.27	0.92	2.18
均值	18	19	21	24	23	30	18
标准差	32	30	36	45	46	75	25
最大值	127	150	173	227	230	405	93
最小值	0	0	0	0	0	0	0

资料来源：《中国环境统计年鉴》（2009~2015年）笔者计算整理得出。

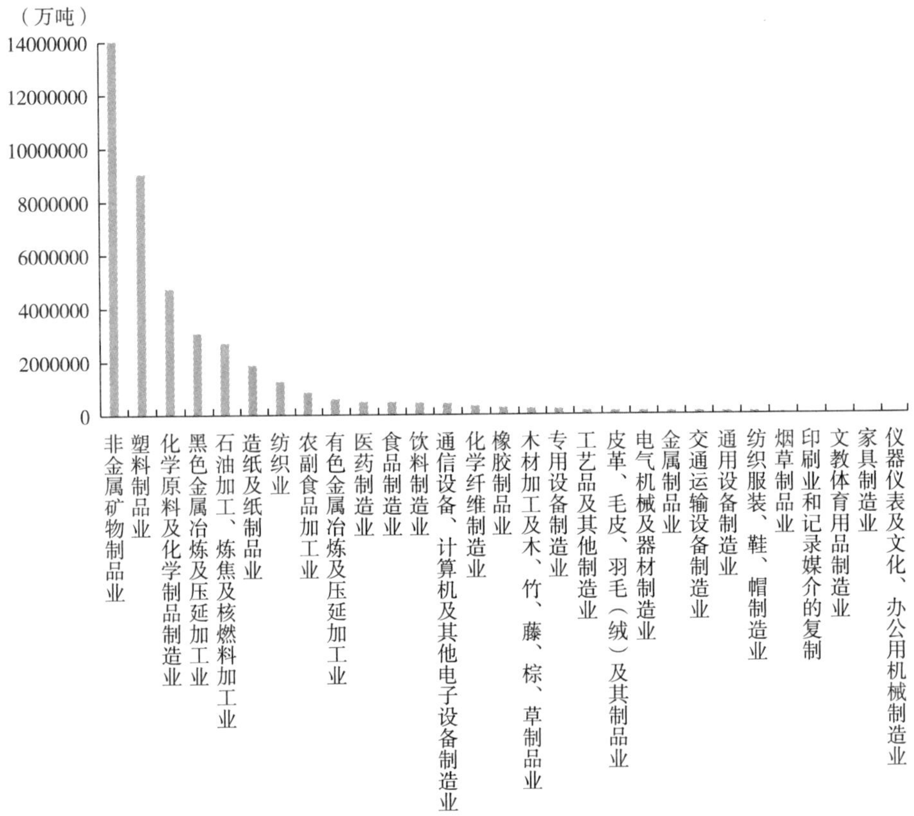

图3-3 2014年制造业分行业排污权投入量

以2014年为例,在29个制造业行业中,排污权投入排前三位的行业是"非金属矿物制品业""塑料制品业"和"化学原料及化学制品制造业",三个行业的排污权投入占2014年制造业全行业排污权投入的一半以上(66.4%)。而从排污权价格来看,这三个行业的排污权价格都比较低,其中排污权投入量排在第一位的"非金属矿物制品业"的排污权价格排在第26位,排污权投入量排在第二位的"塑料制品业"的排污权价格却排在最后一位,排污权投入量排在第三位的"化学原料及化学制品制造业"的排污权价格排在第21位。排污权价格排在前三位的行业是"通信设备、计算机及其他电子设备制造业"

"仪器仪表及文化、办公用机械制造业"和"皮革、毛皮、羽毛（绒）及其制品业"。

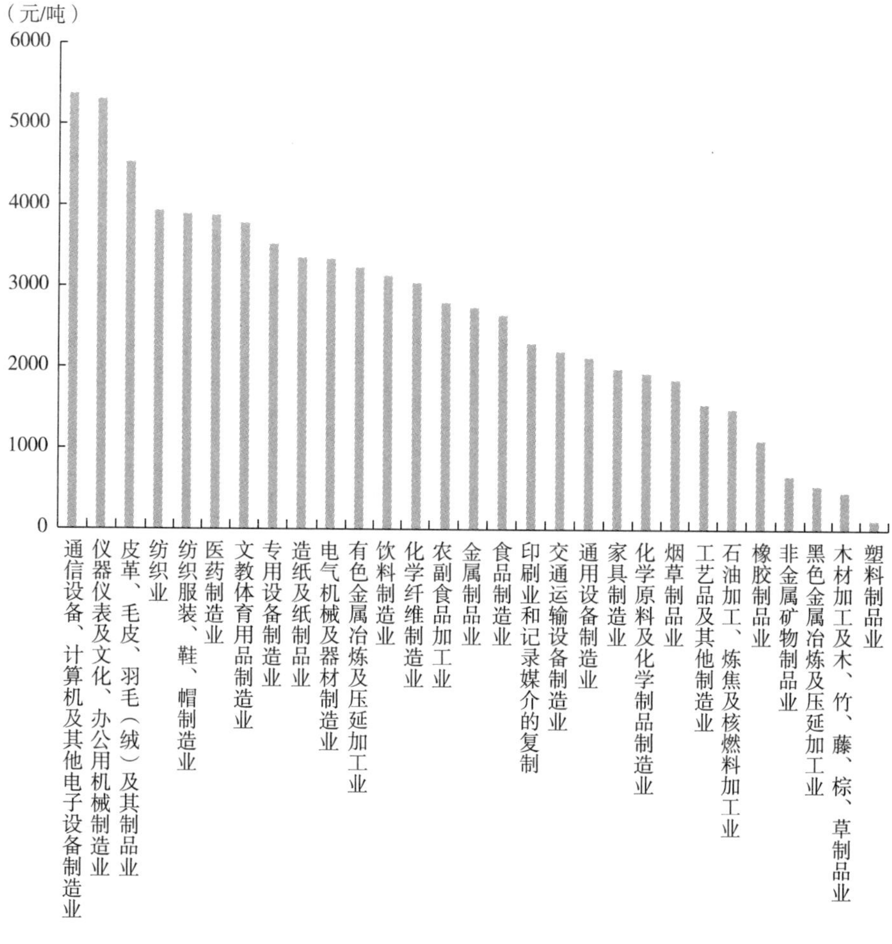

图3-4　2014年制造业分行业排污权价格

（四）资本投入

本书遵循永序盘存法估算资本存量。资本成本考虑利息和折旧，其中利息由各年中国人民银行五年期贷款利率与资本存量的乘积计算得到。用永续盘存

法估算资本存量,需要分别计算折旧率、新增投资、初始年份资本存量,最终计算出各年资本存量。具体步骤如下:

1. 折旧率 δ_{it}

折旧率 δ_{it} 由式(3-27)计算得出:

$$\delta_{it} = CD_{it}/ovfa_{i(t-1)} \qquad (3-27)$$

其中,δ_{it} 代表各行业每年的资本折旧率,CD_{it} 代表各行业每年折旧额,$ovfa_{i(t-1)}$ 为各行业上一年的固定资产原价。即采用各行业2000~2014年的"本年折旧"数据除以上一年的"固定资产原价"后得到2000~2014年各行业的资本折旧率。2001~2014年分行业的资本折旧率见表3-8和表3-9:

表3-8 制造业分行业资本折旧率(2001~2007年)

年份 行业	2001	2002	2003	2004	2005	2006	2007
C13	0.0170	0.0189	0.0205	0.0229	0.0401	0.0499	0.0588
C14	0.0304	0.0338	0.0213	0.0411	0.0489	0.0416	0.0444
C15	0.0372	0.0413	0.0283	-0.0014	0.0388	0.0386	0.0385
C16	0.0438	0.0487	0.0517	0.0325	0.0543	0.0394	0.0220
C17	0.0244	0.0271	0.0169	0.0222	0.0295	0.0390	0.0338
C18	0.0345	0.0384	0.0245	0.0247	0.0412	0.0555	0.0396
C19	0.0190	0.0212	0.0374	0.0384	0.0452	0.0491	0.0404
C20	0.0348	0.0387	0.0279	0.0367	0.0443	0.0477	0.0637
C21	0.0459	0.0510	0.0675	0.0498	0.0539	0.0579	0.0527
C22	0.0381	0.0424	0.0348	0.0436	0.0388	0.0459	0.0339
C23	-0.0001	-0.0001	0.0713	0.0308	0.0474	0.0510	0.0336
C24	0.0630	0.0700	0.0599	0.0597	0.0304	0.0434	0.0350
C25	0.0299	0.0333	0.0090	0.0245	0.0803	0.0455	0.0125
C26	0.0365	0.0406	0.0445	0.0189	0.0328	0.0513	0.0392
C27	0.0391	0.0435	0.0493	0.0224	0.0659	0.0545	0.0691

续表

年份 行业	2001	2002	2003	2004	2005	2006	2007
C28	0.0370	0.0411	−0.0234	0.0319	0.0535	0.0385	0.0314
C29	0.0293	0.0325	0.0570	0.0144	0.0297	0.0531	0.0664
C30	0.0382	0.0424	0.0452	0.0523	0.0358	0.0527	0.0431
C31	0.0305	0.0339	0.0180	0.0295	0.0301	0.0397	0.0364
C32	0.0188	0.0209	0.0424	0.0298	0.0571	0.0467	0.0463
C33	0.0270	0.0300	0.0349	0.0339	0.0578	0.0384	0.0648
C34	0.0405	0.0450	−0.0108	0.0226	0.0574	0.0661	0.0687
C35	0.0349	0.0387	0.0330	0.0341	0.0422	0.0441	0.0426
C36	0.0110	0.0122	0.0916	−0.0028	0.0197	0.0465	0.0423
C37	0.0281	0.0312	0.0502	0.0263	0.0638	0.0494	0.0661
C38	0.0336	0.0373	0.0372	0.0276	0.0471	0.0498	0.0569
C39	0.0716	0.0795	0.0712	0.0655	0.0820	0.0733	0.0966
C40	0.0294	0.0327	0.0663	0.0251	0.0442	0.4451	−0.2755
C41	0.2990	0.3322	0.0327	0.1478	0.0186	0.0412	0.0561
均值	0.0422	0.0468	0.0383	0.0347	0.0459	0.0619	0.0365
标准差	0.0504	0.0560	0.0242	0.0259	0.0152	0.0729	0.0613
最大值	0.2990	0.3322	0.0916	0.1478	0.0820	0.4451	0.0966
最小值	−0.0001	−0.0001	−0.0234	−0.0028	0.0186	0.0384	−0.2755

资料来源：《中国统计年鉴》（2002~2008年），《中国工业经济统计年鉴》（2002~2008年）。

表3-9　制造业分行业资本折旧率（2008~2014年）

年份 行业	2008	2009	2010	2011	2012	2013	2014
C13	0.0877	0.1622	0.1620	0.1599	0.0964	0.1706	0.0245
C14	0.0471	0.0608	0.0831	0.1357	0.0294	0.0938	0.0574
C15	0.0668	0.0181	0.0735	0.0670	0.0546	0.0431	0.0615

续表

年份 行业	2008	2009	2010	2011	2012	2013	2014
C16	0.0092	0.0689	0.0202	0.0150	0.0431	0.1062	-0.0086
C17	0.0429	0.0310	0.0627	0.0597	0.0255	0.0658	0.0470
C18	0.0922	0.0455	0.0409	0.0636	0.1771	0.0989	0.0613
C19	0.0597	0.0449	0.0715	0.0594	0.1734	0.0786	0.0709
C20	0.0936	0.0590	0.1032	0.1556	0.0440	0.1261	0.1061
C21	0.0902	0.0675	0.0756	0.0556	0.0805	0.1876	0.0312
C22	0.0580	0.0396	0.0585	0.1547	0.0338	-0.1412	0.1662
C23	0.0576	0.0366	0.0461	-0.0036	0.0655	0.1162	-0.1453
C24	0.0713	0.0365	0.0226	0.0027	0.6671	0.0927	0.0990
C25	0.0814	0.0778	0.0609	0.0768	0.0054	0.0796	-0.4552
C26	0.0730	0.0508	0.0842	0.1010	0.0757	0.0760	-0.3744
C27	0.0477	0.0457	0.0784	0.0784	0.0593	0.1233	0.0664
C28	-0.0167	0.0010	0.0609	0.1239	0.0100	0.0546	0.0292
C29	0.0610	0.0654	0.0629	0.1261	0.0428	0.1228	0.0226
C30	0.0676	0.0670	0.0803	0.0566	0.0316	0.0800	0.0588
C31	0.0500	-2.7973	0.0611	0.0825	0.0953	0.0505	0.0599
C32	0.0443	0.0829	0.1031	0.0864	0.0709	0.0515	0.0140
C33	0.0632	0.0998	0.0734	0.0725	0.0361	0.0614	0.0568
C34	0.1150	0.0629	0.0781	0.0802	0.1404	0.0678	0.0705
C35	0.1097	0.0529	0.1030	0.0848	-0.0015	0.0875	0.0657
C36	0.1256	0.0409	1.0376	0.1036	0.0862	0.0744	0.0656
C37	0.0516	0.0652	0.1152	0.0812	0.0217	0.0637	0.0499
C38	0.1186	0.0752	0.0796	0.2782	-0.0287	0.0784	0.0355
C39	0.0695	0.0702	0.0929	0.0834	0.0671	0.0830	0.0708
C40	0.0447	0.0774	0.0832	0.0957	-0.0528	0.0739	0.0979
C41	0.0010	0.0555	0.0785	0.1016	-0.0851	0.1289	0.0885

续表

年份 行业	2008	2009	2010	2011	2012	2013	2014
均值	0.0650	-0.0392	0.1087	0.0910	0.0712	0.0826	0.0205
标准差	0.0325	0.5220	0.1776	0.0532	0.1259	0.0539	0.1288
最大值	0.1256	0.1622	1.0376	0.2782	0.6671	0.1876	0.1662
最小值	-0.0167	-2.7973	0.0202	-0.0036	-0.0851	-0.1412	-0.4552

资料来源：《中国统计年鉴》（2009~2015年），《中国工业统计年鉴》（2009~2015年）。

2. 新增投资 I_{it}

新增投资 I_{it} 由式 (3-28) 计算得出：

$$inv_{it} = ovfa_{it} - ovfa_{i(t-1)}; I_{it} = inv_{it}/P_t \qquad (3-28)$$

其中，inv_{it} 代表各行业当年价新增投资，$ovfa_{it}$ 为各行业当年固定资产原价，$ovfa_{i(t-1)}$ 为各行业上一年固定资产原价，I_{it} 代表各行业各年平减后的2003年价格水平的可比价新增投资。2001~2014年制造业分行业新增投资额见表3-10和表3-11。

表3-10 制造业分行业新增投资额（2001~2007年） 单位：亿元

年份 行业	2001	2002	2003	2004	2005	2006	2007
C13	63.82	91.17	160.13	261.96	267.16	413.94	508.90
C14	96.93	138.48	23.29	183.58	151.82	196.62	225.07
C15	70.62	100.89	75.71	-60.54	128.32	166.08	226.83
C16	33.38	47.68	43.78	18.36	54.45	29.79	34.32
C17	167.14	238.78	399.19	398.97	367.96	549.40	495.23
C18	49.54	70.77	79.20	78.30	128.55	187.49	184.47
C19	20.46	29.23	54.57	71.27	79.24	79.35	83.59
C20	18.54	26.49	33.78	86.91	59.67	99.30	141.36
C21	19.58	27.97	49.76	66.30	58.24	104.42	99.47

续表

年份 行业	2001	2002	2003	2004	2005	2006	2007
C22	92.92	132.75	191.06	302.66	403.57	268.32	274.83
C23	13.04	18.63	106.44	88.78	87.93	94.77	75.61
C24	29.91	42.72	32.33	57.10	33.80	38.99	47.18
C25	69.56	99.37	-43.93	288.39	565.56	597.88	300.88
C26	334.88	478.40	498.38	359.43	1026.10	1591.53	1056.96
C27	144.98	207.11	216.90	221.23	335.50	239.78	260.98
C28	37.24	53.20	-36.32	148.21	190.59	115.26	111.63
C29	31.22	44.60	80.19	126.84	79.11	128.03	231.41
C30	93.62	133.74	153.44	347.59	125.21	241.62	179.65
C31	189.66	270.95	364.08	612.91	481.78	681.93	683.76
C32	129.70	185.28	861.46	947.18	1487.82	2047.07	1802.98
C33	121.77	173.96	205.99	432.75	452.65	515.27	759.29
C34	52.27	74.68	-13.73	190.95	222.95	318.59	409.12
C35	112.28	160.40	227.62	361.74	344.17	489.36	622.76
C36	33.34	47.63	418.82	85.73	166.31	344.61	372.29
C37	213.48	304.97	450.37	463.45	841.73	862.76	1140.68
C38	103.15	147.36	200.48	328.73	390.18	456.77	565.64
C39	364.07	520.10	657.26	1112.69	937.86	1005.23	1336.92
C40	26.10	37.29	99.25	67.68	82.51	116.48	88.31
C41	20.14	28.77	34.92	197.69	7.78	110.92	68427.49
均值	94.94	135.63	193.95	270.58	329.60	416.95	2784.40
标准差	87.58	125.12	213.62	257.82	344.28	456.73	12412.49
最大值	364.07	520.10	861.46	1112.69	1487.82	2047.07	68427.49
最小值	13.04	18.63	-43.93	-60.54	7.78	29.79	34.32

资料来源:《中国统计年鉴》(2002~2008年)。

表 3-11　制造业分行业新增投资额（2008~2014 年）　单位：亿元

年份 行业	2008	2009	2010	2011	2012	2013	2014
C13	873.28	1432.40	1516.04	1429.98	1673.42	2735.54	1335.73
C14	272.95	389.63	-331.81	1207.69	415.78	723.54	690.84
C15	297.52	299.23	390.98	372.61	418.73	599.19	600.68
C16	-4.93	150.70	73.38	48.93	127.00	117.54	154.88
C17	495.87	466.43	802.96	451.70	369.47	862.54	922.43
C18	325.23	142.02	215.56	101.71	906.78	571.75	502.86
C19	105.92	102.44	162.70	112.60	444.74	272.27	316.48
C20	271.40	162.64	325.62	246.15	251.53	466.22	533.15
C21	76.29	86.30	142.26	80.76	224.96	341.50	195.23
C22	359.50	379.37	520.45	811.41	366.45	181.74	340.80
C23	130.64	120.50	120.43	-130.48	220.97	382.01	-519.95
C24	79.26	46.81	33.53	-29.67	948.90	379.85	431.97
C25	553.66	1604.52	1245.19	-333.97	1642.90	1160.00	-11261.70
C26	1669.86	2439.55	2959.78	2635.29	3324.09	4574.68	-25740.81
C27	261.85	412.28	462.73	428.05	612.21	1255.74	1097.56
C28	-111.08	9.31	127.63	387.09	147.49	172.65	210.07
C29	146.08	221.55	196.83	367.98	242.46	563.56	267.45
C30	358.50	384.44	506.89	169.05	221.69	703.63	600.59
C31	1250.01	1557.26	1900.27	1763.87	2484.58	2277.37	2403.42
C32	1532.30	3250.52	3406.79	1857.46	3716.73	3046.70	1521.75
C33	1044.97	1052.80	1453.08	882.65	1103.32	1497.18	1779.15
C34	749.65	590.52	693.65	480.00	1836.50	1087.70	2018.40
C35	1404.07	933.40	1890.07	517.93	-3.20	1597.77	1497.31
C36	946.61	-3489.81	5020.53	811.71	1199.32	1338.27	1364.54
C37	1430.17	1675.68	2298.30	1814.44	1036.44	2327.28	2705.70
C38	1168.84	1149.96	1434.14	2723.07	695.64	1652.07	1126.13

续表

年份\行业	2008	2009	2010	2011	2012	2013	2014
C39	1572.67	706.06	3044.39	-89.81	2167.09	2361.99	1890.46
C40	109.90	162.55	262.46	136.61	-103.93	237.87	268.85
C41	-68142.10	160.33	132.91	264.50	-469.79	190.71	230.76
均值	-1750.73	572.39	1069.23	673.08	904.22	1161.34	-431.56
标准差	12558.33	1088.01	1240.98	795.08	992.43	1047.44	5324.52
最大值	1669.86	3250.52	5020.53	2723.07	3716.73	4574.68	2705.70
最小值	-68142.10	-3489.81	-331.81	-333.97	-469.79	117.54	-25740.81

资料来源：《中国统计年鉴》（2009~2015年）。

对样本期间内各行业的"固定资产原价"进行差分后再采用固定资产投资价格指数平减，即可得到每年的新增投资额。各年的固定资产原价和固定资产投资价格指数 P_t 来自《中国统计年鉴》。

3. 确定2000年初始资本存量 K_{i0}

2000年的初始资本存量由式（3-29）计算得出：

$$K_{i1} = I_{i1}(g_{iy} + \delta_i) \qquad (3-29)$$

其中，I_{i1} 为各行业基年的实际投资额，g_{iy} 为各行业实际产出的年均增长率，δ_i 为各行业基年的资本折旧率。各行业2000年实际投资额数据来自《中国统计年鉴》，各行业实际产出额数据来自《中国工业经济统计年鉴》和《工业企业科技活动统计年鉴》。

4. 按照永序盘存法估算资本存量

永序盘存法计算公式见式（3-30）：

$$K_{it} = I_{it} + (1-\delta_{it})K_{i(t-1)} \qquad (3-30)$$

其中，K_{it}、I_{it}、δ_{it}、$K_{i(t-1)}$ 代表的含义如前文所述。制造业分行业资本存量报告在表3-12和表3-13中，表3-14和表3-15报告了2000~2014年制造业分行业资本成本。

表 3-12 制造业分行业资本存量（2000~2007 年）　　单位：亿元

年份 行业	2000	2001	2002	2003	2004	2005	2006	2007
C13	1022.10	1277.62	1762.66	1918.24	2172.09	2395.21	2774.02	3236.45
C14	637.30	796.63	1103.10	1135.91	1296.02	1429.89	1629.98	1842.07
C15	896.25	1120.31	1564.37	1657.16	1645.04	1707.30	1868.67	2089.25
C16	492.06	615.08	973.10	1011.42	1047.96	1078.28	1121.99	1175.47
C17	2052.08	2565.10	3772.33	4204.67	4574.19	4899.23	5389.72	5892.51
C18	462.82	578.52	828.58	916.98	993.18	1103.00	1268.79	1464.06
C19	245.73	307.16	438.53	485.20	553.95	626.56	699.75	785.80
C20	283.15	353.94	459.21	497.10	578.58	630.51	724.98	849.50
C21	118.50	148.12	199.76	244.66	312.17	365.79	465.54	561.50
C22	1041.56	1301.95	1681.98	1880.74	2159.63	2560.72	2794.72	3092.19
C23	378.94	473.68	735.04	789.01	904.22	974.06	1060.89	1151.10
C24	151.43	189.29	266.48	298.69	353.92	395.24	427.89	477.12
C25	1733.18	2166.47	3584.72	3627.51	3859.37	4197.75	4907.27	5349.50
C26	3348.92	4186.15	6261.31	6714.37	7231.35	8148.26	9551.25	10647.32
C27	814.47	1018.09	1372.95	1572.51	1827.34	2076.78	2319.43	2531.80
C28	623.12	778.90	1157.96	1197.11	1279.86	1437.26	1564.99	1683.68
C29	362.83	453.54	648.09	710.49	864.63	928.52	1031.86	1242.07
C30	747.60	934.50	1328.00	1471.93	1801.64	1939.79	2143.04	2331.58
C31	2309.17	2886.46	4155.40	4578.85	5131.61	5591.96	6204.00	6882.16
C32	3481.02	4351.27	7032.47	7735.65	8747.60	9961.41	12032.38	13744.74
C33	1128.21	1410.26	2058.01	2248.52	2676.30	3048.49	3599.69	4241.00
C34	741.98	927.47	1345.82	1407.27	1551.54	1715.00	2005.09	2387.60
C35	1223.58	1529.47	2376.79	2612.41	2963.69	3270.63	3739.17	4346.09
C36	782.61	978.26	1552.70	1846.17	2081.29	2201.13	2482.48	2849.54
C37	2170.30	2712.88	4091.14	4451.98	5004.14	5641.64	6536.80	7520.55
C38	1243.98	1554.97	2341.54	2536.73	2883.28	3206.69	3636.13	4152.12

续表

年份 行业	2000	2001	2002	2003	2004	2005	2006	2007
C39	1866.21	2332.76	3358.99	4004.87	5095.08	5871.68	6854.67	7947.68
C40	236.13	295.16	458.20	540.34	625.00	693.57	517.04	1157.56
C41	2.38	2.97	227.25	350.24	505.26	556.00	653.97	69066.78
均值	1055.09	1318.86	1970.22	2160.23	2438.62	2712.15	3103.66	5886.16
标准差	894.13	1117.66	1722.12	1878.39	2098.08	2370.95	2813.64	12343.08
最大值	3481.02	4351.27	7032.47	7735.65	8747.60	9961.41	12032.38	69066.78
最小值	2.38	2.97	199.76	244.66	312.17	365.79	427.89	477.12

资料来源：《中国统计年鉴》（2001~2008年）、《中国工业经济统计年鉴》（2001~2008年）和《工业企业科技活动统计年鉴》（2001~2008年）。

表3-13　制造业分行业资本存量（2008~2014年）　　　单位：亿元

年份 行业	2008	2009	2010	2011	2012	2013	2014
C13	3981.27	5018.36	6303.45	7502.72	9497.03	11304.87	14082.83
C14	2099.97	2446.64	2033.68	3150.62	3769.97	4231.87	5022.10
C15	2316.83	2716.16	2948.83	3312.92	3750.37	4372.24	4863.46
C16	1185.19	1264.45	1393.13	1447.96	1532.93	1544.21	1883.31
C17	6316.33	6840.25	7405.14	7829.90	8456.33	8959.88	10004.60
C18	1702.17	1900.33	2118.40	2161.56	2800.57	3462.51	4051.04
C19	872.66	982.37	1113.19	1228.56	1518.60	1879.05	2189.56
C20	1085.00	1262.66	1519.92	1645.51	2071.25	2349.53	2876.18
C21	610.51	704.99	835.36	923.24	1119.49	1314.61	1686.42
C22	3365.27	3789.29	4220.26	4573.47	5450.13	6604.70	5185.02
C23	1250.65	1391.37	1493.62	1435.21	1556.90	1840.82	1807.94
C24	536.85	597.91	638.32	620.90	1156.15	1805.69	2190.27
C25	5526.44	7107.42	8355.78	7805.97	10080.24	10480.09	5161.23
C26	11902.54	14501.88	16831.37	18914.34	22497.05	26813.43	13623.20

续表

年份 行业	2008	2009	2010	2011	2012	2013	2014
C27	2833.50	3239.21	3572.54	3964.30	4624.31	5531.75	6823.46
C28	1652.57	1631.23	1661.07	1929.46	2273.52	2342.45	2605.78
C29	1379.86	1586.09	1772.62	2009.49	2392.83	2746.78	3251.04
C30	2622.79	2984.77	3423.71	3639.12	3947.47	4447.25	5092.50
C31	8010.53	33327.04	11217.45	12612.59	14777.93	17538.41	19653.08
C32	15222.19	17793.39	20544.13	22427.77	26361.17	29689.42	32220.09
C33	5243.87	6028.54	7550.09	8332.99	9697.00	10901.47	12640.90
C34	2991.85	3667.29	4264.82	4681.20	6175.26	7504.66	9428.28
C35	5421.01	6536.44	8034.18	8516.39	9268.16	10041.67	11635.96
C36	3533.82	255.91	5004.89	5685.00	6909.06	8231.22	9573.60
C37	8991.26	10464.95	12100.01	14104.96	15897.63	17520.25	20335.00
C38	5019.34	6271.01	7589.03	8584.76	11851.31	12286.93	13849.62
C39	9625.42	10215.29	12961.61	12721.80	15122.17	17083.83	19003.75
C40	995.12	1118.84	1361.80	1458.22	1578.65	1621.72	1831.32
C41	891.06	1069.56	1167.79	1392.84	1179.97	1105.91	1362.28
均值	4040.89	5403.92	5497.80	6021.16	7148.74	8122.66	8411.51
标准差	3611.34	6757.51	5028.83	5491.59	6485.79	7394.84	7287.52
最大值	15222.19	33327.04	20544.13	22427.77	26361.17	29689.42	32220.09
最小值	536.85	255.91	638.32	620.90	1119.49	1105.91	1362.28

资料来源：《中国统计年鉴》（2009~2015年）、《中国工业经济统计年鉴》（2009~2015年）和《工业企业科技活动统计年鉴》（2009~2015年）。

表3-14 制造业分行业资本成本（2000~2007年） 单位：亿元

年份 行业	2000	2001	2002	2003	2004	2005	2006	2007
C13	253.17	230.15	133.71	147.22	177.77	235.47	313.76	400.59
C14	341.18	310.16	97.29	89.66	127.03	153.18	173.68	206.14

续表

年份 行业	2000	2001	2002	2003	2004	2005	2006	2007
C15	514.03	467.30	153.19	141.46	98.27	168.14	196.18	223.17
C16	371.18	337.44	103.39	111.05	98.75	124.74	121.57	109.24
C17	1401.78	1274.34	315.77	307.53	374.73	437.55	565.29	608.02
C18	287.34	261.22	77.97	73.86	83.93	109.37	150.36	156.88
C19	147.02	133.65	34.11	44.69	53.17	64.24	79.91	85.46
C20	125.83	114.39	43.86	41.94	54.14	65.06	80.89	108.55
C21	57.97	52.70	20.74	28.20	32.00	39.90	54.04	65.62
C22	449.81	408.92	165.44	169.19	216.80	243.82	312.58	318.64
C23	257.47	234.07	42.23	97.82	81.29	103.66	124.54	119.21
C24	87.26	79.32	32.18	34.17	40.49	35.50	46.92	49.53
C25	1461.72	1328.84	326.41	242.16	325.93	573.82	540.94	444.28
C26	2357.77	2143.43	605.16	676.58	574.83	740.14	1083.31	1147.92
C27	411.56	374.14	132.08	160.91	148.57	249.89	278.56	348.54
C28	561.69	510.63	114.01	40.79	115.63	158.45	165.06	170.66
C29	223.99	203.62	57.62	79.00	63.69	82.82	121.26	160.20
C30	436.30	396.63	129.41	147.22	190.57	186.09	252.33	262.62
C31	1491.74	1356.13	375.83	340.85	451.32	500.93	652.94	723.50
C32	2884.15	2621.95	550.96	749.75	774.75	1123.05	1312.53	1557.38
C33	735.64	668.77	176.89	203.34	242.58	345.82	369.54	542.85
C34	477.13	433.76	137.45	65.81	126.39	195.88	256.56	315.79
C35	986.54	896.85	226.22	231.79	273.15	329.17	405.58	474.68
C36	670.09	609.17	108.00	250.25	121.89	175.69	274.05	312.07
C37	1485.49	1350.45	357.64	467.94	429.06	672.30	741.75	986.28
C38	859.70	781.54	219.96	236.49	249.02	335.58	415.37	511.52
C39	1093.99	994.53	438.83	487.40	591.02	799.82	931.56	1271.70
C40	178.69	162.45	40.61	62.45	52.59	70.73	356.66	-148.62

续表

年份 行业	2000	2001	2002	2003	2004	2005	2006	2007
C41	51.46	46.78	111.83	30.85	84.26	44.41	68.07	4948.66
均值	712.47	647.70	183.75	198.63	215.64	288.46	360.20	568.31
标准差	683.78	621.62	153.79	184.89	187.00	264.01	313.79	913.94
最大值	2884.15	2621.95	605.16	749.75	774.75	1123.05	1312.53	4948.66
最小值	51.46	46.78	20.74	28.20	32.00	35.50	46.92	-148.62

资料来源：《中国统计年鉴》（2001~2008年）、《中国工业经济统计年鉴》（2001~2008年）和《工业企业科技活动统计年鉴》（2001~2008年）。中国人民银行网站，http://www.pbc.gov.cn/。

表3-15 制造业分行业资本成本（2008~2014年） 单位：亿元

年份 行业	2008	2009	2010	2011	2012	2013	2014
C13	607.09	992.34	1312.24	1651.09	1480.83	2497.54	1186.59
C14	252.76	278.51	339.20	513.03	357.87	638.22	572.63
C15	323.88	205.80	383.83	429.94	447.58	454.07	578.45
C16	102.74	157.55	112.68	116.81	167.52	269.90	101.13
C17	750.00	609.94	896.37	985.40	786.70	1153.05	1063.64
C18	271.65	196.63	211.31	282.46	598.01	542.44	480.84
C19	116.20	99.74	141.59	151.58	328.47	259.16	277.64
C20	168.03	144.03	230.71	366.55	224.58	424.40	455.06
C21	100.24	86.67	107.98	110.49	154.40	310.10	151.79
C22	445.68	365.64	489.16	990.09	548.65	-365.49	1284.56
C23	165.27	130.89	158.14	89.08	199.51	311.38	-184.15
C24	76.69	56.40	53.20	42.73	494.02	263.08	327.81
C25	868.39	886.37	974.06	1192.05	730.94	1486.84	-4819.79
C26	1726.79	1507.15	2309.47	3076.69	3099.52	3570.90	-9884.73
C27	348.00	327.67	484.01	562.59	567.59	961.01	826.93
C28	98.89	98.53	201.42	345.47	176.15	277.53	232.28

续表

年份 行业	2008	2009	2010	2011	2012	2013	2014
C29	186.98	189.72	214.65	369.55	258.75	484.19	268.78
C30	367.14	363.89	464.76	448.37	389.95	614.44	593.90
C31	1008.38	2385.72	1295.19	1807.59	2299.30	1951.28	2308.70
C32	1813.18	2371.24	3231.77	3424.41	3520.06	3375.77	2418.57
C33	689.28	909.63	946.64	1132.78	981.51	1323.43	1431.96
C34	523.00	424.34	564.49	675.21	1128.61	954.79	1141.62
C35	914.41	701.06	1198.43	1302.93	616.11	1462.84	1428.77
C36	645.31	175.10	738.76	938.27	1008.14	1089.47	1165.37
C37	1106.95	1234.64	2019.20	2016.68	1410.56	2173.00	2175.74
C38	906.42	788.71	998.30	2826.27	494.65	1703.85	1320.40
C39	1346.55	1324.52	1811.64	2005.43	1960.82	2443.29	2472.10
C40	118.44	146.71	183.37	236.18	22.93	215.80	282.26
C41	140.60	116.99	159.84	219.52	-49.09	207.33	193.62
均值	558.24	595.73	766.63	976.18	841.54	1070.81	339.74
标准差	479.46	631.45	758.99	926.90	868.25	971.85	2311.40
最大值	1813.18	2385.72	3231.77	3424.41	3520.06	3570.90	2472.10
最小值	76.69	56.40	53.20	42.73	-49.09	-365.49	-9884.73

资料来源：《中国统计年鉴》（2009~20015年）、《中国工业经济统计年鉴》（2009~2015年）和《工业企业科技活动统计年鉴》（2009~2015年）。中国人民银行网站，http://www.pbc.gov.cn/。

（五）劳动投入

劳动数据采用《中国工业统计年鉴》的制造业各行业全部从业人员年均数，对于缺失的数据假定其变动与增加值变动同步，以2012年增加值增长率为基准，采用线性插值计算得出。2001年和2002年的"其他制造业"的劳动投入数据按照2002年和2003年的第二产业增加值指数，以2003年的"其他制造业"的全部从业人员年平均数为基础倒推得到。表3-16和表3-17报告了2000~2014年制造业分行业全部从业人员年均数。

表3-16 制造业分行业全部从业人员平均数（2000~2007年）

单位：万人

年份 行业	2000	2001	2002	2003	2004	2005	2006	2007
C13	150.22	166.91	173.52	181.66	196.51	222.55	238.60	264.80
C14	81.05	90.05	98.48	101.07	110.88	121.02	128.13	135.03
C15	85.48	94.98	91.00	89.00	83.92	89.00	92.26	101.02
C16	22.27	24.74	23.21	21.22	19.88	19.67	18.99	18.61
C17	429.76	477.51	479.15	499.16	587.92	590.96	615.43	626.26
C18	213.36	237.07	265.75	289.19	331.91	346.06	377.57	414.19
C19	114.34	127.04	141.29	165.37	211.22	228.84	245.63	256.98
C20	46.16	51.29	51.71	63.83	76.80	8333.00	91.62	106.18
C21	26.85	29.83	33.97	43.39	64.94	71.27	83.80	91.30
C22	102.43	113.81	114.99	113.95	130.44	130.14	134.77	138.30
C23	49.20	54.67	55.46	59.41	63.50	66.90	68.97	72.38
C24	60.22	66.91	75.56	87.14	107.54	109.80	114.38	119.32
C25	53.28	59.20	55.85	59.66	67.97	74.40	76.79	80.64
C26	286.71	318.57	310.13	311.33	326.35	339.99	357.78	380.28
C27	92.69	102.99	105.50	115.40	114.38	123.44	130.28	137.34
C28	36.24	40.27	37.73	34.47	39.19	42.63	43.40	45.30
C29	55.44	61.60	62.08	62.24	80.78	79.64	82.14	87.51
C30	105.43	117.14	129.56	140.91	175.20	183.28	201.41	224.05
C31	353.35	392.61	388.24	396.22	415.32	418.18	526.39	448.41
C32	224.41	249.34	239.29	255.91	277.27	287.49	296.13	304.43
C33	98.36	109.29	102.34	106.60	127.33	130.74	136.82	156.27
C34	148.64	165.16	174.02	171.24	213.11	223.23	248.26	273.48
C35	244.79	271.99	264.42	283.49	343.74	255.12	378.74	420.71
C36	167.05	185.61	178.11	205.31	219.93	219.89	234.65	256.51
C37	266.60	296.22	296.72	311.77	341.31	352.40	374.58	408.59
C38	203.00	225.55	238.98	265.12	348.68	367.21	403.98	449.15

续表

年份 行业	2000	2001	2002	2003	2004	2005	2006	2007
C39	184.50	205.00	229.41	273.46	378.79	439.64	505.07	587.92
C40	49.91	55.45	57.21	71.96	84.34	88.68	98.80	106.97
C41	0.76	0.84	92.80	104.58	128.21	129.75	141.52	170.58
均值	136.29	151.44	157.46	168.41	128.21	485.69	222.31	237.33
标准差	104.00	115.56	112.67	117.75	0.00	1489.31	156.93	163.37
最大值	429.76	477.51	479.15	499.16	128.21	8333.00	615.43	626.26
最小值	0.76	0.84	23.21	21.22	128.21	19.67	18.99	18.61

资料来源：《中国工业经济统计年鉴》（2001～2008年）。

表3-17 制造业分行业全部从业人员平均数（2008～2014年）

单位：万人

年份 行业	2008	2009	2010	2011	2012	2013	2014
C13	315.07	337.66	369.01	360.71	390.31	418.15	439.49
C14	154.57	162.70	175.88	176.86	186.18	200.94	206.47
C15	113.04	119.02	130.02	136.76	147.31	157.81	162.35
C16	19.77	20.03	21.10	19.93	19.57	19.86	21.63
C17	652.06	617.04	647.32	588.83	480.59	486.34	490.20
C18	458.70	449.31	447.00	382.41	432.47	455.14	462.19
C19	273.30	257.57	276.37	259.75	276.82	296.90	303.93
C20	131.30	130.67	142.29	128.68	130.97	138.06	143.30
C21	104.41	98.56	11173.00	106.42	110.89	115.83	120.05
C22	151.92	152.64	157.91	146.75	144.37	140.35	138.12
C23	82.03	82.13	85.06	70.98	86.98	92.26	65.90
C24	132.72	122.36	128.11	110.32	198.43	222.86	227.83
C25	86.02	84.95	92.15	96.12	95.18	94.51	96.84
C26	429.64	440.49	474.14	454.86	490.12	494.91	498.86

续表

年份 行业	2008	2009	2010	2011	2012	2013	2014
C27	150.75	160.48	173.17	178.60	199.82	208.55	222.39
C28	45.06	41.45	43.93	46.27	47.51	48.51	47.06
C29	97.29	97.97	102.93	93.53	85.85	84.90	86.86
C30	255.42	259.81	283.30	254.19	252.32	250.00	255.16
C31	498.73	508.91	544.61	517.03	567.14	568.55	595.19
C32	313.50	323.02	345.63	339.92	402.87	415.99	404.59
C33	185.18	177.64	191.59	192.62	201.64	204.91	208.93
C34	327.17	319.31	344.64	311.51	365.82	371.97	380.12
C35	93.21	486.52	539.38	494.52	489.91	476.14	489.62
C36	308.43	309.24	334.22	323.41	347.98	352.10	355.02
C37	473.14	498.33	573.72	579.48	600.53	613.56	670.58
C38	527.79	535.00	604.30	599.61	613.27	623.21	637.82
C39	677.31	662.64	772.75	819.48	856.79	880.50	906.59
C40	116.48	112.61	124.86	124.49	113.64	104.56	106.93
C41	157.55	150.47	154.35	139.92	89.94	59.28	61.46
均值	252.81	266.16	670.78	277.72	290.52	296.44	303.64
标准差	181.17	182.46	1994.79	200.21	205.70	210.56	219.21
最大值	677.31	662.64	11173.00	819.48	856.79	880.50	906.59
最小值	19.77	20.03	21.10	19.93	19.57	19.86	21.63

资料来源：《中国工业经济统计年鉴》（2009~2015年）。

劳动投入成本为劳动报酬。采用各行业规模以上从业人员平均数与国有企业平均劳动报酬的乘积衡量各行业的劳动成本。各行业国有企业平均劳动报酬数据来自《中国劳动统计年鉴》。最后用居民消费价格指数对劳动报酬进行平减，得到以2001年为基年的制造业分行业可比价劳动报酬序列。表3-18和表3-19报告了2000~2014年制造业分行业劳动投入成本。

表 3-18　制造业分行业劳动投入成本（2000~2007 年）　单位：亿元

年份 行业	2000	2001	2002	2003	2004	2005	2006	2007
C13	89.41	99.34	111.21	125.51	157.17	196.02	246.95	342.62
C14	56.76	63.06	72.59	77.91	95.18	120.60	160.00	190.55
C15	59.76	66.40	72.01	72.92	80.81	99.32	127.52	159.68
C16	46.89	52.10	57.43	60.83	74.28	88.97	93.11	104.69
C17	273.46	303.84	326.88	366.08	480.39	546.52	639.19	714.06
C18	164.10	182.33	210.39	257.55	347.31	415.34	501.34	667.96
C19	80.93	89.92	109.95	139.42	200.17	215.04	291.64	355.35
C20	32.00	35.55	33.92	42.63	59.93	7361.37	91.50	126.45
C21	17.82	19.80	25.84	36.31	67.93	84.05	119.68	158.67
C22	69.27	76.97	85.55	96.39	124.58	163.07	196.35	223.82
C23	51.58	57.32	66.65	77.38	94.74	112.60	131.38	153.50
C24	54.86	60.96	63.02	85.98	110.99	121.63	158.21	179.53
C25	83.89	93.22	93.23	120.08	148.24	191.49	207.76	257.61
C26	231.35	257.05	278.96	324.56	400.53	461.94	617.35	814.64
C27	93.18	103.54	121.97	153.15	165.97	193.04	226.84	282.82
C28	34.37	38.18	42.09	39.81	45.35	53.79	70.22	62.08
C29	44.43	49.37	57.00	64.14	88.35	94.77	119.35	139.95
C30	78.80	87.55	112.76	135.98	201.16	209.40	253.27	373.33
C31	244.13	271.25	300.23	350.46	431.02	493.41	748.84	751.22
C32	330.93	367.70	394.35	519.27	646.68	753.48	891.29	1021.18
C33	126.23	140.25	129.95	153.00	206.15	248.58	318.75	421.60
C34	143.19	159.10	174.39	190.44	266.39	339.56	439.00	600.48
C35	207.31	230.35	249.98	326.64	470.99	400.67	721.80	961.20
C36	139.44	154.93	172.09	226.31	273.88	327.64	435.72	571.32
C37	308.72	343.02	416.57	490.23	579.34	656.49	834.41	1068.50
C38	196.50	218.33	261.40	298.47	454.23	581.00	789.09	974.57

续表

年份\行业	2000	2001	2002	2003	2004	2005	2006	2007
C39	174.56	193.95	249.16	319.81	512.88	655.59	852.71	1152.91
C40	43.15	47.94	53.44	77.43	101.34	121.07	170.90	169.10
C41	0.45	0.49	81.62	121.69	176.94	209.69	259.05	373.04
均值	119.91	133.24	152.57	184.50	243.55	535.04	369.42	461.12
标准差	89.62	99.57	109.77	133.81	174.52	1305.08	266.78	332.71
最大值	330.93	367.70	416.57	519.27	646.68	7361.37	891.29	1152.91
最小值	0.45	0.49	25.84	36.31	45.35	53.79	70.22	62.08

资料来源：《中国工业经济统计年鉴》（2001～2008年）。

表3-19 制造业分行业劳动投入成本（2008～2014年） 单位：亿元

年份\行业	2008	2009	2010	2011	2012	2013	2014
C13	466.74	546.84	720.12	895.53	1149.74	1322.69	1526.44
C14	251.45	297.14	369.01	417.96	638.34	651.29	779.22
C15	228.82	302.41	400.32	507.31	637.29	1000.11	794.74
C16	127.23	145.04	177.36	199.09	221.95	252.59	308.40
C17	841.03	948.82	1154.56	1329.17	1280.58	1886.80	1986.54
C18	845.61	909.63	1090.37	1157.52	1368.77	1334.65	1830.09
C19	426.21	517.56	647.59	810.99	826.72	992.18	993.46
C20	191.87	226.05	274.29	311.41	409.36	419.08	480.64
C21	169.18	146.93	20359.44	254.17	280.64	340.44	452.00
C22	281.26	335.66	431.79	474.03	556.86	514.75	500.34
C23	200.20	205.44	264.16	261.21	354.86	404.06	312.00
C24	214.48	231.09	294.49	292.30	616.92	783.40	1003.52
C25	282.28	376.56	480.94	537.44	603.31	647.96	744.44
C26	1100.44	1285.75	1530.90	1759.31	2221.13	2253.82	2520.69

续表

年份 行业	2008	2009	2010	2011	2012	2013	2014
C27	347.42	422.88	520.38	640.64	795.78	1155.87	1315.44
C28	74.71	77.98	101.32	112.28	117.22	140.72	138.50
C29	185.36	204.04	251.50	257.13	287.34	297.14	340.65
C30	480.45	549.86	691.56	817.91	851.30	948.80	1042.10
C31	963.20	1089.02	1351.23	1576.17	2671.68	3112.02	3579.95
C32	1161.33	1285.17	1557.51	1622.64	1766.95	2199.55	2403.75
C33	539.06	519.42	637.29	799.95	864.91	931.23	1253.08
C34	875.28	981.37	1214.37	1274.11	1578.26	1709.13	1933.25
C35	237.69	1358.66	1813.72	1926.45	2335.16	2309.95	2347.24
C36	811.70	935.79	1104.70	1288.37	1627.47	2371.15	2766.71
C37	1467.92	1672.35	2345.14	2812.80	3329.94	3429.80	4252.21
C38	1265.01	1590.66	1812.66	2382.67	2477.92	2790.30	3094.19
C39	1607.26	2113.09	2998.35	3789.11	4361.32	4938.64	5546.34
C40	249.83	262.51	337.98	458.72	515.48	530.45	683.15
C41	439.18	532.63	558.82	622.52	404.42	310.17	302.26
均值	563.18	692.08	1568.68	1020.31	1212.12	1378.58	1559.70
标准差	427.93	530.02	3617.93	855.53	1014.85	1132.79	1301.06
最大值	1607.26	2113.09	20359.44	3789.11	4361.32	4938.64	5546.34
最小值	74.71	77.98	101.32	112.28	117.22	140.72	138.50

资料来源：《中国工业经济统计年鉴》（2009～2015年）。

四、随机前沿绿色生产函数估计

随机前沿生产函数式（3-5）的估计是利用前沿规划的极大似然法进行的，包括三个步骤：第一，进行普通最小二乘估计，得到一组无偏的产出弹性系数，但是截距是有偏的。第二，由于OLS得到的方差通常比v和u的方差有所低估，所以利用对 μ 和 δ 进行格点搜索，对截距和方差进行调整。第三，用格点搜索的估计作为进行最大似然估计近似叠代的起始值，利用"Frontier4.1"软件对式（3-10）和式（3-21）的随机前沿模型进行估计，回归结果见表 3-20。表 3-20 包含两个模型的回归结果：模型 1 是包含了所有回归项的全模型，模型 2 是 $\alpha_T = \alpha_{TT} = \alpha_{PP} = \alpha_{KE} = \alpha_{LE} = \alpha_{EP} = \alpha_{TK} = 0$ 受约束模型。

表 3-20 前沿函数的极大似然估计结果

参数	模型 1		模型 2	
	系数	标准差	系数	标准差
α_0	1.83	2.35	0.48	1.89
α_T	0.08	0.1	—	—
α_{TT}	0.00	0.00	—	—
α_K	1.89***	0.54	2.25***	0.35
α_L	-2.17***	0.57	-2.11***	0.55
α_E	-0.32	0.35	-0.14*	0.10
α_P	0.39**	0.22	0.31***	0.13
α_{KK}	-0.1***	0.04	-0.12***	0.02
α_{LL}	0.04**	0.02	0.04***	0.02
α_{EE}	0.01	0.01	0.01*	0.01
α_{PP}	0.00	0.01	—	—
α_{KL}	0.19***	0.04	0.19***	0.03
α_{KE}	0.01	0.07	—	—
α_{KP}	-0.07**	0.04	-0.08***	0.02
α_{LE}	0.02	0.06	—	—
α_{LP}	0.04	0.04	0.05*	0.03
α_{EP}	0.00	0.02	—	—
α_{TK}	-0.02	0.02	—	—
α_{TL}	-0.02*	0.01	-0.02***	0.01
α_{TE}	0.01	0.01	0.01*	0.01
α_{TP}	0.01**	0.01	0.01***	0.01

续表

参数	模型1		模型2	
	系数	标准差	系数	标准差
σ^2	0.78***	0.25	0.77***	0.23
γ	0.65***	0.12	0.64***	0.11
η	-0.03	0.02	-0.02	0.02
对数似然函数值	362.86		363.89	
LR值	62.49		71.66	

注：*代表10%水平显著，**代表5%水平显著，***代表1%水平显著。

模型1的回归结果显示，衡量技术无效率项的方差在复合误差项方差中所占比重为65%（$\gamma=0.65$），说明在控制了投入要素后，65%的生产波动是由技术无效率引起的，21个回归系数中有12个没有通过显著性检验，回归拟合效果不是很好。为了测算出更精确的制造业GTFP，需要对模型1进行选元处理，最终确定的模型2所保留的14个回归系数有13个通过了显著性检验（只有常数项α_0没有通过显著性检验），且$\gamma=0.64$，技术无效率解释了64%的生产波动。

以上估计结果显示了如下信息：

（一）模型2是合适的估计结果

模型2的所有估计系数都在10%的水平上显著，表明模型回归的整体效果非常好，同时对数似然函数值以及LR检验结果也表明模型具有很强的解释力。对于模型2的假定（$H_0: \alpha_T = \alpha_{TT} = \alpha_{PP} = \alpha_{KE} = \alpha_{LE} = \alpha_{EP} = \alpha_{TK} = 0$），使用广义似然比（LR）统计量来进行检验：$LR = -2[L(H_0) - L(H_1)]$。其中，$L(H_0)$、$L(H_1)$分别为受约束模型和无约束模型的对数似然值。当原假设H_0成立时，LR统计量服从混合χ^2分布，自由度为受约束变量的数目。LR的计算结果为2.06，此时混合χ^2分布的临界值为2.167，所以，接受原假设，即剔除掉T、T^2、$(\ln P_{it})^2$、$\ln K_{it} \ln E_{it}$、$\ln L_{it} \ln E_{it}$、$\ln E_{it} \ln P_{it}$、$T\ln K_{it}$项的模型2是正确的。本书选择模型2为随机前沿生产函数的最终估计结果。

(二) 能源和排污权的相对成本提升了

在模型2中,剔除了时间变量的一次项(T)、二次项(T^2)和与资本的交互项($T\ln K_{it}$),时间变量与劳动、能源和排污权的交互作用的系数分别为负值、正值和正值,表明在研究期限内技术进步是依附在对劳动、能源和排污权要素的投入上的,且技术变化呈现出能源和排污权节省而劳动力耗尽的情况。可见,在研究期限内等产量线以更快的速度向内移至能源和污染密集的投资领域,由此得到的结论是制造业在连续发展过程中能源和排污权的相对成本提升了。

此外,在模型2中还剔除了排污权的二次项($\ln P_{it}^2$)、资本与能源的交互项($\ln K_{it}\ln E_{it}$)、劳动与能源的交互项($\ln L_{it}\ln E_{it}$)、排污权与能源的交互项($\ln E_{it}\ln P_{it}$),说明排污权对产出的影响是线性的,能源与其他投入要素均不存在交互响应。技术效率的时变参数 η 系数为负,但是不够显著,说明在研究期限内,制造业的依附在投入要素上的技术进步是否提高,有待进一步讨论。

五、绿色全要素生产率测度及分解

(一) 绿色全要素生产率的测度

根据前沿生产函数的估计结果,可以按照式(3-9)计算出2001~2014年制造业分行业的GTFP增长率。表3-21和表3-22报告了2001~2014年制造业分行业绿色全要素生产率的测算结果,图3-5显示了2001~2014年制造业分行业绿色全要素增长率。

表3-21 制造业分行业绿色全要素生产率 (2001~2007年)

年份 行业	2001	2002	2003	2004	2005	2006	2007
C13	0.1952	0.3938	0.0757	0.1071	0.0452	0.1188	0.1263
C14	0.2112	0.4670	0.0273	0.0937	0.0965	0.1392	0.1293

续表

年份 行业	2001	2002	2003	2004	2005	2006	2007
C15	0.1665	0.5049	0.0834	-0.0129	0.0344	0.0970	0.0950
C16	0.4725	1.7597	0.1584	-0.6275	0.0273	-3.6616	0.0122
C17	0.0999	0.3485	0.0735	0.0621	0.0156	0.0608	0.0589
C18	0.0321	0.2651	0.0029	-0.0348	-0.3336	0.0375	0.0461
C19	0.1021	0.3978	-0.0771	-0.1074	0.0053	0.0300	0.0607
C20	0.2723	0.5252	-0.1402	-0.0428	-4.4517	0.8565	0.1303
C21	0.4851	-0.1189	0.1241	-0.0779	0.0377	0.1196	0.2527
C22	0.2168	0.3516	0.1582	0.1176	0.2144	0.0933	0.1224
C23	0.1115	1.6474	0.0592	0.2346	-0.0143	0.0557	0.0335
C24	0.1319	0.2595	-0.1136	-1.3029	0.0776	0.0049	0.0523
C25	0.3883	1.2189	0.0337	0.0733	0.0772	0.2779	0.1590
C26	0.1667	0.3747	0.0786	0.1158	0.0819	0.1518	0.1113
C27	0.1808	0.4233	0.0987	0.2104	0.1056	0.0977	0.0697
C28	0.3712	1.2058	0.1718	-0.0168	0.2972	0.1557	0.1188
C29	0.2597	0.7405	0.1108	-0.0007	-0.1613	0.1088	0.2727
C30	0.1481	0.4224	0.0320	0.2279	0.0624	0.0361	-0.0303
C31	0.1734	0.3464	0.0972	0.1426	0.0218	0.1497	0.0647
C32	0.1471	0.4479	0.1013	0.1829	0.0207	0.1711	0.1052
C33	0.2503	0.6635	0.1164	0.1995	0.1316	0.2169	0.1678
C34	0.1415	0.4650	0.0292	0.0014	0.0022	0.1257	0.1590
C35	0.0849	0.4901	0.0455	0.0706	0.0618	0.0088	0.0916
C36	0.0936	0.6491	0.0684	0.1110	-0.5510	0.0926	0.0803
C37	0.0827	0.3899	0.0525	0.0788	0.0174	0.0982	0.0191
C38	0.0754	0.3956	-0.0014	0.0545	0.9559	0.0854	0.0295
C39	0.0616	0.2190	0.0138	0.1457	-0.3449	0.0590	0.0482

续表

年份 行业	2001	2002	2003	2004	2005	2006	2007
C40	0.1564	0.7778	-0.1471	-0.6060	1.9478	-0.4341	2.8202
C41	-2.2368	0.2900	0.7119	0.4303	0.1647	0.1586	-3.7696
均值	0.1049	0.5628	0.0705	-0.0059	-0.0467	-0.0168	0.0564
标准差	0.4569	0.4049	0.1455	0.3223	0.9332	0.7123	0.8797
最大值	0.4851	1.7597	0.7119	0.4303	1.9478	0.8565	2.8202
最小值	-2.2368	-0.1189	-0.1471	-1.3029	-4.4517	-3.6616	-3.7696

表3-22 制造业分行业绿色全要素生产率（2008~2014年）

年份 行业	2008	2009	2010	2011	2012	2013	2014	均值
C13	0.1254	0.1659	0.1387	0.1182	0.1337	0.0601	0.1326	0.1383
C14	0.0911	0.1535	-0.2176	0.5325	0.1750	0.0746	0.1538	0.1519
C15	0.0586	0.1731	0.0407	0.0955	0.0953	0.1018	0.0863	0.1157
C16	-0.0993	0.5911	0.2688	0.2782	0.2846	-0.0232	0.6488	0.0064
C17	0.0616	0.0382	0.0572	0.0111	0.0318	0.0355	0.0684	0.0731
C18	0.0651	0.0581	0.0629	0.0533	0.1852	0.1597	0.0941	0.0495
C19	0.0388	0.1412	0.0535	0.1251	0.1362	0.1665	0.1168	0.0850
C20	0.1892	0.2622	0.1860	0.1336	0.3075	0.1053	0.2176	-0.1035
C21	-0.1026	0.1757	0.2829	0.9892	0.1896	0.1095	0.2959	0.1973
C22	0.0740	0.1258	0.1058	0.0931	0.1863	0.2609	-0.1498	0.1407
C23	-0.0519	0.0632	0.0618	0.5211	-0.1425	0.1483	0.3696	0.2212
C24	-0.0145	0.1788	-0.0107	-0.0216	0.1925	0.5091	0.5658	0.0364
C25	0.0741	0.3241	0.2080	-0.0091	0.2587	0.0887	-0.6204	0.1823
C26	0.1304	0.1248	0.1275	0.0380	0.1137	0.0686	-0.6602	0.0731
C27	0.0734	0.1078	0.0600	0.0811	0.0916	0.1404	0.1365	0.1341
C28	-0.0369	0.0627	-0.0103	0.2810	0.3381	0.0094	0.2526	0.2286

续表

年份\行业	2008	2009	2010	2011	2012	2013	2014	均值
C29	0.0754	0.2504	0.1144	0.2383	0.2051	0.0130	0.0417	0.1621
C30	0.0324	0.0508	0.0855	-0.1608	0.1674	-0.0643	-0.0771	0.0666
C31	0.1599	-0.5275	-0.3414	0.0583	0.1328	0.0919	0.0650	0.0453
C32	0.0889	0.0456	0.0808	0.0619	0.1648	0.0584	0.0305	0.1219
C33	0.2426	0.1473	0.1958	0.1241	0.1809	0.1340	0.0959	0.2047
C34	0.1926	0.1018	0.1444	0.0874	0.2627	0.1527	0.1921	0.1470
C35	0.5906	-0.2483	0.1352	0.0420	0.0698	0.0508	0.0803	0.1124
C36	0.1090	-0.7388	0.1612	0.0738	0.1415	0.1448	0.0645	0.0357
C37	0.1456	0.0496	0.0704	0.1081	0.0939	0.0499	0.0688	0.0946
C38	0.1003	0.1350	0.1161	0.0348	0.2472	0.0258	0.0357	0.1636
C39	0.1044	0.0078	0.1519	-0.0621	0.0923	0.0888	0.0062	0.0423
C40	-0.3295	0.1533	0.1470	0.0409	0.1631	0.0217	0.0913	0.3431
C41	-1.3133	0.3514	0.0646	0.2877	-0.0087	0.1419	0.4024	-0.3089
均值	0.0302	0.0871	0.0876	0.1467	0.1548	0.1009	0.0967	0.1021
标准差	0.2922	0.2404	0.1225	0.2169	0.0963	0.1012	0.2619	0.1134
最大值	0.5906	0.5911	0.2829	0.9892	0.3381	0.5091	0.6488	0.3431
最小值	-1.3133	-0.7388	-0.3414	-0.1608	-0.1425	-0.0643	-0.6602	-0.3089

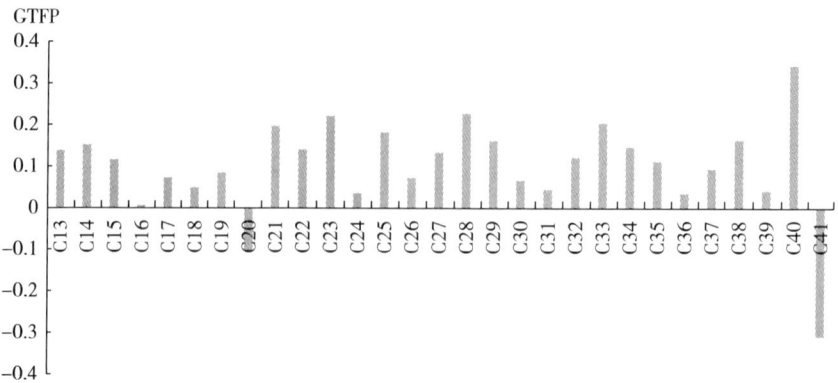

图3-5 制造业分行业平均绿色全要素生产率增长率（2001～2014年）

由表 3-21、表 3-22 和图 3-5 可以看出：

1. 制造业行业间的 GTFP 增长不平衡

绿色全要素生产率增长最快的五个行业分别是：仪器仪表及文化、办公用机械制造业（C40）、化学纤维制造业（C28）、印刷业和记录媒介的复制（C23）、有色金属冶炼及压延加工业（C33）和家具制造业（C21），这五个行业的平均绿色全要素生产率增长依次达到了 0.3431、0.2286、0.2212、0.2047 和 0.1973。绿色全要素生产率最低的五个行业分别是：工艺品及其他制造业（C41），木材加工及木、竹、藤、棕、草制品业（C20），烟草制品业（C16），专用设备制造业（C36）和文教体育用品制造业（C24），这五个行业的绿色全要素生产率依次为 -0.3089、-0.1035、0.0064、0.0357 和 0.0364。其中增长最快的仪器仪表及文化、办公用机械制造业（C40）比增长最慢的工艺品及其他制造业（C41）的绿色全要素生产率增长了 64%。总体上看，2000~2014 年制造业的绿色全要素生产率增长不平衡。

2. 行业间的 GTFP 变化大致相同

从制造业 GTFP 的计算结果可以看出，除了烟草制品业（C16），木材加工及木、竹、藤、棕、草制品业（C20）和工艺品及其他制造业（C41）外，剩下的 26 个制造业行业的 GTFP 变化大致相同，具体表现为：2001~2003 年大多数行业的 GTFP 都经历了先上升后下降的变化过程，且行业间的变化差异较大；2003~2008 年大多数行业的 GTFP 都比较稳定，变化不大；2008~2011 年大多数行业的 GTFP 经历了先下降再上升的变化过程；2011~2014 年大多数行业的 GTFP 经历了先小幅下降再平稳上升的变化过程。

（二）绿色全要素生产率的分解

根据式（3-10）~式（3-14），式（3-21）~式（3-24）可以计算出制造业各行业的技术进步（TC）、技术效率变化（TEC）、规模效率变化（SEC）和配置效率变化（FAEC）。在绿色全要素生产率计算前提下，本书分别将其称为绿色技术进步（GTC）、绿色技术效率变化（GTEC）、绿色规模效率变化（GSEC）和绿色配置效率变化（GFAEC）并将计算结果如表 3 - 23 ~ 表 3 - 30 所示，表 3 - 31 报告了制造业全行业平均 GTFP、GTC、GTEC、GSEC 和 GFAEC 的值及 GTC、GTEC、GSEC 和 GFAEC 对 GTFP 的贡献份额。图 3 - 6 显示了 2001 ~ 2014 年制造业全行业平均 GTFP、GTC、GTEC、GSEC 和 GFAEC 的变化趋势。

表 3 - 23　制造业绿色技术进步（2001 ~ 2007 年）

年份 行业	2001	2002	2003	2004	2005	2006	2007
C13	0.0057	0.0136	0.0086	-0.0057	-0.0047	0.0008	0.0140
C14	0.0051	0.0068	0.0018	-0.0092	0.0042	0.0018	0.0015
C15	0.0149	0.0115	0.0074	-0.0062	0.0050	0.0054	0.0132
C16	0.0045	0.0043	0.0016	-0.0147	-0.0049	0.0394	0.0008
C17	-0.0067	-0.0040	-0.0064	-0.0154	-0.0041	-0.0017	0.0033
C18	-0.0467	-0.0469	-0.0495	-0.0530	-0.0419	-0.0406	-0.0381
C19	-0.0351	-0.0309	-0.0367	-0.0457	-0.0340	-0.0294	-0.0319
C20	0.0014	0.0028	-0.0027	-0.0233	-0.0982	-0.0163	-0.0160
C21	-0.0182	-0.0291	-0.0350	-0.0644	-0.0443	-0.0416	-0.0471
C22	0.0282	0.0308	0.0286	0.0210	0.0290	0.0312	0.0317
C23	-0.0281	-0.0326	-0.0330	-0.0454	-0.0359	-0.0352	-0.0350
C24	-0.0426	-0.0321	-0.0412	-0.0682	-0.0528	-0.0561	-0.0550
C25	0.0618	0.0649	0.0605	0.0422	0.0600	0.0619	0.0624
C26	0.0306	0.0341	0.0320	0.0190	0.0295	0.0306	0.0314
C27	-0.0001	0.0020	-0.0035	-0.0101	0.0001	0.0015	0.0011
C28	0.0328	0.0359	0.0343	0.0163	0.0300	0.0258	0.0276
C29	0.0016	0.0019	-0.0017	-0.0236	-0.0085	-0.0107	-0.0096
C30	-0.0213	-0.0229	-0.0263	-0.0452	-0.0284	-0.0292	-0.0269
C31	0.0449	0.0439	0.0401	0.0029	0.0190	0.0160	0.0220
C32	0.0399	0.0424	0.0393	0.0200	0.0397	0.0384	0.0416

续表

年份\行业	2001	2002	2003	2004	2005	2006	2007
C33	0.0354	0.0380	0.0351	0.0061	0.0260	0.0279	0.0339
C34	-0.0107	-0.0110	-0.0119	-0.0276	-0.0052	-0.0006	-0.0022
C35	-0.0204	-0.0190	-0.0229	-0.0373	-0.0207	-0.0303	-0.0307
C36	-0.0204	-0.0156	-0.0203	-0.0365	-0.0155	-0.0258	-0.0268
C37	-0.0159	-0.0123	-0.0187	-0.0253	-0.0168	-0.0192	-0.0063
C38	-0.0280	-0.0260	-0.0303	-0.0499	-0.0274	-0.0393	-0.0363
C39	-0.0342	-0.0301	-0.0254	-0.0459	-0.0282	-0.0284	-0.0248
C40	-0.0384	-0.0320	-0.0278	-0.0377	-0.0226	-0.0272	-0.0256
C41	0.1379	0.0437	0.0414	-0.0060	0.0100	0.0077	-0.0326
均值	0.0027	0.0011	-0.0021	-0.0196	-0.0083	-0.0049	-0.0055
标准差	0.0381	0.0295	0.0294	0.0275	0.0319	0.0292	0.0293
最大值	0.1379	0.0649	0.0605	0.0422	0.0600	0.0619	0.0624
最小值	-0.0467	-0.0469	-0.0495	-0.0682	-0.0982	-0.0561	-0.0550

表3-24 制造业绿色技术进步（2008~2014年）

年份\行业	2008	2009	2010	2011	2012	2013	2014	均值
C13	-0.0014	0.0052	0.0035	0.0085	0.0071	0.0076	0.0073	0.0050
C14	0.0003	0.0069	0.0101	0.0103	0.0107	0.0088	0.0107	0.0050
C15	0.0057	0.0113	0.0104	0.0134	0.0098	0.0112	0.0117	0.0089
C16	-0.0015	0.0064	0.0061	0.0110	0.0112	0.0079	0.0077	0.0057
C17	-0.0002	0.0052	0.0062	0.0113	0.0124	0.0087	0.0132	0.0016
C18	-0.0424	-0.0358	-0.0215	-0.0196	-0.0313	-0.0364	-0.0322	-0.0383
C19	-0.0322	-0.0315	-0.0292	-0.0264	-0.0233	-0.0286	-0.0246	-0.0314
C20	-0.0218	-0.0024	-0.0037	0.0072	0.0062	0.0057	0.0051	-0.0111
C21	-0.0461	-0.0371	-0.1081	-0.0367	-0.0396	-0.0388	-0.0352	-0.0444

续表

年份 行业	2008	2009	2010	2011	2012	2013	2014	均值
C22	0.0312	0.0367	0.0379	0.0412	0.0416	0.0386	0.0421	0.0335
C23	-0.0358	-0.0292	-0.0276	-0.0088	-0.0244	-0.0271	-0.0152	-0.0295
C24	-0.0573	-0.0489	-0.0486	-0.0382	-0.0459	-0.0497	-0.0454	-0.0487
C25	0.0633	0.0731	0.0738	0.0772	0.0786	0.0778	0.0797	0.0669
C26	0.0304	0.0378	0.0369	0.0425	0.0416	0.0416	0.0454	0.0345
C27	0.0010	0.0065	0.0052	0.0073	0.0093	0.0042	0.0084	0.0023
C28	0.0258	0.0331	0.0317	0.0340	0.0321	0.0306	0.0346	0.0303
C29	-0.0106	0.0017	0.0027	0.0124	-0.1261	-0.1272	-0.1260	-0.0303
C30	-0.0267	-0.0174	-0.0169	0.0318	-0.1121	-0.1121	-0.1118	-0.0404
C31	0.0206	0.0448	0.0415	0.0463	0.0463	0.0470	0.0517	0.0348
C32	0.0430	0.0532	0.0537	0.0508	0.0429	0.0441	0.0460	0.0425
C33	0.0308	0.0394	0.0437	0.0382	0.0316	0.0272	0.0354	0.0321
C34	-0.0069	0.0355	-0.0028	0.0012	-0.0113	-0.0099	-0.0102	-0.0053
C35	0.0060	-0.0191	-0.0171	-0.0207	-0.0229	-0.0243	-0.0223	-0.0216
C36	-0.0292	0.0109	-0.0176	-0.0103	-0.0140	-0.0184	-0.0117	-0.0179
C37	-0.0213	-0.0134	-0.0115	-0.0156	-0.0225	-0.0252	-0.0261	-0.0179
C38	-0.0382	-0.0323	-0.0321	-0.0287	-0.0195	-0.0293	-0.0247	-0.0316
C39	-0.0237	-0.0227	-0.0250	-0.0188	-0.0147	-0.0285	-0.0190	-0.0264
C40	-0.0277	-0.0270	-0.0311	-0.0319	-0.0352	-0.0382	-0.0348	-0.0312
C41	-0.0280	-0.0172	-0.0175	-0.0062	0.0105	0.0192	0.0224	0.0132
均值	-0.0067	0.0025	-0.0016	0.0063	-0.0052	-0.0074	-0.0041	-0.0038
标准差	0.0290	0.0308	0.0353	0.0291	0.0428	0.0434	0.0436	0.0298
最大值	0.0633	0.0731	0.0738	0.0772	0.0786	0.0778	0.0797	0.0669
最小值	-0.0573	-0.0489	-0.1081	-0.0382	-0.1261	-0.1272	-0.1260	-0.0487

表3-25 制造业绿色技术效率变化(2001~2007年)

年份 行业	2001	2002	2003	2004	2005	2006	2007
C13	-0.0036	-0.0037	-0.0038	-0.0038	-0.0039	-0.0040	-0.0041
C14	-0.0028	-0.0029	-0.0029	-0.0030	-0.0031	-0.0032	-0.0032
C15	-0.0102	-0.0104	-0.0106	-0.0109	-0.0111	-0.0114	-0.0117
C16	-0.0013	-0.0014	-0.0014	-0.0014	-0.0014	-0.0015	-0.0015
C17	-0.0139	-0.0142	-0.0145	-0.0149	-0.0152	-0.0156	-0.0160
C18	-0.0056	-0.0058	-0.0059	-0.0060	-0.0062	-0.0063	-0.0065
C19	-0.0055	-0.0057	-0.0058	-0.0059	-0.0061	-0.0062	-0.0064
C20	-0.0157	-0.0161	-0.0164	-0.0168	-0.0172	-0.0176	-0.0181
C21	-0.0122	-0.0125	-0.0128	-0.0131	-0.0134	-0.0137	-0.0141
C22	-0.0186	-0.0190	-0.0195	-0.0200	-0.0204	-0.0209	-0.0214
C23	-0.0192	-0.0196	-0.0201	-0.0206	-0.0211	-0.0216	-0.0221
C24	-0.0067	-0.0069	-0.0070	-0.0072	-0.0074	-0.0075	-0.0077
C25	-0.0087	-0.0089	-0.0091	-0.0094	-0.0096	-0.0098	-0.0100
C26	-0.0053	-0.0055	-0.0056	-0.0057	-0.0058	-0.0060	-0.0061
C27	-0.0079	-0.0081	-0.0083	-0.0085	-0.0087	-0.0089	-0.0091
C28	-0.0284	-0.0291	-0.0298	-0.0305	-0.0312	-0.0320	-0.0327
C29	-0.0179	-0.0184	-0.0188	-0.0192	-0.0197	-0.0202	-0.0206
C30	-0.0126	-0.0129	-0.0132	-0.0135	-0.0138	-0.0142	-0.0145
C31	-0.0129	-0.0132	-0.0135	-0.0138	-0.0141	-0.0145	-0.0148
C32	-0.0022	-0.0022	-0.0023	-0.0024	-0.0024	-0.0025	-0.0025
C33	-0.0076	-0.0078	-0.0080	-0.0082	-0.0084	-0.0086	-0.0088
C34	-0.0125	-0.0128	-0.0131	-0.0134	-0.0137	-0.0140	-0.0144
C35	-0.0013	-0.0013	-0.0014	-0.0014	-0.0014	-0.0015	-0.0015
C36	-0.0067	-0.0068	-0.0070	-0.0072	-0.0073	-0.0075	-0.0077
C37	-0.0033	-0.0034	-0.0035	-0.0036	-0.0037	-0.0037	-0.0038
C38	-0.0033	-0.0034	-0.0035	-0.0035	-0.0036	-0.0037	-0.0038

续表

年份 行业	2001	2002	2003	2004	2005	2006	2007
C39	-0.0075	-0.0077	-0.0079	-0.0081	-0.0083	-0.0085	-0.0087
C40	-0.0105	-0.0108	-0.0110	-0.0113	-0.0115	-0.0118	-0.0121
C41	-0.0174	-0.0178	-0.0183	-0.0187	-0.0192	-0.0196	-0.0201
均值	-0.0097	-0.0099	-0.0102	-0.0104	-0.0107	-0.0109	-0.0112
标准差	0.0064	0.0065	0.0067	0.0068	0.0070	0.0072	0.0074
最大值	-0.0013	-0.0013	-0.0014	-0.0014	-0.0014	-0.0015	-0.0015
最小值	-0.0284	-0.0291	-0.0298	-0.0305	-0.0312	-0.0320	-0.0327

表3-26 制造业绿色技术效率变化(2008~2014年)

年份 行业	2008	2009	2010	2011	2012	2013	2014	均值
C13	-0.004	-0.004	-0.004	-0.004	-0.004	-0.004	-0.004	-0.004
C14	-0.003	-0.003	-0.003	-0.0035	-0.0036	-0.0037	-0.0038	-0.0033
C15	-0.012	-0.012	-0.012	-0.0128	-0.0131	-0.0134	-0.0137	-0.0119
C16	-0.001	-0.001	-0.001	-0.0017	-0.0017	-0.0017	-0.0018	-0.0015
C17	-0.016	-0.016	-0.017	-0.0175	-0.0179	-0.0183	-0.0188	-0.0162
C18	-0.006	-0.006	-0.006	-0.0071	-0.0072	-0.0074	-0.0076	-0.0066
C19	-0.006	-0.006	-0.006	-0.0070	-0.0071	-0.0073	-0.0074	-0.0065
C20	-0.018	-0.018	-0.019	-0.0198	-0.0203	-0.0208	-0.0213	-0.0183
C21	-0.014	-0.014	-0.015	-0.0154	-0.0158	-0.0162	-0.0165	-0.0143
C22	-0.021	-0.022	-0.023	-0.0235	-0.0241	-0.0246	-0.0252	-0.0218
C23	-0.022	-0.023	-0.023	-0.0243	-0.0248	-0.0254	-0.0260	-0.0225
C24	-0.007	-0.008	-0.008	-0.0084	-0.0086	-0.0088	-0.0090	-0.0078
C25	-0.010	-0.010	-0.010	-0.0110	-0.0113	-0.0115	-0.0118	-0.0102
C26	-0.006	-0.006	-0.006	-0.0067	-0.0069	-0.0070	-0.0072	-0.0062
C27	-0.009	-0.009	-0.009	-0.0099	-0.0102	-0.0104	-0.0107	-0.0092

第三章 制造业绿色全要素生产率

续表

年份 行业	2008	2009	2010	2011	2012	2013	2014	均值
C28	-0.033	-0.034	-0.035	-0.0359	-0.0368	-0.0376	-0.0385	-0.0332
C29	-0.021	-0.021	-0.022	-0.0227	-0.0232	-0.0237	-0.0243	-0.0210
C30	-0.014	-0.015	-0.015	-0.0159	-0.0163	-0.0167	-0.0171	-0.0147
C31	-0.015	-0.015	-0.015	-0.0162	-0.0166	-0.0170	-0.0174	-0.0150
C32	-0.002	-0.002	-0.002	-0.0028	-0.0028	-0.0029	-0.0029	-0.0026
C33	-0.009	-0.009	-0.009	-0.0096	-0.0098	-0.0101	-0.0103	-0.0089
C34	-0.014	-0.015	-0.015	-0.0158	-0.0161	-0.0165	-0.0169	-0.0146
C35	-0.001	-0.001	-0.001	-0.0016	-0.0017	-0.0017	-0.0018	-0.0015
C36	-0.007	-0.008	-0.008	-0.0084	-0.0086	-0.0088	-0.0090	-0.0078
C37	-0.003	-0.004	-0.004	-0.0042	-0.0043	-0.0044	-0.0045	-0.0039
C38	-0.003	-0.004	-0.004	-0.0041	-0.0042	-0.0043	-0.0044	-0.0038
C39	-0.008	-0.009	-0.009	-0.0095	-0.0097	-0.0099	-0.0102	-0.0088
C40	-0.012	-0.012	-0.013	-0.0133	-0.0136	-0.0139	-0.0142	-0.0123
C41	-0.020	-0.021	-0.021	-0.0220	-0.0226	-0.0231	-0.0236	-0.0204
均值	-0.011	-0.011	-0.012	-0.0122	-0.0125	-0.0128	-0.0131	-0.0131
标准差	0.007	0.007	0.007	0.0081	0.0083	0.0085	0.0087	0.0087
最大值	-0.001	-0.001	-0.001	-0.0016	-0.0017	-0.0017	-0.0018	-0.0018
最小值	-0.033	-0.034	-0.035	-0.0359	-0.0368	-0.0376	-0.0385	-0.0385

表3-27 制造业绿色规模效率变化（2001~2007年）

年份 行业	2001	2002	2003	2004	2005	2006	2007
C13	0.0033	0.0185	-0.0025	-0.0046	-0.0011	0.0012	-0.0044
C14	0.0261	0.0478	-0.0101	-0.0213	0.0679	0.0015	0.0047
C15	0.0204	0.0535	-0.0041	-0.0652	0.1191	0.0121	0.0360
C16	0.1891	0.3393	-0.1821	-1.5612	-0.4791	-33.0365	-0.4690

·109·

续表

年份 行业	2001	2002	2003	2004	2005	2006	2007
C17	0.0164	0.0059	0.0072	0.0370	0.0024	0.0106	0.0074
C18	-0.0795	-0.0878	0.0230	0.0745	-0.5691	-0.0116	-0.0119
C19	-0.0325	-0.0515	0.0138	0.0515	-0.1701	-0.0212	-0.0019
C20	0.0634	0.0914	-0.0167	-0.0590	-2.7838	0.0225	0.0225
C21	0.2123	-0.3501	0.1353	-0.0027	-0.0184	-0.0104	0.0487
C22	0.0085	0.0280	0.0077	-0.0219	0.0280	0.0009	-0.0005
C23	-0.0288	0.9952	0.1563	0.1516	-0.0810	0.0082	0.0064
C24	-0.0027	-0.0187	0.0151	-3.0990	0.0238	-0.0251	-0.0030
C25	0.0279	0.1458	-0.0487	-0.1355	0.1846	0.0091	-0.0110
C26	-0.0089	-0.0193	-0.0043	-0.0080	-0.0077	-0.0172	-0.0161
C27	0.0208	0.0457	-0.0075	-0.0068	0.0576	0.0078	0.0002
C28	0.0913	0.2484	-0.0007	-0.1427	0.2967	-0.0076	0.0371
C29	0.0509	0.0985	-0.0108	-0.0923	-0.3133	-0.0116	0.0527
C30	0.0134	0.0178	-0.0067	0.0608	0.0008	-0.0003	-0.0090
C31	0.0007	-0.0087	-0.0023	0.0110	-0.0007	0.0249	-0.0011
C32	-0.0244	-0.0515	-0.0258	-0.0258	-0.0088	-0.0367	-0.0314
C33	0.0079	0.0636	-0.0066	-0.0557	0.1069	0.0034	-0.0176
C34	-0.0012	0.0035	0.0000	0.0278	-0.0136	0.0000	0.0008
C35	-0.0033	-0.0069	0.0037	0.0392	-0.0010	0.0481	0.0085
C36	-0.0055	0.0124	0.0001	0.0196	0.0447	0.0035	0.0004
C37	0.0011	0.0006	0.0009	0.0060	-0.0008	0.0013	-0.0013
C38	-0.0040	-0.0032	0.0056	0.0877	0.3115	0.0253	0.0019
C39	-0.0001	0.0060	0.0021	0.0468	-0.0343	0.0164	0.0237
C40	0.0185	0.0094	-0.0487	-0.6515	1.6851	-0.0200	0.1237
C41	0.7660	-1.1851	0.0334	0.0015	0.0167	0.0014	-33.1781
均值	0.0464	0.0155	0.0009	-0.1841	-0.0530	-1.1379	-1.1511

续表

年份\行业	2001	2002	2003	2004	2005	2006	2007
标准差	0.1476	0.3081	0.0539	0.6322	0.6284	6.0283	6.0532
最大值	0.7660	0.9952	0.1563	0.1516	1.6851	0.0481	0.1237
最小值	-0.0795	-1.1851	-0.1821	-3.0990	-2.7838	-33.0365	-33.1781

表3-28 制造业绿色规模效率变化（2008～2014年）

年份\行业	2008	2009	2010	2011	2012	2013	2014	均值
C13	-0.0014	-0.0025	-0.0041	-0.0002	-0.0118	-0.0097	-0.0130	-0.0023
C14	-0.0044	0.0134	-0.0094	0.0133	-0.0046	-0.0119	-0.0032	0.0078
C15	-0.0239	0.0246	-0.0115	0.0023	-0.0156	-0.0103	-0.0023	0.0097
C16	-0.0317	1.1170	0.0892	0.1423	0.0845	-0.1100	0.2229	-2.4061
C17	0.0098	-0.0019	0.0098	-0.0036	0.0023	-0.0001	-0.0023	0.0072
C18	0.0168	-0.0291	-0.0166	-0.0166	0.0203	0.0094	-0.0048	-0.0488
C19	-0.0057	-0.0142	-0.0077	-0.0113	-0.0061	0.0021	-0.0063	-0.0186
C20	-0.0015	0.1386	0.0050	0.0391	0.0155	0.0010	0.0073	-0.1753
C21	-0.0007	-0.0628	2.3408	0.0059	-0.0107	-0.0012	0.0459	0.1666
C22	-0.0183	0.0051	-0.0107	0.0201	-0.0092	-0.0165	0.0246	0.0033
C23	-0.0148	-0.1306	0.1023	1.0948	-0.0894	-0.0348	0.3818	0.1798
C24	-0.0146	0.0108	0.0047	-0.0063	-0.0513	0.0152	0.1629	-0.2134
C25	-0.0168	0.0203	-0.0730	0.0086	-0.0961	-0.0196	0.0366	0.0023
C26	-0.0221	-0.0325	-0.0359	-0.0177	-0.0630	-0.0564	0.0512	-0.0184
C27	-0.0042	0.0073	-0.0099	-0.0002	-0.0177	-0.0133	-0.0144	0.0047
C28	-0.0175	0.0796	-0.0109	0.0610	0.0364	-0.0166	0.0796	0.0524
C29	0.0136	0.1564	0.0129	0.0792	-0.2437	0.0194	0.0279	-0.0114
C30	-0.0005	-0.0037	0.0005	0.0353	-0.0416	-0.0086	-0.0198	0.0027
C31	0.0046	-1.4839	0.0310	-0.0072	-0.0323	-0.0289	-0.0336	-0.1090

续表

年份 行业	2008	2009	2010	2011	2012	2013	2014	均值
C32	-0.0304	-0.0640	-0.0882	-0.0346	-0.1176	-0.0583	-0.0285	-0.0447
C33	-0.0446	0.0127	-0.0493	-0.0191	-0.0361	-0.0232	-0.0129	-0.0050
C34	0.0077	-0.0109	0.0021	0.0034	0.0021	-0.0004	-0.0022	0.0014
C35	0.3211	0.3516	0.0141	-0.0035	0.0010	0.0002	0.0019	0.0553
C36	0.0053	-0.0452	-0.0032	0.0022	-0.0035	-0.0024	-0.0012	0.0019
C37	0.0113	0.0020	0.0094	0.0035	0.0043	0.0035	0.0102	0.0037
C38	0.0278	-0.0013	0.0245	0.0019	0.0134	0.0052	0.0059	0.0359
C39	0.0320	0.0001	0.0436	0.0099	0.0238	0.0143	0.0179	0.0145
C40	-0.0166	0.0101	-0.0005	-0.0035	-0.0272	-0.1333	-0.1192	0.0590
C41	0.0899	0.0208	0.0002	0.0410	0.0650	0.0392	0.0765	-2.3723
均值	0.0093	0.0030	0.0814	0.0497	-0.0210	-0.0154	0.0307	-0.1661
标准差	0.0638	0.3550	0.4286	0.2004	0.0599	0.0353	0.0895	0.6097
最大值	0.3211	1.1170	2.3408	1.0948	0.0845	0.0392	0.3818	0.1798
最小值	-0.0446	-1.4839	-0.0882	-0.0346	-0.2437	-0.1333	-0.1192	-2.4061

表 3-29　制造业绿色配置效率变化（2000~2007 年）

年份 行业	2001	2002	2003	2004	2005	2006	2007
C13	0.1898	0.3654	0.0733	0.1212	0.0549	0.1208	0.1208
C14	0.1828	0.4153	0.0386	0.1273	0.0275	0.1390	0.1264
C15	0.1413	0.4503	0.0907	0.0693	-0.0786	0.0909	0.0575
C16	0.2802	1.4174	0.3403	0.9498	0.5128	29.3369	0.4820
C17	0.1041	0.3607	0.0871	0.0553	0.0325	0.0675	0.0641
C18	0.1639	0.4055	0.0353	-0.0504	0.2835	0.0959	0.1024
C19	0.1752	0.4859	-0.0483	-0.1074	0.2155	0.0867	0.1009
C20	0.2232	0.4470	-0.1044	0.0563	-1.5525	0.8679	0.1419

续表

年份 行业	2001	2002	2003	2004	2005	2006	2007
C21	0.3032	0.2727	0.0367	0.0022	0.1138	0.1853	0.2651
C22	0.1987	0.3119	0.1413	0.1385	0.1779	0.0821	0.1126
C23	0.1875	0.7045	-0.0441	0.1490	0.1236	0.1043	0.0842
C24	0.1840	0.3171	-0.0805	1.8715	0.1139	0.0936	0.1179
C25	0.3074	1.0171	0.0309	0.1760	-0.1578	0.2168	0.1176
C26	0.1504	0.3654	0.0566	0.1106	0.0659	0.1444	0.1021
C27	0.1679	0.3836	0.1180	0.2357	0.0566	0.0972	0.0775
C28	0.2755	0.9505	0.1679	0.1401	0.0017	0.1695	0.0868
C29	0.2251	0.6584	0.1421	0.1345	0.1802	0.1513	0.2502
C30	0.1687	0.4403	0.0783	0.2259	0.1038	0.0799	0.0201
C31	0.1407	0.3243	0.0729	0.1425	0.0176	0.1233	0.0585
C32	0.1338	0.4592	0.0901	0.1911	-0.0079	0.1719	0.0976
C33	0.2146	0.5696	0.0958	0.2572	0.0071	0.1941	0.1602
C34	0.1659	0.4853	0.0542	0.0146	0.0348	0.1404	0.1747
C35	0.1100	0.5174	0.0661	0.0701	0.0849	-0.0076	0.1154
C36	0.1261	0.6592	0.0955	0.1351	-0.5729	0.1223	0.1145
C37	0.1009	0.4050	0.0738	0.1017	0.0386	0.1199	0.0305
C38	0.1107	0.4281	0.0268	0.0202	0.6754	0.1032	0.0677
C39	0.1034	0.2508	0.0449	0.1528	-0.2742	0.0794	0.0580
C40	0.1868	0.8111	-0.0596	0.0945	0.2968	-0.3750	2.7342
C41	0.3123	0.3049	0.6554	0.4535	0.1571	0.1691	29.4612
均值	0.1839	0.5167	0.0819	0.2082	0.0253	1.1369	1.2242
标准差	0.6053	5.4734	0.1366	0.3633	0.3678	5.3321	5.3582
最大值	0.3074	30.4900	0.6554	1.8715	0.6754	29.3369	29.4612
最小值	-3.1232	0.2508	-0.1044	-0.1074	-1.5525	-0.3750	0.0201

表3-30 制造业绿色配置效率变化（2008~2014年）

年份 行业	2008	2009	2010	2011	2012	2013	2014	均值
C13	0.1325	0.1675	0.1436	0.1145	0.1430	0.0669	0.1432	0.1398
C14	0.0985	0.1365	-0.2148	0.5126	0.1725	0.0813	0.1501	0.1424
C15	0.0888	0.1494	0.0543	0.0926	0.1142	0.1144	0.0907	0.1090
C16	-0.0646	-0.5307	0.1751	0.1266	0.1907	0.0807	0.4200	2.4084
C17	0.0683	0.0516	0.0583	0.0208	0.0351	0.0452	0.0764	0.0805
C18	0.0972	0.1297	0.1079	0.0966	0.2033	0.1941	0.1387	0.1431
C19	0.0832	0.1935	0.0972	0.1698	0.1727	0.2003	0.1551	0.1415
C20	0.2311	0.1450	0.2041	0.1071	0.3061	0.1193	0.2265	0.1013
C21	-0.0414	0.2903	0.6114	1.0354	0.2557	0.1656	0.3017	0.2713
C22	0.0830	0.1064	0.1015	0.0553	0.1780	0.2634	-0.1913	0.1257
C23	0.0214	0.2462	0.0109	-0.5407	-0.0038	0.2356	0.0290	0.0934
C24	0.0653	0.2250	0.0414	0.0314	0.2983	0.5523	0.4573	0.3063
C25	0.0379	0.2412	0.2179	-0.0840	0.2875	0.0420	-0.7249	0.1232
C26	0.1283	0.1259	0.1330	0.0199	0.1419	0.0905	-0.7496	0.0632
C27	0.0859	0.1035	0.0744	0.0839	0.1102	0.1600	0.1532	0.1363
C28	-0.0118	-0.0158	0.0039	0.2219	0.3064	0.0331	0.1769	0.1791
C29	0.0935	0.1140	0.1209	0.1693	0.5981	0.1446	0.1641	0.2247
C30	0.0745	0.0870	0.1175	-0.2120	0.3374	0.0731	0.0716	0.1190
C31	0.1499	0.9272	-0.3980	0.0354	0.1354	0.0908	0.0643	0.1346
C32	0.0789	0.0591	0.1179	0.0484	0.2423	0.0755	0.0160	0.1267
C33	0.2654	0.1044	0.2107	0.1146	0.1952	0.1401	0.0837	0.1866
C34	0.2065	0.0922	0.1605	0.0985	0.2879	0.1795	0.2214	0.1655
C35	0.2651	-0.5791	0.1398	0.0678	0.0933	0.0766	0.1025	0.0802
C36	0.1407	-0.6965	16.1510	0.0904	0.1677	0.1744	0.0864	1.1996
C37	0.1595	0.0651	0.0765	0.1243	0.1163	0.0760	0.0892	0.1127
C38	0.1146	0.1725	0.1278	0.0657	0.2575	0.0543	0.0589	0.1631

续表

年份 行业	2008	2009	2010	2011	2012	2013	2014	均值
C39	0.1050	0.0395	0.1425	-0.0438	0.0929	0.1129	0.0174	0.0630
C40	-0.2727	0.1828	0.1916	0.0896	0.2391	0.2071	0.2596	0.3276
C41	-1.3547	0.3688	0.1034	0.2750	-0.0617	0.1067	0.3272	4.1448
均值	0.0390	0.0932	0.6580	0.1030	0.1936	0.1364	0.0833	0.4004
标准差	0.2825	0.2875	2.9320	0.2416	0.1218	0.0988	0.2562	0.8399
最大值	0.2654	0.9272	16.1510	1.0354	0.5981	0.5523	0.4573	4.1448
最小值	-1.3547	-0.6965	-0.3980	-0.5407	-0.0617	0.0331	-0.7496	0.0630

表3-31 制造业全行业平均GTFP及其分解项（2001~2014年）

年份	GTFP	GTC	GTEC	GSEC	GFAEC
2001	0.1049 100	0.0027 2.56	-0.0097 -9.25	0.0464 44.28	0.0655 62.42
2002	0.5642 100	0.0011 0.07	-0.0099 -0.64	0.0155 0.99	1.5576 99.57
2003	0.0705 100	-0.0021 -3.04	-0.0102 -14.42	0.0009 1.30	0.0819 116.17
2004	0.0999 100	-0.0196 -19.63	-0.0104 -10.42	-0.0783 -78.37	0.2082 208.42
2005	0.0868 100	-0.0083 -9.60	-0.0107 -12.28	0.0324 37.32	0.0734 84.56
2006	0.1095 100	-0.0049 -4.51	-0.0109 -9.96	-0.0101 -9.23	0.1354 123.70
2007	0.1100 100	-0.0055 -5.02	-0.0112 -10.15	-0.0069 -6.27	0.1336 121.45
2008	0.0302 100	-0.0067 -22.05	-0.0114 -37.85	0.0093 30.85	0.0390 129.06
2009	0.0871 100	0.0025 2.92	-0.0117 -13.43	0.0030 3.48	0.0932 107.03

续表

年份	GTFP	GTC	GTEC	GSEC	GFAEC
2010	0.7258 100	-0.0016 -0.22	-0.0120 -1.65	0.0814 11.21	0.6580 90.66
2011	0.1467 100	0.0063 4.29	-0.0122 -8.35	0.0497 33.85	0.1030 70.21
2012	0.1548 100	-0.0052 -3.36	-0.0125 -8.10	-0.0210 -13.56	0.1936 125.01
2013	0.1009 100	-0.0074 -7.30	-0.0128 -12.72	-0.0154 -15.24	0.1364 135.26
2014	0.0967 100	-0.0041 -4.20	-0.0131 -13.57	0.0307 31.69	0.0833 86.08

注：每个单元格内第一行代表 GTFP 及其分解项的值，第二行代表各项对 GTFP 的贡献份额（单位%）。其中，GTFP 等于其余四个分解项的数值加总。

资料来源：笔者根据《中国统计年鉴》（2000~2015年）计算得出。

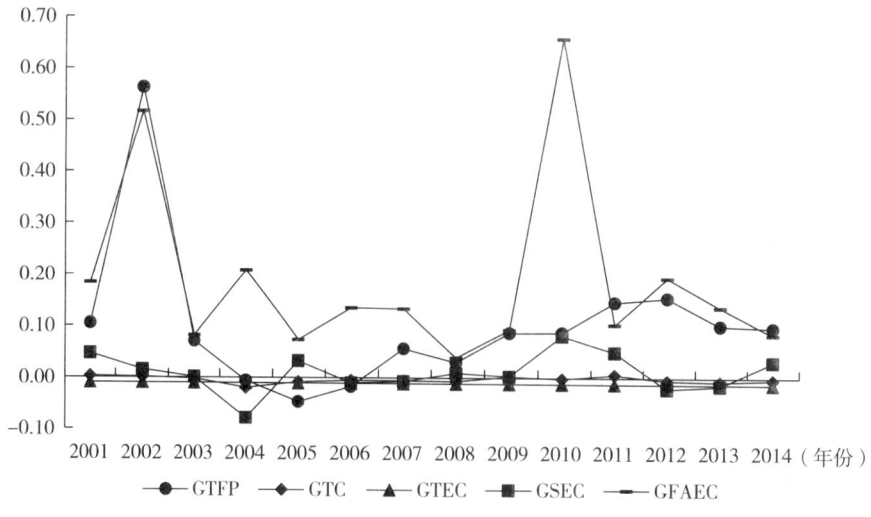

图 3-6 2001~2014 年制造业全行业 GTFP 及分解项变化

由以上测度、核算结果可以得出如下结论：

1. 全行业 GTFP 波动中略有上升

由表 3-31 和图 3-6 可知，制造业全行业平均 GTFP 在 2001~2002 年大幅提高（由2001年的0.1049提高到2002年的0.5642），紧接着在2002～2003年大幅下降（由2002年的0.5642下降到2003年的0.0705），在接下来2003～2012年的较长时间内表现为波动中略有上升的变化特征（由2003年的0.0705波动上升到2012年的0.1548），而在2012～2014年又有所下降（由2012年的0.1548下降到2014年的0.0967）。总体来看，制造业全行业GTFP在研究期限内的大部分年份的变化特征是波动中略有上升的，研究期限内制造业全行业平均GTFP为0.1021，即制造业全行业绿色全要素生产率在2001～2014年的平均增长速度为10.21%。分行业来看，制造业全行业间GTFP差别较大。在研究期限内平均GTFP最高的五个行业分别为仪器仪表及文化、办公机械制造业（0.3431），化学纤维制造业（0.2286），印刷和记录媒介的复制（0.2212），有色金属冶炼及压延加工业（0.2047）和家具制造业（0.1973）；平均GTFP最低的五个行业分别为工艺品及其他制造业（-0.3089），木材加工及木、竹、藤、棕、草制品业（-0.1035），烟草制品业（0.0064），专用设备制造业（0.0357）和文教体育用品制造业（0.0364），其中仪器仪表及文化、办公用机械制造业是工艺品及其他制造业的GTFP的两倍多。

2. 全行业GTC大幅波动中下降

由表3-31和图3-6可知，制造业全行业的GTC在2001～2004年持续大幅下降（由2001年的0.0027下降到2004年的-0.0196），2004～2011年波动中大幅上升（由2004年的-0.0196波动上升到2011年的0.0063），之后从2011年的0.0063连续下降到2013年的-0.0074，到2014年略微回升到-0.0041。总体来看，制造业全行业的GTC在研究期限内呈现出在大幅波动中下降的变化特征，研究期限内制造业全行业的平均绿色技术进步率为-0.0038，即制造业全行业绿色技术进步率在2001～2014年的平均增长速度为-0.38%。分行业来看，GTC最高的五个行业分别为石油加工、炼焦及核燃料加工业（0.0669），黑色金属冶炼及压延加工业（0.0425），非金属矿物制品业（0.0348），化学原料及化学制品制造业（0.0345）和造纸及纸制品业

(0.0335); GTC 最低的五个行业分别为文教体育用品制造业（-0.0487），家具制造业（-0.0444），塑料制品业（-0.0404），纺织服装、鞋、帽制造业（-0.0383）和电气机械及器材制造业（-0.0316）。

3. 全行业 GTEC 全部为负，且持续小幅下降

由表 3-31 和图 3-6 可知，制造业全行业 GTEC 在 2001~2014 年全部为负值，且经历了直线下降的变化过程，从 2001 年的 -0.0097 持续下降到 2014 年的 -0.0131，每年平均下降 0.002%，下降幅度不大。GTEC 最高的行业是烟草制品业和通用设备制造业，两个行业的 GTEC 均为 -0.0018，GTEC 最低的行业是化学纤维制造业（-0.0332）。

4. 全行业 GSEC 在大幅波动后有所下降

由表 3-31 和图 3-6 可知，制造业全行业的 GSEC 在 2001~2004 年持续大幅下降（由 2001 年的 0.0464 下降到 2004 年的 -0.0783），在 2004~2010 年波动中大幅上升（由 2004 的 -0.0783 波动上升到 2010 年的 0.0814），之后从 2010 年的 0.0814 连续下降到 2013 年的 -0.0154，到 2014 年略微回升到 0.0307。总体来看，制造业全行业的 GSEC 在研究期限内呈现出在大幅波动中略有下降的变化特征，与 GTC 的变化过程很相似。研究期限内制造业全行业的平均绿色技术效率变化为 0.0098，即制造业全行业绿色技术进步率在 2001~2014 年的平均增长速度为 0.98%。分行业来看，GSEC 最高的五个行业分别为印刷业和记录媒介的复制（0.1798），家具制造业（0.1666），仪器仪表及文化、办公用机械制造（0.0590），通用设备制造业（0.0553）和化学纤维制造业（0.0524）；GFAEC 最低的五个行业分别为非金属矿物制品业（-0.1090），烟草制品业（-0.0699），纺织服装、鞋、帽制造业（-0.0488），黑色金属冶炼与压延加工业（-0.0447）和皮革、毛皮、羽毛（绒）及其制品业（-0.0186）。

5. 全行业 GFAEC 全部为正，大幅波动后略有上升，行业间差距大

由表 3-31 和图 3-6 可知，制造业全行业的 GFAEC 在研究期限内全部为

正值。2001~2002 年大幅上升（由 2001 年的 0.1839 上升到 2002 年的 0.5167），2002~2010 年在波动中大幅上升（由 2002 的 0.5167 波动上升到 2010 年的 0.1030），之后从 2010 年的 0.1030 小幅波动下降到 2014 年的 0.0833。总体来看，制造业全行业的 GFAEC 在研究期限内呈现出大幅波动后略有上升的变化特征。分行业来看，GFAEC 最高的五个行业分别为专用设备制造业（1.1996），烟草制品业（0.3338），文教体育用品制造业（0.3063），家具制造业（0.2713）和橡胶制品业（0.2247）；GFAEC 最低的五个行业分别为通信设备、计算机及其他电子设备制造业（0.0630），化学原料及化学制品制造业（0.0632），通用设备制造业（0.0802），纺织业（0.0805）和印刷业和记录媒介的复制（0.0934），其中专用设备制造业的 GFAEC 是通信设备、计算机及其他电子设备制造业的 19 倍多，制造业的 GFAEC 行业差距大。

6. 对 GTFP 的贡献最大的始终是 GFAEC

由表 3-31 可以看出，在研究期限内，GFAEC 对 GTFP 的贡献始终为正，且是贡献最大的一项，其在 2004 年对 GTFP 的贡献达到了 208.42%，为贡献最高的年份，贡献最低的年份为 2001 年，其贡献份额也达到了 62.42%，并且在研究期限内，有 10 个年头的 GFAEC 对 GTFP 的贡献超过了 90%，充分说明了制造业的 GFAEC 主导了 GTFP。另外，在研究期限内，制造业的 GTEC 始终为负，对 GTFP 的贡献也始终为负，其阻碍了制造业的 GTFP。

第三节 绿色全要素生产率影响因素

在测算、分解制造业绿色全要素生产率之后，需要进一步揭示哪些因素影响了制造业绿色全要素生产率的变动，以及变动中各因素的影响程度如何。

一、影响因素检验模型

(一) 影响因素的确定

在有关全要素生产率的影响因素研究中,Denison (1967)[①] 认为全要素生产率受资源配置、规模经济、知识发展和政策的影响。Fu (2005)[②]、李小平等 (2008)[③] 认为研发投入、出口贸易、盈利情况、行业规模影响了行业生产率水平。李春顶 (2009)[④] 在研究中国制造业全要素生产率的影响因素时认为外资具有技术溢出效应,影响了制造业的全要素生产率。结合中国的实际,行业的国有资本比重体现了行业受政府政策支持的程度,政府支持的行业可以获得更多的金融支持、技术支持,因此国有资本比重也是影响全要素生产率的因素。

借鉴学者们的研究视角,考虑到影响因素的可测量性,本书从行业特征和资本结构两个方面来考查全要素生产率的影响因素。并且利用行业规模 (Scale)、研发投入 (R&D) 来体现行业特征,利用国有资本比重和外资比重 (Foueign Direct Inues Tment, FDI) 来体现行业的资本结构。其中,行业规模利用行业工业增加值来体现;行业研发投入利用各行业大中型企业的 R&D 投入来体现;国有资本比重即行业国有企业工业总产值占全部制造业工业总产值的比重;外资比重即行业外商投资和港澳台投资企业工业总产值占全部现代制造业工业总产值的比重。

(二) 模型的建立

被解释变量为绿色全要素生产率及其分解项,用缩写字母 CRGTFPD (Change Rate of GTFP and Its Decomposition) 表示,将以上影响因素作为解释

---

① Denison E. F. Why growth rate differ [Z]. Washington, D. C. The Brookings Institution, 1967.
② Fu, X. Exports, technical progress and productivity growth in a transition economy: A non – Parametric approach for China [J]. Applied Economics, 2005, 37 (2): 725 – 739.
③ 李小平,卢现祥,朱钟棣. 国际贸易、技术进步和中国工业行业的生产率增长 [J]. 经济学季刊, 2008 (2), 23 – 36.
④ 李春顶. 中国制造行业生产率的变动及影响因素——基于 DEA 技术的 1998~2007 年行业面板数据分析 [J]. 数量经济与技术经济研究, 2009 (12): 14 – 27.

变量得到如下计量模型：

$$CRGTFPD_{it} = \alpha_0 + \alpha_1 \ln scale_{it} + \alpha_2 \ln R\&D_{it} + \beta_1 \ln state_{it} + \beta_2 \ln fdi_{it} + \varepsilon_{it}$$

(3-31)

其中，$CRGTFPD_{it}$ 表示 i 行业 t 年的绿色全要素生产率及其分解项；α_0 为常数项，α_1、α_2 分别为行业特征变量的系数；β_1、β_2 分别为行业资本结构特征变量的系数。

（三）资料来源

各行业增加值数据同计算绿色全要素生产率的增加值数据；各行业各年份的 R&D 投入经费来自历年的《中国科技统计年鉴》（2001~2015年）、《中国统计年鉴》（2001~2015年），缺失年份的数据采用线性插值法计算得出，R&D 投入经费数据见表3-32和表3-33；行业国有资本比重和外资比重的数据分别来自《中国统计年鉴》（2001~2015年）和中国统计数据应用支持系统（http：//gov.acmr.cn/index.aspx），见表3-34~表3-37；各变量的统计性描述如表3-38所示。

表3-32 现代制造业 R&D 投入经费（2000~2007年） 单位：亿元

年份 行业	2000	2001	2002	2003	2004	2005	2006	2007
C13	2.95	3.32	3.69	4.10	4.55	6.32	8.77	13.40
C14	10.09	11.33	12.59	13.99	15.55	21.43	29.54	34.29
C15	30.28	34.02	37.80	42.01	46.67	62.85	84.63	97.85
C16	17.95	20.17	22.41	24.90	27.67	33.25	39.95	52.59
C17	3.75	4.22	4.69	5.21	5.79	8.37	12.12	19.62
C18	4.72	5.31	5.90	6.55	7.28	9.39	12.12	20.94
C19	3.96	4.45	4.94	5.49	6.10	7.75	9.83	14.23
C20	10.14	11.39	12.66	14.06	15.63	18.57	22.07	25.70
C21	42.02	47.21	52.46	58.29	64.76	90.65	126.89	162.13

续表

年份 行业	2000	2001	2002	2003	2004	2005	2006	2007
C22	8.82	9.91	11.01	12.23	13.59	22.06	35.80	55.39
C23	27.81	31.25	34.72	38.58	42.87	54.31	68.82	103.49
C24	20.59	23.14	25.71	28.56	31.74	41.84	55.15	75.90
C25	62.06	69.73	77.48	86.09	95.65	128.90	173.71	223.97
C26	48.33	54.30	60.33	67.04	74.49	93.78	118.06	166.91
C27	106.11	119.22	132.47	147.19	163.54	212.71	276.67	348.39
C28	2.95	3.32	3.69	4.10	4.55	5.51	6.67	8.07
C29	10.09	11.33	12.59	13.99	15.55	18.81	22.76	27.54
C30	23.79	26.73	29.70	33.01	36.67	44.37	53.69	64.97
C31	15.36	17.25	19.17	21.30	23.67	28.64	34.65	41.93
C32	3.30	3.71	4.12	4.58	5.09	6.16	7.45	9.01
C33	4.98	5.60	6.22	6.91	7.68	9.29	11.24	13.61
C34	2.66	2.99	3.32	3.69	4.10	4.96	6.01	7.27
C35	16.63	18.68	20.76	23.06	25.63	31.01	37.52	45.40
C36	49.16	55.23	61.37	68.19	75.76	91.67	110.92	134.22
C37	4.28	4.81	5.34	5.93	6.59	7.98	9.65	11.68
C38	21.97	24.69	27.43	30.48	33.87	40.98	49.59	60.00
C39	16.70	18.76	20.85	23.16	25.74	31.14	37.68	45.59
C40	38.70	43.49	48.32	53.69	59.65	72.18	87.34	105.68
C41	28.86	32.43	36.03	40.04	44.49	53.83	65.13	78.81
均值	22.04	24.76	27.51	30.57	33.96	43.40	55.67	71.33
标准差	22.49	25.27	28.08	31.20	34.66	45.13	59.00	75.07
最大值	106.11	119.22	132.47	147.19	163.54	212.71	276.67	348.39
最小值	2.66	2.99	3.32	3.69	4.10	4.96	6.01	7.27

资料来源：笔者根据《中国统计年鉴》（2004～2012年）、《中国科技统计年鉴》（2004～2012年）计算得出。

表 3-33 现代制造业 R&D 投入经费（2008~2014 年）   单位：亿元

年份 行业	2008	2009	2010	2011	2012	2013	2014	均值
C13	20.49	27.74	36.80	47.83	64.92	128.54	254.50	41.86
C14	43.35	53.34	69.18	84.64	53.74	106.40	210.67	51.34
C15	141.16	176.62	197.29	247.53	152.17	301.30	596.58	149.92
C16	65.88	79.09	99.62	122.63	60.13	119.05	235.72	68.07
C17	26.80	30.43	32.38	40.97	35.59	70.47	139.52	29.33
C18	28.07	32.03	36.81	52.33	46.26	91.59	181.34	36.04
C19	13.88	25.11	29.92	40.96	33.42	66.17	131.01	26.48
C20	29.56	45.65	58.98	81.33	48.85	96.73	191.53	45.52
C21	219.82	301.32	305.45	402.12	299.24	592.50	1173.16	262.53
C22	66.89	85.53	97.39	118.86	131.51	260.38	515.56	96.33
C23	137.60	175.60	209.97	237.32	153.79	304.50	602.91	148.24
C24	109.39	145.57	197.82	234.89	214.81	425.33	842.16	164.84
C25	301.27	372.85	459.99	582.20	423.06	837.66	1658.56	370.21
C26	213.80	275.18	329.60	425.10	285.85	565.98	1120.64	259.96
C27	404.13	480.87	549.61	686.26	313.35	620.43	1228.46	385.96
C28	9.76	11.81	14.29	17.29	20.93	41.43	82.04	15.76
C29	33.33	40.33	48.80	59.04	71.44	141.45	280.08	53.81
C30	78.61	95.12	115.09	139.26	168.51	333.65	660.63	126.92
C31	50.73	61.38	74.28	89.87	108.75	215.32	426.33	81.91
C32	10.90	13.19	15.97	19.32	23.38	46.28	91.64	17.61
C33	16.46	19.92	24.10	29.16	35.29	69.87	138.35	26.58
C34	8.80	10.64	12.88	15.58	18.85	37.33	73.91	14.20
C35	54.93	66.47	80.43	97.32	117.75	233.15	461.65	88.69
C36	162.40	196.51	237.77	287.71	348.13	689.29	1364.79	262.21
C37	14.13	17.10	20.69	25.03	30.29	59.97	118.74	22.81
C38	72.60	87.85	106.30	128.62	155.63	308.14	610.12	117.22

续表

年份 行业	2008	2009	2010	2011	2012	2013	2014	均值
C39	55.17	66.75	80.77	97.73	118.25	234.14	463.60	89.07
C40	127.87	154.72	187.22	226.53	274.10	542.72	1074.59	206.45
C41	95.36	115.39	139.62	168.94	204.42	404.74	801.39	153.97
均值	90.11	112.56	133.41	165.74	138.36	273.95	542.42	117.72
标准差	93.02	114.84	132.88	167.27	111.44	220.65	436.90	103.03
最大值	404.13	480.87	549.61	686.26	423.06	837.66	1658.56	385.96
最小值	8.80	10.64	12.88	15.58	18.85	37.33	73.91	14.20

资料来源：《中国统计年鉴》（2009～2015 年）。

表 3 - 34 制造业国有资本比重（2000～2007 年）

年份 行业	2000	2001	2002	2003	2004	2005	2006	2007
C13	0.0692	0.0778	0.0864	0.0960	0.0480	0.0360	0.0250	0.0210
C14	0.0562	0.0632	0.0702	0.0780	0.0410	0.0330	0.0230	0.0200
C15	0.1226	0.1377	0.1530	0.1700	0.1330	0.1140	0.0910	0.0800
C16	0.1226	0.1377	0.1530	0.1700	0.0890	0.0800	0.0670	0.0660
C17	0.0771	0.0867	0.0963	0.1070	0.0750	0.0910	0.0740	0.0770
C18	0.0973	0.1094	0.1215	0.1350	0.0610	0.0760	0.0710	0.0800
C19	0.0180	0.0203	0.0225	0.0250	0.0230	0.0190	0.0170	0.0150
C20	0.0699	0.0786	0.0873	0.0970	0.0600	0.0470	0.0360	0.0300
C21	0.2631	0.2957	0.3285	0.3650	0.2440	0.2680	0.2380	0.2270
C22	0.1543	0.1733	0.1926	0.2140	0.1440	0.1580	0.1550	0.1530
C23	0.1103	0.1239	0.1377	0.1530	0.0970	0.0930	0.0830	0.0730
C24	0.1528	0.1717	0.1908	0.2120	0.1450	0.1600	0.1410	0.1250
C25	0.1687	0.1895	0.2106	0.2340	0.1640	0.1650	0.1350	0.1300
C26	0.0425	0.0478	0.0531	0.0590	0.0330	0.0360	0.0330	0.0320
C27	0.0425	0.0478	0.0531	0.0590	0.0250	0.0270	0.0260	0.0220

续表

年份 行业	2000	2001	2002	2003	2004	2005	2006	2007
C28	0.0311	0.0350	0.0389	0.0432	0.0480	0.0581	0.0703	0.0850
C29	0.0266	0.0299	0.0332	0.0369	0.0410	0.0496	0.0600	0.0726
C30	0.0863	0.0970	0.1077	0.1197	0.1330	0.1609	0.1947	0.2356
C31	0.0577	0.0649	0.0721	0.0801	0.0890	0.1077	0.1303	0.1577
C32	0.0487	0.0547	0.0608	0.0675	0.0750	0.0908	0.1098	0.1329
C33	0.0396	0.0445	0.0494	0.0549	0.0610	0.0738	0.0893	0.1081
C34	0.0149	0.0168	0.0186	0.0207	0.0230	0.0278	0.0337	0.0407
C35	0.0389	0.0437	0.0486	0.0540	0.0600	0.0726	0.0878	0.1063
C36	0.1583	0.1779	0.1976	0.2196	0.2440	0.2952	0.3572	0.4323
C37	0.0934	0.1050	0.1166	0.1296	0.1440	0.1742	0.2108	0.2551
C38	0.0629	0.0707	0.0786	0.0873	0.0970	0.1174	0.1420	0.1718
C39	0.0941	0.1057	0.1175	0.1305	0.1450	0.1755	0.2123	0.2569
C40	0.1064	0.1196	0.1328	0.1476	0.1640	0.1984	0.2401	0.2905
C41	0.0214	0.0241	0.0267	0.0297	0.0330	0.0399	0.0483	0.0585
均值	0.0844	0.0948	0.1054	0.1171	0.0944	0.1050	0.1104	0.1226
标准差	0.0555	0.0623	0.0692	0.0769	0.0603	0.0707	0.0809	0.0972
最大值	0.2631	0.2957	0.3285	0.3650	0.2440	0.2952	0.3572	0.4323
最小值	0.0149	0.0168	0.0186	0.0207	0.0230	0.0190	0.0170	0.0150

资料来源：笔者根据《中国统计年鉴》（2001~2008年）计算得出。

表3-35　制造业国有资本比重（2008~2014年）

年份 行业	2008	2009	2010	2011	2012	2013	2014	均值
C13	0.0210	0.0190	0.0160	0.0220	0.0264	0.0523	0.1035	0.0480
C14	0.0160	0.0120	0.0110	0.0110	0.0132	0.0261	0.0517	0.0350
C15	0.0770	0.0740	0.0660	0.0610	0.0732	0.1449	0.2870	0.1190
C16	0.0410	0.0350	0.0320	0.0270	0.0324	0.0642	0.1270	0.0829

续表

年份\行业	2008	2009	2010	2011	2012	2013	2014	均值
C17	0.0480	0.0480	0.0350	0.0430	0.0516	0.1022	0.2023	0.0809
C18	0.0360	0.0330	0.0310	0.0240	0.0288	0.0570	0.1129	0.0716
C19	0.0100	0.0070	0.0060	0.0060	0.0072	0.0143	0.0282	0.0159
C20	0.0300	0.0270	0.0280	0.0320	0.0384	0.0760	0.1505	0.0592
C21	0.1780	0.1900	0.1840	0.1610	0.1932	0.3825	0.7574	0.2850
C22	0.1190	0.1060	0.1190	0.0940	0.1128	0.2233	0.4422	0.1707
C23	0.0670	0.0620	0.0600	0.0450	0.0540	0.1069	0.2117	0.0985
C24	0.1180	0.1120	0.0860	0.0760	0.0912	0.1806	0.3575	0.1546
C25	0.1150	0.1150	0.1120	0.1010	0.1212	0.2400	0.4752	0.1784
C26	0.0280	0.0320	0.0260	0.0220	0.0264	0.0523	0.1035	0.0418
C27	0.0150	0.0190	0.0180	0.0190	0.0228	0.0451	0.0894	0.0354
C28	0.1029	0.1245	0.1506	0.1823	0.2206	0.4367	0.8647	0.1661
C29	0.0879	0.1063	0.1287	0.1557	0.1884	0.3730	0.7386	0.1419
C30	0.2851	0.3450	0.4174	0.5051	0.6111	1.2100	2.3959	0.4603
C31	0.1908	0.2308	0.2793	0.3380	0.4090	0.8097	1.6033	0.3080
C32	0.1608	0.1945	0.2354	0.2848	0.3446	0.6824	1.3511	0.2596
C33	0.1308	0.1582	0.1914	0.2316	0.2803	0.5550	1.0989	0.2111
C34	0.0493	0.0597	0.0722	0.0873	0.1057	0.2093	0.4143	0.0796
C35	0.1286	0.1556	0.1883	0.2278	0.2757	0.5459	1.0808	0.2077
C36	0.5230	0.6329	0.7658	0.9266	1.1212	2.2199	4.3954	0.8445
C37	0.3087	0.3735	0.4519	0.5468	0.6617	1.3101	2.5940	0.4984
C38	0.2079	0.2516	0.3044	0.3684	0.4457	0.8825	1.7474	0.3357
C39	0.3108	0.3761	0.4551	0.5506	0.6663	1.3192	2.6120	0.5018
C40	0.3515	0.4254	0.5147	0.6228	0.7536	1.4921	2.9543	0.5676
C41	0.0707	0.0856	0.1036	0.1253	0.1516	0.3002	0.5945	0.1142
均值	0.1320	0.1521	0.1755	0.2034	0.2458	0.4867	0.9636	0.2129

续表

年份 行业	2008	2009	2010	2011	2012	2013	2014	均值
标准差	0.1205	0.1487	0.1837	0.2262	0.2739	0.5423	1.0737	0.1931
最大值	0.5230	0.6329	0.7658	0.9266	1.1212	2.2199	4.3954	0.8445
最小值	0.0100	0.0070	0.0060	0.0060	0.0072	0.0143	0.0282	0.0159

资料来源：《中国统计年鉴》（2009～2015年）。

表3-36 制造业外资比重（2000～2007年）

年份 行业	2000	2001	2002	2003	2004	2005	2006	2007
C13	0.1946	0.2187	0.2430	0.2700	0.3000	0.2900	0.2800	0.2800
C14	0.1730	0.1944	0.2160	0.2400	0.2700	0.2500	0.2500	0.2400
C15	0.1730	0.1944	0.2160	0.2400	0.2600	0.2600	0.2700	0.2800
C16	0.1586	0.1782	0.1980	0.2200	0.2500	0.2500	0.2500	0.2600
C17	0.1442	0.1620	0.1800	0.2000	0.2900	0.2800	0.2900	0.3000
C18	0.2667	0.2997	0.3330	0.3700	0.4000	0.3900	0.3700	0.3500
C19	0.3100	0.3483	0.3870	0.4300	0.4500	0.4300	0.4100	0.3900
C20	0.1226	0.1377	0.1530	0.1700	0.2000	0.1800	0.1800	0.1800
C21	0.0649	0.0729	0.0810	0.0900	0.1300	0.1300	0.1400	0.1400
C22	0.0937	0.1053	0.1170	0.1300	0.1700	0.1500	0.1600	0.1600
C23	0.1802	0.2025	0.2250	0.2500	0.2900	0.2700	0.2700	0.2800
C24	0.1442	0.1620	0.1800	0.2000	0.2500	0.2500	0.2600	0.2700
C25	0.2884	0.3240	0.3600	0.4000	0.4300	0.4300	0.4600	0.4600
C26	0.2523	0.2835	0.3150	0.3500	0.3900	0.3800	0.3800	0.3700
C27	0.5551	0.6237	0.6930	0.7700	0.8300	0.8400	0.8200	0.8400
C28	0.1946	0.2187	0.2430	0.2700	0.3000	0.3630	0.4392	0.5315
C29	0.1752	0.1968	0.2187	0.2430	0.2700	0.3267	0.3953	0.4783
C30	0.1687	0.1895	0.2106	0.2340	0.2600	0.3146	0.3807	0.4606
C31	0.1622	0.1823	0.2025	0.2250	0.2500	0.3025	0.3660	0.4429

中国制造业绿色发展的行动路径

续表

年份 行业	2000	2001	2002	2003	2004	2005	2006	2007
C32	0.1882	0.2114	0.2349	0.2610	0.2900	0.3509	0.4246	0.5138
C33	0.2595	0.2916	0.3240	0.3600	0.4000	0.4840	0.5856	0.7086
C34	0.2920	0.3281	0.3645	0.4050	0.4500	0.5445	0.6588	0.7972
C35	0.1298	0.1458	0.1620	0.1800	0.2000	0.2420	0.2928	0.3543
C36	0.0843	0.0948	0.1053	0.1170	0.1300	0.1573	0.1903	0.2303
C37	0.1103	0.1239	0.1377	0.1530	0.1700	0.2057	0.2489	0.3012
C38	0.1882	0.2114	0.2349	0.2610	0.2900	0.3509	0.4246	0.5138
C39	0.1622	0.1823	0.2025	0.2250	0.2500	0.3025	0.3660	0.4429
C40	0.2790	0.3135	0.3483	0.3870	0.4300	0.5203	0.6296	0.7618
C41	0.2530	0.2843	0.3159	0.3510	0.3900	0.4719	0.5710	0.6909
均值	0.1989	0.2235	0.2483	0.2759	0.3100	0.3351	0.3712	0.4148
标准差	0.0930	0.1045	0.1161	0.1290	0.1339	0.1432	0.1579	0.1902
最大值	0.5551	0.6237	0.6930	0.7700	0.8300	0.8400	0.8200	0.8400
最小值	0.0649	0.0729	0.0810	0.0900	0.1300	0.1300	0.1400	0.1400

资料来源：笔者根据中国统计数据应用支持系统（http://gov.acmr.cn/index.aspx）计算得出。

表3-37 制造业外资比重（2008~2014年）

年份 行业	2008	2009	2010	2011	2012	2013	2014	均值
C13	0.2700	0.2500	0.2200	0.2000	0.2400	0.4752	0.9409	0.3115
C14	0.2300	0.2200	0.2100	0.2100	0.2520	0.4990	0.9879	0.2962
C15	0.2700	0.2600	0.2600	0.2600	0.3120	0.6178	1.2232	0.3398
C16	0.2700	0.2800	0.2700	0.2500	0.3000	0.5940	1.1761	0.3270
C17	0.3100	0.3000	0.3200	0.2900	0.3480	0.6890	1.3643	0.3645
C18	0.3900	0.3600	0.3200	0.2900	0.3480	0.6890	1.3643	0.4361
C19	0.3700	0.3300	0.3100	0.2900	0.3480	0.6890	1.3643	0.4571

续表

年份 行业	2008	2009	2010	2011	2012	2013	2014	均值
C20	0.1700	0.1500	0.1400	0.1300	0.1560	0.3089	0.6116	0.1993
C21	0.1400	0.1400	0.1300	0.1300	0.1560	0.3089	0.6116	0.1643
C22	0.1600	0.1500	0.1400	0.1400	0.1680	0.3326	0.6586	0.1890
C23	0.2600	0.2300	0.2300	0.2200	0.2640	0.5227	1.0350	0.3153
C24	0.2700	0.2400	0.2500	0.2300	0.2760	0.5465	1.0820	0.3074
C25	0.4500	0.4400	0.4400	0.4400	0.5280	1.0454	2.0700	0.5711
C26	0.3500	0.3200	0.3100	0.3000	0.3600	0.7128	1.4113	0.4323
C27	0.8100	0.7800	0.7700	0.7600	0.9120	1.8058	3.5754	1.0257
C28	0.6431	0.7781	0.9415	1.1392	1.3785	2.7294	5.4042	1.0383
C29	0.5788	0.7003	0.8474	1.0253	1.2406	2.4565	4.8638	0.9344
C30	0.5573	0.6744	0.8160	0.9873	1.1947	2.3655	4.6837	0.8998
C31	0.5359	0.6484	0.7846	0.9494	1.1487	2.2745	4.5035	0.8652
C32	0.6216	0.7522	0.9101	1.1013	1.3325	2.6384	5.2241	1.0037
C33	0.8574	1.0375	1.2554	1.5190	1.8380	3.6392	7.2057	1.3844
C34	0.9646	1.1672	1.4123	1.7089	2.0677	4.0941	8.1064	1.5574
C35	0.4287	0.5187	0.6277	0.7595	0.9190	1.8196	3.6028	0.6922
C36	0.2787	0.3372	0.4080	0.4937	0.5973	1.1827	2.3418	0.4499
C37	0.3644	0.4409	0.5335	0.6456	0.7811	1.5467	3.0624	0.5884
C38	0.6216	0.7522	0.9101	1.1013	1.3325	2.6384	5.2241	1.0037
C39	0.5359	0.6484	0.7846	0.9494	1.1487	2.2745	4.5035	0.8652
C40	0.9217	1.1153	1.3495	1.6329	1.9758	3.9122	7.7461	1.4882
C41	0.8360	1.0116	1.2240	1.4810	1.7920	3.5482	7.0255	1.3498
均值	0.4643	0.5184	0.5905	0.6770	0.8178	1.6192	3.2060	0.6847
标准差	0.2359	0.3039	0.3881	0.4936	0.5982	1.1845	2.3453	0.4103
最大值	0.9646	1.1672	1.4123	1.7089	2.0677	4.0941	8.1064	1.5574
最小值	0.1400	0.1400	0.1300	0.1300	0.1560	0.3089	0.6116	0.1643

资料来源：《中国统计年鉴》（2009～2015年）。

表 3-38 变量的统计特征

变量	均值	标准差	最小值	最大值	观测个数
GTFP	0.1021	0.1134	-0.3089	0.3431	406
GTC	-0.0038	0.0298	-0.0487	0.0669	406
GTEC	-0.0131	0.0087	-0.0385	-0.0018	406
GSEC	0.0098	0.0556	-0.1090	0.1798	406
GFAEC	0.1885	0.2014	0.0630	1.1996	406
scale	7203.07	5098.92	1111.38	17830.54	406
R&D	117.72	103.03	14.20	385.96	406
state	0.2129	0.1931	0.0159	0.8445	406
fdi	0.6847	0.4103	0.1643	1.5574	406

九个变量的统计特征显示行业规模（scale）、R&D 投入、国有资本比重（state）和外资比重（fdi）的均值大于标准差，而绿色全要素生产率（GTFP）及其四个分解项的均值小于标准差，说明不同行业的行业 scale、R&D 投入、state 和 fdi 的差别较小，而不同行业的 GTFP 及其分解项差别较大。从数据的完整性来看，每个变量都包含了 29 个行业 14 个年度的 406 个观测数，固观测个数是完整的，不存在数据的缺失，数据集是平衡面板数据。

二、影响因素的检验结果

为了避免解释变量间的多重共线性，在回归之前需要对解释变量进行多重共线性检验，从表 3-39 可以看出，各解释变量的相关性系数都在可以接受的范围之内，固不存在解释变量间的多重共线性问题。

表 3-39 解释变量相关性矩阵

变量	scale	R&D	state	fdi
scale	1			
R&D	0.0849	1		
state	0.0109	0.0322	1	
fdi	0.146	0.0737	-0.3462	1

利用Stata12.0软件，分别基于GTFP、GTC、GTEC、GSEC和GFAEC的制造业整体进行迭代广义最小二乘法（FGLS）回归。在回归之前需要对面板数据进行组内异方差检验、组内自相关检验和截面自相关检验，检验结果显示，所构造的现代制造业全要素生产率影响因素的面板数据不存在组内异方差和截面自相关，存在组内一阶自相关，在此基础上采用解决面板数据的组内一阶自相关的FGLS命令对面板数据进行回归，检验结果和回归结果如表3－40所示。

表3－40　制造业GTFP及其分解项影响因素检验结果

变量	lnGTFP	lnGTC	lnGTEC	lnGSEC	lnGFAEC
常数项	0.124*** (6.44)	0.468*** (8.79)	－0.208 (－1.20)	－0.220*** (－4.08)	0.012 (0.07)
lnscale	－0.290*** (－3.73)	0.262*** (6.56)	－0.552*** (－7.61)	－0.033 (－0.83)	－0.519*** (－7.86)
lnR&D	0.252* (1.82)	0.414*** (2.79)	－0.163*** (－4.09)	0.065* (1.90)	0.350** (2.49)
lnstate	－0.457 (1.48)	－0.209*** (－2.68)	0.666** (2.07)	－0.038 (0.56)	－0.628** (2.13)
lnfdi	0.035*** (－3.13)	0.038*** (－6.31)	0.004 (0.32)	0.016*** (3.11)	0.013 (－1.11)
调整后的R^2	0.030	0.127	0.048	0.117	0.082
F值	7.32***	48.30***	15.50***	36.59***	17.04***

注：*、**、***分别表示在10%、5%、1%的水平上显著。

如表3－40所示，所有模型都在5%或1%水平上统计显著，调整后的R^2为0.030~0.127，可见模型的整体拟合效果较好。

对于行业规模（scale），表3－40显示，scale分别与GTFP、GTC、GTEC、GSEC和GFAEC的回归系数依次为－0.290、0.262、－0.552、－0.033和－0.519，其中scale针对GTFP、GTC、GTEC和GFAEC的回归系数均在1%的

水平上统计显著，针对 GSEC 的回归系数不显著。这说明制造业随着行业规模的提高，提升了绿色技术进步（0.262），主要反映在先进技术设备的大量引进，而绿色技术效率（-0.552）和绿色配置效率（-0.519）却大幅降低，最终导致绿色全要素生产率下滑（-0.290），呈现"重技术设备引进，轻技术利用效率和轻要素利用效率"的现象。

针对 R&D 投入，表 3-40 中 R&D 分别与 GTFP、GTC、GTEC、GSEC 和 GFAEC 的回归系数依次为 0.252、0.414、-0.163、0.065 和 0.350，并且全部在 1%～10% 的水平上统计显著。这说明研发投入的增加提高了绿色技术进步、绿色规模效率和绿色配置效率，却降低了绿色技术效率。该现象说明了制造业的技术进步在行业间差异较大，研发投入高的行业带来的技术进步难以在相邻行业间扩散，难以被相邻行业吸收利用。原因在于制造业的发展受产业发展政策影响较大，如受国家产业政策支持的战略性新兴产业的研发投入除了来自于企业内部，还来自于政府的直接财政支持及各项优惠政策的间接激励效果。而政策范围外的制造业，其研发投入基本来自于企业内部，其与政策范围内的产业的研发投入差异大，这一差异阻碍了其对先进技术的吸收利用效率。

对于国有资本比重（state），如表 3-40 所示，state 分别与 GTFP、GTC、GTEC、GSEC 和 GFAEC 的回归系数依次为 -0.457、-0.209、0.666、-0.038 和 -0.628，其中 state 针对 GTC、GTEC 和 GFAEC 的回归系数在 5%～10% 的水平上统计显著，针对 GTFP 和 GSEC 的回归系数不显著。说明国有资本阻碍了制造业的绿色技术进步、绿色规模效率和绿色配置效率，最终使其阻碍了绿色全要素生产率的提高。国有资本比重对绿色配置效率的阻碍作用最大，说明国有资本使得投入要素在产业间得到了不合理的配置。

对于外资比重（fdi），如表 3-40 所示，fdi 分别与 GTFP、GTC、GTEC、GSEC 和 GFAEC 的回归系数依次为 0.035、0.038、0.004、0.016 和 0.013，其中 fdi 针对 GTFP、GTC 和 GSEC 的回归系数均在 1% 的水平上统计显著，针对 GTEC 和 GFAEC 的回归系数不显著。说明外资比重的提高有利于提高绿色技术进步和绿色规模效率，从而提高绿色全要素生产率，其对绿色技术效率的正向影响不显著，对绿色配置效率的负向影响也不显著。

第四节 结论与政策建议

一、结论

本章研究了制造业绿色全要素生产率。本章首先采用超越对数生产函数的随机前沿模型，考虑资本、劳动、能源和排污权四个投入要素，测算了制造业的绿色全要素生产率，分析了其变动情况；其次从绿色技术进步，绿色技术效率变化，绿色规模效率变化和绿色配置效率变化四个方面分解了制造业绿色全要素生产率增长源泉；最后从行业特征和行业资本结构两个方面实证检验了影响制造业绿色全要素生产率的影响因素。通过以上研究，得出如下几点结论和启示：

（一）制造业行业间的 GTFP 增长不平衡

绿色全要素生产率增长最快的五个行业分别是：仪器仪表及文化、办公用机械制造业（C40），化学纤维制造业（C28），印刷业和记录媒介的复制（C23），有色金属冶炼及压延加工业（C33）和家具制造业（C21），这五个行业的平均绿色全要素生产率增长达到了 0.3431。全要素生产率最低的五个行业分别是：工艺品及其他制造业（C41），木材加工及木、竹、藤、棕、草制品业（C20），烟草制品业（C16），专用设备制造业（C36）和文教体育用品制造业（C24），这五个行业的绿色全要素生产率为 0.0364。其中增长最快的仪器仪表及文化、办公用机械制造业（C40）比增长最慢的工艺品及其他制造业（C41）的绿色全要素生产率增长高了 64%。

(二) 行业间的 GTFP 变化大致相同

除了烟草制品业（C16）、木材加工及木、竹、藤、棕、草制品业（C20）和工艺品及其他制造业（C41）外，剩下的 26 个制造业行业的 GTFP 变化大致相同。

(三) 全行业 GTFP 波动中略有上升

制造业全行业平均 GTFP 2003~2012 年的较长时间内表现为波动中略有上升的变化特征（由 2003 年的 0.0705 波动上升到 2012 年的 0.1548）。总体来看，研究期限内制造业全行业平均 GTFP 为 0.1021，即制造业全行业绿色全要素生产率在 2001~2014 年的平均增长速度为 10.21%。

(四) 全行业 GTC 大幅波动中下降

制造业全行业的 GTC 在研究期限内呈现出在大幅波动中下降的变化特征，研究期限内制造业全行业的平均绿色技术进步率为 -0.0038，即制造业全行业绿色技术进步率在 2001~2014 年的平均增长速度为 -0.38%。GTC 最高的行业是石油加工、炼焦及核燃料加工业（0.0669），GTC 最低的行业是文教体育用品制造业（-0.0487）。

(五) 全行业 GTEC 全部为负，且持续小幅下降

制造业全行业 GTEC 在 2001~2014 年全部为负值，且经历了直线下降的变化过程，从 2001 年的 -0.0097 持续下降到 2014 年的 -0.0131，每年平均下降 0.002%，下降幅度不大。GTEC 最高的行业是烟草制品业和通用设备制造业（-0.0018），GTEC 最低的行业是化学纤维制造业（-0.0332）。

(六) 全行业 GSEC 在大幅波动后有所下降

制造业全行业的 GSEC 在研究期限内呈现出在大幅波动中略有下降的变化特征，与 GTC 的变化过程很相似。研究期限内制造业全行业的平均绿色技术效率变化为 0.0098，即制造业全行业绿色技术进步率在 2001~2014 年的平均增长速度为 0.98%。GSEC 最高的行业是印刷业和记录媒介的复制（0.1798）；GSEC 最低的行业是非金属矿物制品业（-0.1090）。

(七) 全行业 GFAEC 全部为正,大幅波动后略有上升,行业间差距大

制造业全行业的 GFAEC 在研究期限内呈现出大幅波动后略有上升的变化特征。GFAEC 最高的行业是专用设备制造业 (1.1996); GSEC 最低的行业是通信设备、计算机及其他电子设备制造业 (0.0630), GFAEC 是通信设备、计算机及其他电子设备制造业的 19 倍多,制造业的 GFAEC 行业差距大。

(八) 对 GTFP 的贡献最大的始终是 GFAEC

在研究期限内, GFAEC 对 GTFP 的贡献始终为正,且是贡献最大的一项,并且在研究期限内,有 10 个年头的 GFAEC 对 GTFP 的贡献超过了 90%,充分说明了制造业的 GFAEC 主导了 GTFP。

(九) 行业特征和资本结构对 GTFP 及其分解项均具有较强的解释力

在规模报酬递增的前提下,国家可以适当鼓励行业内企业并购,改善规模效率;国家和企业应该重视研发投入,鼓励技术创新,推动行业技术进步;在中国现行体制下,行业中的国有企业拥有更多的国家政策支持,更多的金融支持也更能够吸引优秀的人才,因此其生产率要高于其他所有制性质的企业;利用外资能够带来技术溢出效应,提高行业的生产率,因此,国家应该继续利用国外的有利资源,同时注意提高引进外资的质量,多引进处于全球价值链高端的技术密集型产业,调整中国在国际分工中的地位。

二、政策建议

通过本章的研究可以发现,中国制造业行业间、地区间的 GTFP 差异较大,行业规模仍有较大的发展空间,这使其不能适应国民经济发展的要求。针对现代制造业 GTFP 的种种问题,本节从缩小现代制造业区域差异、提高技术进步能力、提高规模效率和提高配置效率四个方面提出改善现代制造业 GTFP 的建议。

(一) 缩小区域差异的建议

中国制造业要实现高效率的发展,离不开地方政府的政策支持,地方政府

要为制造业的发展创造良好的外部环境，明确区域特色，制定针对各自区域特色的产业梯度转移政策，形成东部、中部、西部差异化发展、协调发展的产业格局。东部地区一方面要大力发展资本、技术密集型行业，在现有基础上以产业基地和产业园区建设为依托，在资本密集、技术密集的重大领域建设高水平的产品研发中心和制造基地，创建产需结合、优势互补的大型行业领军企业；另一方面要把劳动密集型产业逐步向中西部地区转移。政府要引导中部地区培育有效转移机制来承接东部地区的产业转移，引进东部地区的技术、人才、资金、管理等生产要素，使中部地区由低级的产业集群向组织化程度高、创新性强的产业集群过渡。西部地区要利用其资源相对优势、老工业基地的技术相对优势和产业相对优势，把劳动和资源优势凝聚到附加值高的产品中去。同时，应当促成军工业带动民用工业的发展，使自身的国防军工和科研集中的优势得到有效发挥。

（二）提高绿色技术进步能力的建议

通过本章的研究可以发现，技术进步对 GTFP 增长的贡献比较大。笔者认为加强信息技术对现代制造业的改造，加大现代制造业技术引进与消化吸收能力和淘汰落后产能是提高现代制造业技术进步的有效途径。首先，加速企业信息化建设，用信息技术改造现代制造业。出台支持现代制造业信息化的优惠政策，不断提高现代制造业的生产过程自动化、管理方式网络化、决策智能化和商务运营电子化的能力。用信息技术改造现代制造业需要优先发展计算机、通信设备及其他电子设备制造业（C40），发挥该行业的辐射带动作用，促进信息技术和现代制造业的融合，提高现代制造业的技术和管理水平。其次，在引进先进技术的同时，更要注重对技术的消化吸收。对中国现代制造业来说，无论是技术引进还是外资引进，都只是实现技术进步的初步手段，与此同时应将更多的经历用于对技术的消化吸收，培育自身的研发创造能力。最后，中国现代制造业要优化投资结构，淘汰落后产能。严格控制对那些高度依赖资源、技术含量低、污染严重的企业的投资，加大对技术密集型行业特别是高技术行业的投资力度和研发投入力度,开发高端产品,促进产业技术升级。

(三) 提高绿色规模效率的建议

对 GTFP 增长的分解发现,绿色规模效率变化阻碍了中国制造业 GTFP 的增长。应促进产业集聚效应的发挥,培育有特色的现代制造业基地,实施企业战略重组,优化组织结构,做大做强现代制造业企业。同时要把握一个"度",规模和效率存在倒 U 型的关系。一味地扩大规模,也会对企业效率造成不利的影响。当企业规模扩大到最优时,要维持最优的运营规模,是提高规模效率的有效途径。产业集群可以降低生产和交易成本,促进技术创新和组织创新,可以实现现代制造业产业规模的跨越式发展。积极引导和扶持有条件的企业组建大的企业集团,以产业价值链上以核心业务为中心向上下游业务延伸,使其成为现代制造业的领军企业。

(四) 提高绿色配置效率的建议

前文研究发现,GFAEC 对 GTFP 的贡献始终为正,且是贡献最大的一项,GFAEC 是由于要素在企业间和行业间的优化配置所带来的那部分 GTFP 的增长,因此,对于中国制造业而言,实现资源在企业和行业间更为有效的流动才是今后制造业 GTFP 进步的正确路径。然而,中国要素市场改革相对滞后,要素价格基本上由政府决定,政府定价必然偏离市场出清价格,降低配置效率。要实现 GTFP 的可持续增长,必须深化要素市场改革,发挥市场在资源配置中的决定性作用,以提高 GFAEC。

第四章　制造业节能潜力

能源的集约化利用是绿色制造的一个重要方面，研究中国制造业的绿色化发展路径，必须研究制造业的节能潜力。2013年11月，党的十八届三中全会对我国全面深化改革做出总体部署，全会通过的《中共中央关于全面深化改革若干重大问题的决定》明确指出，中国经济市场化改革的方向就是要使市场在资源配置中起决定性作用。能源作为城市化与工业化最重要的要素与资源，进一步提高能源的利用与配置效率已经成为现阶段市场化改革的突出问题。中国在《"十二五"规划纲要》中确定，至2015年末单位国内生产总值能源消耗（即能源强度）较2010年末降低16%的约束性目标。在保证经济较快增长的前提下完成能源强度目标，需要充分发挥中国工业的节能潜力。"十一五"期间，各级政府习惯采用行政手段，通过淘汰工业落后产能，比较粗放地改进工业能源效率。但行政手段缺乏可持续性且边际成本递增，当可关闭的落后产能越来越少的时候，发挥节能潜力就需要更多地依靠市场手段。在中央全面深化改革的背景下，遵循市场规律优化资源配置，推进能源市场化改革，将是"十二五"时期发挥节能潜力的关键问题。

本章首先测度了制造业的能源配置效率，然后研究制造业能源要素的最优配置状态，将实际能源投入与最优能源投入的差距定义为制造业的节能潜力。通过对制造业节能潜力的分析和节能潜力的影响因素研究，提出制造业节能发展的有效路径。

第一节 制造业能源配置效率

以中国目前的市场化水平来看,要素市场的扭曲程度要大于产品市场,行政力量在很大程度上决定着要素配置以及要素价格。尤其是在能源要素市场,有形的手几乎完全主导着石油、电力等价格的制定。同时,由于工业发展和社会稳定的需要,能源要素价格长期处于被相对低估的状态。而相对被低估的能源要素价格最终导致某些行业对能源的过度使用,造成了能源要素配置的扭曲。

一、能源配置效率测度方法选择

近年来,一部分学者对中国要素配置扭曲与能源要素配置效率的问题进行了定量测度与经验分析。然而,现有研究所计量的能源要素配置效率并没有充分考虑能源的价格扭曲,导致现实中能源要素配置中存在的典型事实(即不完善的能源要素市场所形成能源要素价格与市场出清价格的偏离)无法得到准确体现。因此,如果不能从生产函数与要素价格信息中反映资本、劳动、能源和排污权等要素的实际投入与有效投入之间的扭曲程度,便很难测度中国制造业能源要素的配置效率与节能潜力。本章采用能体现投入要素价格信息的随机前沿方法测度能源配置效率,该方法在制造业绿色全要素生产率研究时已有过详细介绍,在此不再重复。

本章关注的是配置效率(FAEC)即:$FAEC_{it} = \sum_{j=1}^{4} \dot{X}_{itj} \left(\frac{\varepsilon_{itj}}{\sum_{j=1}^{4} \varepsilon_{itj}} - S_{itj} \right)$。其中,$X_{itj}$ 表示第 i 个行业在第 t 个年份第 j 种要素的增长率,$\frac{\varepsilon_{itj}}{\sum_{j=1}^{4} \varepsilon_{itj}} - S_{itj}$ 表示实际

要素投入比例与新古典标准生产函数要求的要素比例之间的偏离程度。在完全竞争和利润最大化条件下，要素市场价格等于其边际收益。然而，考虑到市场在能源要素配置中尚未起到决定性作用的基本事实，利用要素配置效率分析目前中国制造业能源要素的合理配置问题具有较强的现实意义。

二、制造业能源配置效率测度

根据前文的定义，FAEC 为投入要素的产出弹性份额与成本份额的差额与要素投入增长率的乘积。于是，本书定义能源要素配置效率为能源要素投入的产出弹性份额与能源要素投入的成本份额的差额与能源要素投入增长率的乘积。利用式（3-14）及第三章制造业能源投入量及成本的数据，可以得到制造业各行业在 2001~2014 年的能源要素配置效率，结果报告见表 4-1 和表 4-2。

表 4-1 制造业能源要素配置效率（2001~2007 年）

年份 行业	2001	2002	2003	2004	2005	2006	2007
C13	-0.0030	-0.0028	0.0008	0.0092	-0.0066	-0.0069	-0.0076
C14	0.0000	-0.0049	0.0115	-0.0247	-0.0076	-0.0073	-0.0057
C15	-0.0021	-0.0015	-0.0012	-0.0083	-0.0009	-0.0051	-0.0032
C16	-0.0036	-0.0009	0.0007	0.0169	0.0047	-0.0001	0.0045
C17	-0.0017	-0.0056	-0.0085	-0.0260	-0.0075	-0.0152	-0.0055
C18	-0.0046	-0.0020	-0.0046	-0.0119	-0.0097	-0.0108	-0.0059
C19	-0.0048	-0.0054	-0.0063	-0.0105	-0.0065	-0.0092	-0.0058
C20	-0.0040	-0.0029	-0.0238	-0.0291	-0.0026	-0.0137	-0.0085
C21	-0.0095	0.0080	-0.0171	0.0108	-0.0125	-0.0115	-0.0023
C22	-0.0011	-0.0076	-0.0032	-0.0312	-0.0107	-0.0109	0.0008
C23	-0.0064	0.0002	-0.0593	0.0141	0.0217	-0.0089	-0.0093

续表

年份 行业	2001	2002	2003	2004	2005	2006	2007
C24	-0.0135	-0.0162	0.0055	-0.0176	-0.0054	-0.0024	-0.0041
C25	-0.0045	-0.0049	-0.0177	-0.0321	-0.0081	-0.0134	-0.0076
C26	-0.0013	-0.0073	-0.0116	-0.0067	-0.0131	-0.0070	-0.0075
C27	-0.0028	-0.0015	-0.0092	0.0015	-0.0081	-0.0051	-0.0006
C28	-0.0002	0.0017	-0.0048	0.0494	-0.0004	-0.0048	-0.0127
C29	-0.0066	-0.0028	-0.0094	-0.0238	-0.0239	-0.0111	-0.0080
C30	-0.0041	-0.0026	-0.0145	-0.0358	-0.0256	-0.0094	-0.0054
C31	0.0019	0.0073	-0.0167	-0.0279	-0.0044	-0.0052	-0.0010
C32	-0.0012	-0.0041	-0.0177	-0.0125	-0.0179	-0.0084	-0.0063
C33	-0.0046	-0.0113	-0.0237	-0.0213	-0.0132	-0.0199	-0.0240
C34	-0.0083	-0.0164	-0.0144	-0.0225	-0.0127	-0.0161	-0.0098
C35	-0.0022	-0.0079	-0.0067	-0.0096	-0.0113	-0.0089	-0.0079
C36	0.0002	-0.0009	-0.0130	-0.0179	-0.0066	-0.0072	-0.0043
C37	-0.0031	-0.0050	0.0018	-0.0171	0.0078	-0.0059	-0.0073
C38	-0.0017	-0.0105	-0.0097	-0.0156	-0.0040	-0.0088	-0.0116
C39	-0.0028	-0.0085	-0.1562	0.0379	-0.0111	-0.0081	-0.0104
C40	-0.0009	-0.0149	-0.1266	0.0520	0.0035	-0.0090	-0.0311
C41	-0.0053	-0.0038	-0.0423	0.0077	0.0085	-0.0149	0.0008
均值	-0.0035	-0.0046	-0.0206	-0.0070	-0.0064	-0.0092	-0.0072
标准差	0.0031	0.0057	0.0358	0.0231	0.0094	0.0042	0.0068
最大值	0.0019	0.0080	0.0115	0.0520	0.0217	-0.0001	0.0045
最小值	-0.0135	-0.0164	-0.1562	-0.0358	-0.0256	-0.0199	-0.0311

资料来源：笔者整理。

表4-2 制造业能源要素配置效率（2008~2014年）

年份 行业	2008	2009	2010	2011	2012	2013	2014	均值
C13	-0.0047	-0.0028	-0.0028	-0.0026	-0.0034	-0.0176	0.0032	-0.0034
C14	-0.0048	0.0011	-0.0117	-0.0008	-0.0084	-0.0228	0.0036	-0.0059

续表

年份\行业	2008	2009	2010	2011	2012	2013	2014	均值
C15	-0.0021	0.0016	-0.0015	-0.0035	0.0015	-0.0374	0.0084	-0.0040
C16	0.0121	-0.0017	-0.0027	-0.0292	0.0198	-0.0035	0.0082	0.0018
C17	0.0047	0.0008	-0.0086	0.0010	0.0001	-0.0140	0.0046	-0.0058
C18	0.0009	0.0002	-0.0066	-0.0006	-0.0088	-0.0089	0.0012	-0.0051
C19	0.0013	-0.0001	-0.0033	0.0034	-0.0343	-0.0120	0.0025	-0.0065
C20	-0.0082	-0.0055	-0.0057	-0.0066	-0.0064	-0.0161	-0.0015	-0.0096
C21	-0.0161	-0.0009	-0.0022	0.0007	0.0002	-0.0161	-0.0333	-0.0073
C22	-0.0031	-0.0033	-0.0077	-0.0049	-0.0011	-0.0164	0.0046	-0.0069
C23	-0.0062	-0.0044	-0.0142	-0.0001	-0.0037	-0.0124	-0.0079	-0.0069
C24	-0.0051	0.0013	-0.0011	-0.0143	-0.0103	-0.0201	-0.0050	-0.0077
C25	-0.0044	-0.0066	-0.0134	-0.0079	-0.0084	-0.0166	-0.0039	-0.0107
C26	-0.0040	-0.0003	-0.0031	-0.0105	-0.0062	-0.0217	-0.0097	-0.0079
C27	-0.0046	-0.0004	-0.0079	-0.0067	-0.0050	-0.0226	-0.0020	-0.0054
C28	0.0139	0.0024	0.0064	-0.0111	-0.0070	-0.0339	0.0026	0.0001
C29	-0.0026	-0.0015	-0.0177	-0.0033	0.3557	0.0000	0.0000	0.0175
C30	-0.0135	-0.0073	-0.0127	0.0029	0.2829	0.0000	0.0000	0.0111
C31	-0.0101	-0.0030	-0.0017	-0.0084	0.0003	-0.0161	-0.0037	-0.0063
C32	-0.0038	-0.0084	-0.0076	-0.0079	-0.0006	-0.0105	-0.0006	-0.0077
C33	-0.0079	0.0004	-0.0372	-0.0112	-0.0077	-0.0206	-0.0131	-0.0154
C34	-0.0076	-0.0016	-0.0209	0.0016	-0.0085	-0.0199	-0.0031	-0.0114
C35	-0.0105	-0.0013	-0.0118	-0.0072	0.0062	-0.0079	-0.0016	-0.0063
C36	-0.0038	-0.0025	-0.0114	-0.0027	0.0024	-0.0024	-0.0020	-0.0051
C37	-0.0062	-0.0070	-0.0147	-0.0041	0.0207	-0.0059	-0.0022	-0.0035
C38	-0.0106	-0.0116	-0.0054	-0.0123	-0.0017	-0.0080	-0.0007	-0.0080
C39	-0.0117	-0.0041	-0.0024	-0.0123	-0.0034	-0.0008	-0.0032	-0.0141
C40	-0.0162	-0.0059	-0.0037	-0.0100	0.0002	-0.0049	0.0017	-0.0118
C41	0.0000	-0.0029	-0.0057	-0.0170	-0.0082	-0.0156	-0.0217	-0.0086
均值	-0.0047	-0.0026	-0.0082	-0.0064	0.0192	-0.0139	-0.0026	-0.0055
标准差	0.0068	0.0033	0.0079	0.0068	0.0828	0.0091	0.0084	0.0065
最大值	0.0139	0.0024	0.0064	0.0034	0.3557	0.0000	0.0084	0.0175
最小值	-0.0162	-0.0116	-0.0372	-0.0292	-0.0343	-0.0374	-0.0333	-0.0154

资料来源：笔者整理。

三、制造业能源配置效率变化特征分析

根据能源要素配置效率的测度结果,将制造业整体能源要素配置效率的变化趋势绘制在图4-1中。

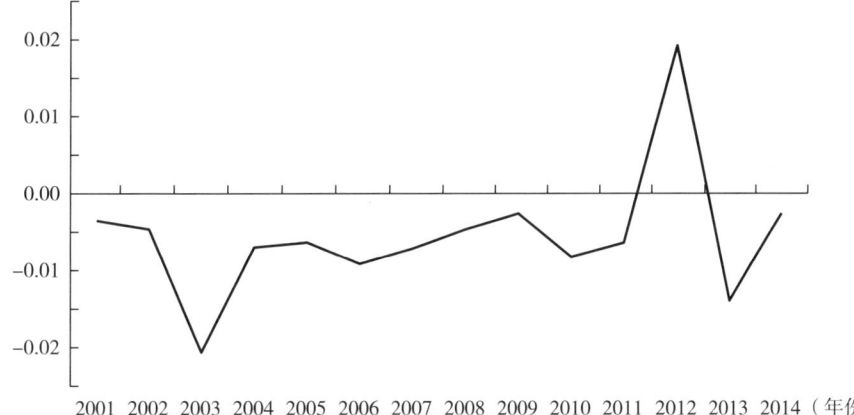

图4-1 制造业全行业能源配置效率(2001~2014年)

图4-1描绘了制造业全行业2001~2014年能源要素配置效率的变化趋势。从中可以看到,全行业能源要素配置的扭曲程度呈现出先加剧后减弱再大幅波动的变动特征。2001~2003年,能源要素配置效率持续恶化,2003年下降至-0.0206。这主要归因于2001~2003年中国工业结构重型化特征加剧导致能源市场供需矛盾突出。2003年,全社会固定资产投资增长速度突然增大并明显朝重工业集中,外延型投资增长明显,钢铁、电解铝、水泥等高耗能行业的产能扩张速度加快,上述三个行业的投资分别比上年增加了99.6%、92.9%和121.9%。面对高耗能行业的产能扩张,能源供给与需求的缺口增大,煤电油运全面趋紧,特别是电力短缺问题尤其严重。尽管当年火电发电设备平均利用小时数高达5760小时,较2002年增加了488小时,但仍很难满足社会发展对电力的需求。要素市场的过度扭曲,导致能源要素大量流入了重工行业,各地被迫拉闸限电的事件不断。虽然2004~2005年能源行业加大生产

侧与供给侧的投入,要素配置的扭曲状况有所改善,但配置效率仍然处于 -0.006 附近。"十一五"时期,中央政府提出年末完成的约束性节能目标,投资过热的势头有所缓解。从 2007 年开始,能源要素配置效率提升至 -0.0072,扭曲的程度明显下降。同时,伴随着煤电联动、成品油价格机制等能源价格市场化改革政策的出台,全行业能源要素配置效率在 2009 年已经提高到 -0.0026,然而在 2010 年却没有延续之前的好转趋势,下降至 -0.0082。到了"十二五"时期(2011~2015 年),能源要素配置效率又经历了一轮波动,表现为从 2010~2012 年持续好转,2012 年能源要素的配置效率为 0.0192,成为研究期限内唯一一个能源要素配置效率为正的年份,然而这一好转在 2013 年突然下降至 -0.0139,又在 2014 年略微上升至 -0.0026。

总体来看,在研究期限内的几乎所有年份,制造业的能源要素配置效率都是负值,阻碍了制造业绿色配置效率(GFAEC)的提高。

四、制造业能源配置扭曲分析

能源要素投入的成本份额与能源要素的产出弹性份额的差额为能源要素的扭曲程度,若扭曲程度为负,表明能源要素的实际投入份额大于最优均衡值,即能源要素所占投入成本份额过高,减少能源要素投入能改善能源要素扭曲程度。表 4-3 和表 4-4 分别报告了 2001~2007 年、2008~2014 年制造业能源要素配置的扭曲程度测度结果,图 4-2 描绘了 2001~2014 年制造业全行业能源扭曲均值的变化,图 4-3 描绘了制造业分行业能源要素扭曲均值(按扭曲均值由小到大排列行业顺序)。

表 4-3 制造业分行业能源要素扭曲程度(2001~2007 年)

年份 行业	2001	2002	2003	2004	2005	2006	2007
C13	-0.5475	-0.6461	-0.6053	-0.7072	-0.6999	-0.6581	-0.6659
C14	-0.4202	-0.6543	-0.6278	-0.7082	-0.7171	-0.7229	-0.7354

续表

年份 行业	2001	2002	2003	2004	2005	2006	2007
C15	-0.3169	-0.4980	-0.5219	-0.6995	-0.6551	-0.6599	-0.6749
C16	-0.3679	-0.5425	-0.5605	-0.6350	-0.6011	-0.8764	-0.7507
C17	-0.3585	-0.5928	-0.6503	-0.7958	-0.8122	-0.8332	-0.8583
C18	-0.2478	-0.3365	-0.3442	-0.4189	-0.4355	-0.4549	-0.4575
C19	-0.2685	-0.3782	-0.3744	-0.4319	-0.4693	-0.4652	-0.4802
C20	-0.4303	-0.5997	-0.6616	-0.7405	-0.0933	-0.8415	-0.8291
C21	-0.3795	-0.4339	-0.4276	-0.4834	-0.4962	-0.4791	-0.4538
C22	-0.5808	-0.7881	-0.8124	-0.8983	-0.9051	-0.9069	-0.9115
C23	-0.3000	-0.4834	-0.5649	-0.6942	-0.6048	-0.6133	-0.6509
C24	-0.3159	-0.4535	-0.3982	-0.5125	-0.5510	-0.5183	-0.5326
C25	-0.9360	-1.1770	-1.1902	-1.1687	-1.1720	-1.1941	-1.2000
C26	-0.6094	-0.8779	-0.9038	-0.9913	-1.0014	-0.9861	-0.9955
C27	-0.3734	-0.5182	-0.5345	-0.6811	-0.6571	-0.6590	-0.6464
C28	-0.6170	-0.9596	-1.0931	-1.0018	-0.9996	-1.0023	-1.0427
C29	-0.5165	-0.7415	-0.7435	-0.8681	-0.9220	-0.9077	-0.9078
C30	-0.3928	-0.5923	-0.6133	-0.7309	-0.8224	-0.8125	-0.8009
C31	-0.5948	-0.8215	-0.8648	-0.9310	-0.9514	-0.9254	-0.9548
C32	-0.5252	-0.8448	-0.8403	-0.9436	-0.9593	-0.9727	-0.9943
C33	-0.6895	-0.9548	-0.9823	-1.0240	-1.0313	-1.0477	-1.0541
C34	-0.4477	-0.6754	-0.7924	-0.8511	-0.8435	-0.8487	-0.8369
C35	-0.2775	-0.4940	-0.5210	-0.6112	-0.6979	-0.6348	-0.6350
C36	-0.2674	-0.4846	-0.4161	-0.6330	-0.6434	-0.6090	-0.6053
C37	-0.2742	-0.4523	-0.4378	-0.6084	-0.5260	-0.5372	-0.5508
C38	-0.2353	-0.4017	-0.4459	-0.5639	-0.5467	-0.5366	-0.5573
C39	-0.2494	-0.3654	-0.8744	-0.3457	-0.4504	-0.4560	-0.4538
C40	-0.2784	-0.4723	-0.8334	-0.3971	-0.4708	-0.3164	-1.0238
C41	1.2018	-0.7285	-1.0240	-0.6728	-0.7991	-0.8287	-0.3655
均值	-0.3661	-0.6196	-0.6779	-0.7155	-0.7081	-0.7346	-0.7457
标准差	0.3374	0.2038	0.2268	0.2037	0.2305	0.2131	0.2173
最大值	1.2018	-0.3365	-0.3442	-0.3457	-0.0933	-0.3164	-0.3655
最小值	-0.9360	-1.1770	-1.1902	-1.1687	-1.1720	-1.1941	-1.2000

资料来源：笔者计算得出。

表4-4 制造业分行业能源要素扭曲程度（2008~2014年）

年份 行业	2008	2009	2010	2011	2012	2013	2014	均值
C13	-0.5882	-0.5144	-0.4711	-0.4630	-0.4449	-0.3730	-0.4268	-0.5580
C14	-0.7038	-0.6795	-0.6664	-0.6544	-0.6413	-0.5926	-0.5529	-0.6483
C15	-0.6081	-0.6470	-0.5794	-0.5919	-0.5429	-0.5036	-0.4780	-0.5698
C16	-0.7244	-0.7116	-0.7523	-0.8297	-0.7754	-0.7030	-0.7293	-0.6828
C17	-0.8203	-0.8376	-0.8132	-0.8390	-0.8571	-0.7907	-0.7653	-0.7589
C18	-0.4003	-0.4091	-0.4229	-0.4515	-0.3983	-0.4258	-0.3600	-0.3974
C19	-0.4437	-0.4245	-0.4098	-0.3973	-0.4500	-0.4363	-0.4078	-0.4169
C20	-0.7629	-0.7949	-0.7576	-0.7566	-0.7775	-0.7171	-0.6605	-0.6731
C21	-0.4501	-0.4893	-0.0604	-0.4976	-0.4361	-0.3755	-0.4848	-0.4248
C22	-0.8758	-0.8981	-0.8798	-0.8350	-0.8813	-1.1279	-0.7622	-0.8617
C23	-0.5851	-0.6335	-0.6162	-0.7437	-0.5942	-0.5426	-0.9431	-0.6121
C24	-0.4848	-0.4974	-0.4666	-0.5700	-0.3012	-0.3276	-0.2841	-0.4438
C25	-1.1858	-1.1910	-1.2060	-1.2028	-1.2452	-1.2195	-1.4137	-1.1930
C26	-0.9510	-0.9600	-0.9341	-0.9474	-0.9278	-0.9317	-1.6964	-0.9796
C27	-0.6402	-0.6385	-0.6170	-0.6282	-0.5868	-0.5085	-0.4970	-0.5847
C28	-1.0756	-1.0983	-1.0325	-1.0048	-1.0680	-1.0169	-1.0371	-1.0035
C29	-0.8670	-0.8785	-0.8871	-0.8865	-0.1836	-0.1887	-0.1936	-0.6923
C30	-0.7617	-0.7694	-0.7602	-0.7810	-0.1483	-0.1518	-0.1538	-0.5922
C31	-0.9245	-0.8825	-0.9332	-0.9392	-0.8563	-0.8645	-0.8343	-0.8770
C32	-0.9803	-0.9752	-0.9631	-0.9954	-0.9622	-0.9695	-0.9812	-0.9219
C33	-1.0279	-1.0242	-1.0479	-1.0535	-1.0527	-1.0397	-1.0215	-1.0036
C34	-0.7556	-0.7866	-0.7855	-0.8032	-0.7172	-0.7628	-0.7202	-0.7591
C35	-0.8019	-0.5838	-0.5539	-0.6082	-0.5994	-0.5584	-0.5445	-0.5801
C36	-0.5031	-0.5599	-0.5269	-0.5497	-0.4989	-0.4524	-0.4206	-0.5121
C37	-0.5226	-0.5390	-0.5292	-0.5620	-0.4499	-0.4440	-0.4057	-0.4885
C38	-0.4996	-0.5052	-0.5154	-0.4387	-0.5647	-0.4788	-0.4682	-0.4827
C39	-0.4776	-0.4549	-0.4024	-0.4613	-0.4291	-0.4063	-0.3824	-0.4435
C40	-0.5098	-0.4951	-0.4594	-0.4790	-0.5098	-0.4482	-0.3787	-0.5052
C41	-0.7543	-0.7448	-0.7499	-0.8171	-0.9799	-0.9440	-0.9468	-0.6538
均值	-0.7133	-0.7112	-0.6827	-0.7168	-0.6510	-0.6311	-0.6535	-0.6662
标准差	0.2091	0.2103	0.2439	0.2120	0.2686	0.2798	0.3471	0.2051
最大值	-0.4003	-0.4091	-0.0604	-0.3973	-0.1483	-0.1518	-0.1538	-0.3974
最小值	-1.1858	-1.1910	-1.2060	-1.2028	-1.2452	-1.2195	-1.6964	-1.1930

资料来源：笔者计算得出。

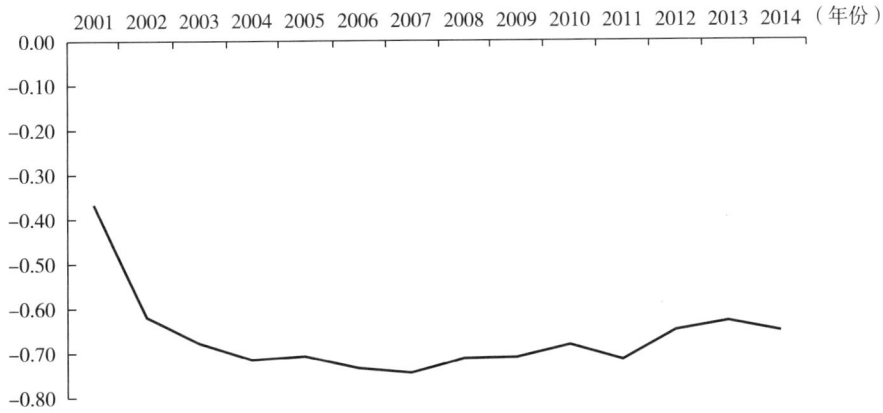

图 4-2 制造业全行业能源配置扭曲均值的变化（2001~2014 年）

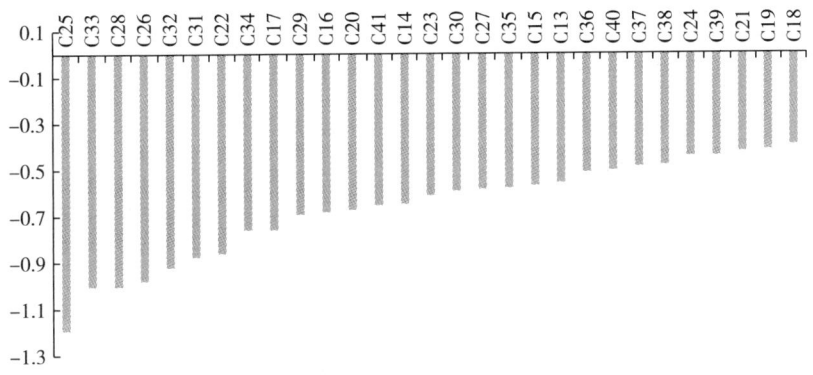

图 4-3 制造业分行业能源要素扭曲均值

由表 4-3、表 4-4、图 4-2 和图 4-3 可以看出：

（一）制造业能源要素负向扭曲严重

在研究期限内，制造业全行业的能源配置效率全部为负向扭曲，在 29 个制造业中有 22 个行业在 2001~2014 年的平均能源要素配置效率的扭曲都低于 -50%。扭曲最严重的五个行业分别是石油加工、炼焦及核燃料加工业（C25），有色金属冶炼及压延加工业（C33），化学纤维制造业（C28），化学燃料及化学制品制造业（C26）和黑色金属冶炼与压延加工业（C32），其能

源扭曲程度分别为 -1.1930、-1.0036、-1.0035、-0.9796 和 -0.9219,其能源负向扭曲程度都在 90% 以上,这些行业都是能源密集型行业。能源要素配置效率为负说明能源要素的实际投入份额大于最优均衡值,能源要素所占投入成本份额过高,减少能源要素投入能改善能源要素的扭曲程度。所以制造业全行业都需要减少能源要素的投入,部分能源密集型行业需要大量减少能源要素的投入。

(二) 能源要素负向扭曲恶化

由图 4-2 可以清楚地看出,在研究期限内,制造业能源要素配置效率的扭曲程度是在恶化的,由 2001 年的全行业平均扭曲 -0.3661 下降到 2014 年的 -0.6535,能源扭曲程度恶化了 82%,平均每年恶化 6%。其中 2001~2004 年变化最快,从 2001 年的 -0.3661 下降到 2004 年的 -0.7155,3 年间平均每年约下降 31%。之后的 2004~2011 年负向扭曲程度的变化特点是小幅波动中有小幅恶化,从 2004 年的 -0.7155 变为 2011 年的 -0.7168,平均每年约变化 0.1%。2001~2014 年,能源负向扭曲程度的变化特点是波动中小幅好转,从 2011 年的 -0.7168 好转为 2014 年的 -0.6535,平均每年好转约 3%。

(三) 能源价格扭曲导致了能源配置过剩

总体来看,中国制造业能源要素价格偏低,而且能源价格在行业间的差异与该行业的能耗水平密切相关,即高能耗行业的能源价格偏低,低能耗行业的能源价格偏高。从各行业能源扭曲程度的排序结果来看,负向扭曲最严重的行业都是能源密集型行业,负向扭曲最轻的五个行业分别是文教体育用品制造业(C24),通信设备、计算机及其他电子设备制造业(C39),家具制造业(C21),皮革、毛皮、羽毛(绒)及其制品业(C19)和纺织服装、鞋、帽制造业(C18),其扭曲分别为 -0.4438、-0.4435、-0.4248、-0.4169 和 -0.3974,这些行业能耗水平都比较低,面临的能源价格偏高一些,所以扭曲程度稍微小一些。

第二节 制造业能源最优配置

本书将根据完全竞争市场条件下的能源要素市场出清价格决定的能源成本份额作为能源最优投入量。

一、能源最优配置状态描述

借鉴 Fisher – Vanden 等[①]、杭雷鸣和屠梅曾[②]以及周七五[③]的 C – D 成本函数：

$$C(P_K, P_L, P_E, P_P, Y) = TFP^{-1} P_K^{\alpha_K} P_L^{\alpha_L} P_E^{\alpha_E} P_P^{\alpha_P} Y \tag{4-1}$$

其中，C 为生产成本，P_K，P_L，P_E，P_P 分别代表资本、劳动、能源和排污权的价格，α_K、α_L、α_E、α_P 分别表示资本、劳动、能源和排污权的价格弹性。

由完全竞争假设下利润最大化条件，可得产出价格 M：

$$M = \frac{C}{\sum_{i=1}^{4} (\partial Y / \partial X_j) X_j} \tag{4-2}$$

用 p_j 代表投入要素 X_j 的价格，则投入要素 X_j 的成本占总成本的份额 S_j 及产出弹性为 ε_j：

$$S_j = \frac{p_j X_j}{C} \tag{4-3}$$

---

① Fisher – Vanden K., Jefferson G. H., Liu H., Tao Q., What is Driving China's Decline in Energy Intensity？[J]. Resource and Energy Economics, 2004, 26（1）：77 – 97.

② 杭雷鸣，屠梅曾. 能源价格对能源强度的影响——以国内制造业为例[J]. 数量经济技术经济研究，2006（12）：93 – 101.

③ 周五七. 能源价格、效率增进及技术进步对工业行业能源强度的异质性影响[J]. 数量经济技术经济研究，2016（2）：103 – 144.

$$\varepsilon_j = \frac{p_j X_j}{MY} \qquad (4-4)$$

将式（4-2）和式（4-4）代入式（4-3），可得：

$$S_j = \frac{\varepsilon_j}{\sum_{i=1}^{4}\left(\frac{\partial Y}{\partial X_j}\right)\frac{X_j}{Y}} = \frac{\varepsilon_j}{\sum_{i=1}^{4} \varepsilon_j} \qquad (4-5)$$

式（4-5）说明在完全竞争前提下，要素的产出弹性份额为最优均衡值，要素配置的最优条件是投入要素的成本份额与投入要素的产出弹性份额相同；若不同，其差额即为要素配置扭曲。

二、制造业能源最优投入量

如前文所述，能源要素的产出弹性份额即为能源要素投入的最优均衡值。于是根据式（4-5）计算制造业能源最优投入量，计算结果报告在表4-5和表4-6中。图4-4描绘了2001~2014年制造业全行业能源最优投入均值的变化，图4-5描绘了制造业分行业能源要素最优投入均值（按均值大小由小到大排列行业顺序）。

表4-5　制造业能源最优投入量（2001~2007年）　　　单位：亿元

年份 行业	2001	2002	2003	2004	2005	2006	2007
C13	63.93	58.25	52.18	68.61	76.06	86.14	87.16
C14	75.52	52.57	49.06	74.29	93.75	114.81	140.46
C15	102.40	58.68	57.84	64.91	89.27	109.43	134.01
C16	111.75	63.78	71.91	77.89	125.35	174.94	127.58
C17	222.43	151.75	172.91	294.24	362.56	486.57	580.35
C18	52.67	38.59	44.22	62.34	79.13	99.54	127.99
C19	28.82	21.88	26.75	37.72	44.63	59.05	71.18
C20	33.38	23.23	27.04	40.92	406.22	80.25	102.97
C21	15.42	10.28	13.29	19.46	25.63	34.57	42.39

续表

年份\行业	2001	2002	2003	2004	2005	2006	2007
C22	143.60	120.63	138.88	229.56	283.74	353.56	386.05
C23	53.82	26.56	47.20	59.04	61.89	74.20	84.59
C24	20.93	17.65	19.76	27.07	31.10	37.94	43.50
C25	1136.68	1103.27	1263.33	1882.81	2621.68	3360.43	3643.22
C26	630.72	502.84	627.65	962.69	1265.06	1600.72	1962.52
C27	90.06	61.57	76.16	100.99	135.98	155.77	188.66
C28	197.73	140.12	144.31	179.15	217.46	245.59	293.67
C29	61.43	44.51	55.83	79.38	117.29	148.99	186.45
C30	86.83	59.90	71.62	120.17	161.88	198.34	238.46
C31	388.55	300.03	355.92	576.89	737.93	882.67	1113.92
C32	712.21	503.73	660.53	1096.05	1543.83	1962.55	2599.75
C33	276.86	256.14	339.89	564.09	770.22	1054.82	1524.61
C34	103.78	85.38	95.95	169.16	228.49	302.22	378.40
C35	149.15	89.67	108.10	161.08	208.21	256.27	322.30
C36	105.39	55.45	83.02	96.51	129.20	164.67	201.38
C37	232.91	141.54	168.89	231.62	268.03	326.35	438.45
C38	132.00	80.44	92.56	136.05	178.57	223.03	283.81
C39	164.46	112.37	392.47	156.83	243.27	295.66	393.74
C40	33.43	20.58	64.42	28.52	40.17	82.76	26.25
C41	-711.23	74.96	221.96	77.95	107.46	136.11	1373.57
均值	162.61	147.46	191.16	264.69	367.38	452.00	589.56
标准差	292.28	219.43	261.62	402.33	554.10	712.59	846.39
最大值	1136.68	1103.27	1263.33	1882.81	2621.68	3360.43	3643.22
最小值	-711.23	10.28	13.29	19.46	25.63	34.57	26.25

表 4-6 制造业能源最优投入量（2008~2014 年） 单位：亿元

年份\行业	2008	2009	2010	2011	2012	2013	2014	均值
C13	74.62	63.96	39.60	0.00	-53.25	-137.88	-168.49	22.21
C14	162.27	179.78	207.46	279.16	291.90	338.21	338.79	171.29

续表

年份\行业	2008	2009	2010	2011	2012	2013	2014	均值
C15	163.51	165.05	220.45	270.87	284.11	353.46	326.09	171.43
C16	128.15	171.07	174.29	222.91	255.45	302.03	247.18	161.02
C17	600.36	642.44	776.36	969.0	960.13	1116.82	1063.83	599.98
C18	157.10	163.96	200.46	239.65	294.14	291.24	333.00	156.00
C19	82.46	93.14	116.52	143.45	187.14	196.92	195.78	93.25
C20	125.74	148.53	181.21	255.56	256.24	291.90	288.50	161.55
C21	49.42	49.74	1067.93	75.91	82.69	114.13	125.84	123.34
C22	438.05	464.72	567.16	791.29	701.60	561.01	817.89	428.41
C23	97.77	100.81	119.90	143.81	155.05	181.98	97.87	93.18
C24	50.18	52.79	60.53	72.84	148.81	145.52	179.94	64.90
C25	4927.37	4151.33	5847.67	7307.71	8429.68	8742.88	5545.97	4283.14
C26	2131.65	2236.83	2682.82	3640.96	3630.78	4066.25	1768.74	1979.30
C27	202.71	220.53	278.22	342.76	356.93	479.12	492.95	227.31
C28	267.09	301.44	358.17	472.71	410.27	455.46	442.91	294.72
C29	195.44	221.56	270.79	378.34	101.15	148.52	118.51	152.01
C30	279.12	314.81	386.18	542.57	197.67	251.79	253.20	225.90
C31	1288.95	2025.82	1800.48	2488.05	2508.52	2742.78	2720.91	1423.67
C32	2755.42	3316.47	4065.26	4962.71	4302.34	4721.24	4331.94	2681.00
C33	1548.87	1743.80	2293.23	2889.16	2767.21	3028.35	3110.69	1583.42
C34	434.82	530.11	614.43	734.36	774.63	870.43	909.77	445.14
C35	575.48	428.13	589.77	709.61	641.71	765.82	754.10	411.39
C36	269.61	191.20	367.91	479.42	519.05	635.52	709.49	286.27
C37	499.79	584.50	846.61	995.96	810.32	945.80	1016.75	536.25
C38	366.23	424.86	492.72	818.96	601.40	765.49	749.2	381.81
C39	492.55	556.29	709.11	927.53	978.04	1076.84	1157.85	546.93
C40	77.41	85.46	101.30	139.11	114.80	147.12	175.80	81.22
C41	179.42	204.79	229.14	344.75	314.12	394.07	385.71	238.06
均值	642.12	683.93	885.02	1091.01	1069.75	1172.17	982.44	621.52
标准差	1028.79	1004.81	1297.37	1639.60	1753.00	1851.25	1308.79	927.66
最大值	4927.37	4151.33	5847.67	7307.71	8429.68	8742.88	5545.97	4283.14
最小值	49.42	49.74	39.60	0.00	-53.25	-137.88	-168.49	22.2

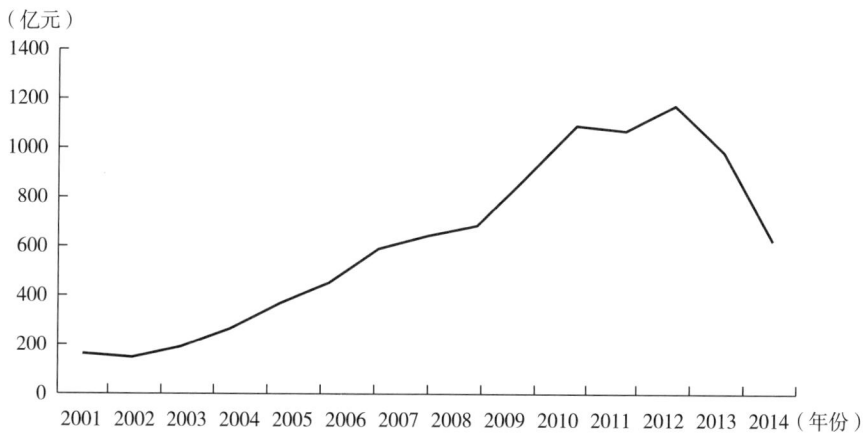

图4-4 制造业全行业能源最优投入均值的变化（2001~2014年）

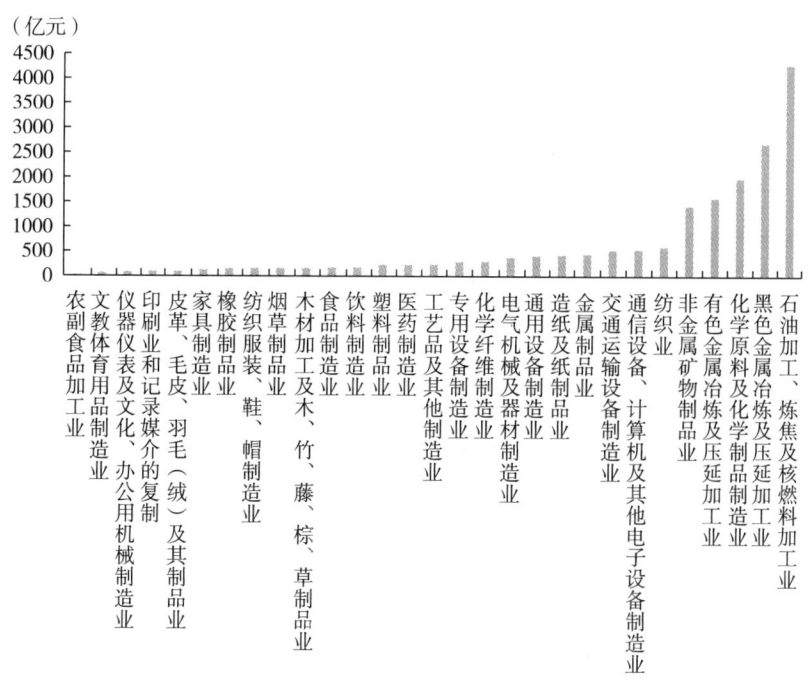

图4-5 制造业分行业能源最优投入量均值

由表4-5、表4-6、图4-4和图4-5可以看出：

(一) 制造业最优能源投入量增加

由图4-5可以看出，在研究期限内制造业的最优能源投入量从2001年的162.61亿元增加到2014年的982.44亿元，平均每年增长36%。其中，2001~2011年呈现持续增长的态势，从162.61亿元增长到1091.01亿元，平均每年增长达到了66.31%。2011~2014年波动中有所下降，平均每年下降27.14%。总体来看，在研究期限内，制造业的最优能源投入量是增加的。这说明我国制造业的能源需求增长是具有刚性的，在近几年这种刚性需求有所下降。

(二) 制造业各行业的最优能源投入量与行业特征是相符的

由图4-4可以看出，制造业各行业的最优能源投入量是与行业的能源依存度相关的。按照行业的最优能源投入量，可以把制造业分为两类行业：低能源依存行业和高能源依存行业。其中低能源依存行业有24个行业，分别为农副食品加工业（C13），文教体育用品制造业（C24），仪器仪表及文化办公用机械制造业（C40），印刷和记录媒介的制造业（C23），皮革、毛皮、羽毛（绒）及其制品业（C19），家具制造业（C21），橡胶制品业（C29），纺织服装、鞋、帽制造业（C18），烟草制品业（C16），木材加工及木、竹、藤、棕、草制品业（C20），食品制造业（C14），饮料制造业（C15），塑料制品业（C30），医药制造业（C27），工艺品及其他制造业（C41），专用设备制造业（C36），化学纤维制造业（C28），电气机械及器材制造业（C38），通用设备制造业（C35），造纸及纸制品业（C22），金属制品业（C34），交通运输设备制造业（C37），通信设备、计算机及其他电子设备制造业（C39），纺织服装、鞋、帽制造业（C18），这些行业的能源最优投入量在22亿~600亿元。属于高能源依存行业的有五个行业，分别为非金属矿物制品业（C31），有色金属冶炼及压延加工业（C33），化学原料及化学用品制造业（C26），黑色金属冶炼及压延加工业（C32），石油加工、炼焦及核燃料加工业（C25），这些行业的最优能源投入量在1400亿~4300亿元。高能源依存行业的能源要素最优投入量远高于低能源要素依存行业。

三、制造业节能潜力

如前文分析：能源配置效率为负，代表能源配置出现了负向扭曲，即能源的实际投入份额大于以产出弹性份额表示的最优均衡值，能源投入成本占全部要素投入的成本份额过高，减少能源投入能改善能源扭曲程度，能源投入可减少的空间即为节能潜力。

本书定义节能潜力为能源要素的实际投入与最优投入的差异。表4-7和表4-8分别报告了2001~2007年、2008年~2014年制造业分行业在研究期限内的节能潜力，正值表示实际能源投入量大于最优能源投入量，负值表示实际能源投入量小于最优能源投入量。图4-6显示了2001~2014年制造业全行业平均节能潜力的变化，图4-7显示了制造业各行业节能潜力均值（按节能潜力由小到大排列）。

表4-7 制造业分行业节能潜力（2001~2007年）　　　　单位：亿元

年份 行业	2001	2002	2003	2004	2005	2006	2007
C13	202.98	255.99	253.46	521.57	707.68	909.58	1166.91
C14	67.38	125.16	111.71	230.59	281.24	354.11	445.77
C15	-2.28	55.75	62.71	148.26	169.34	211.03	264.50
C16	-61.21	-11.26	-15.16	10.98	-17.63	-60.16	7.94
C17	321.24	522.45	691.69	1684.60	2056.43	2848.29	3478.71
C18	23.56	50.24	62.94	141.89	186.27	263.68	333.66
C19	14.32	31.72	41.99	90.35	120.10	155.66	201.37
C20	21.74	35.98	61.73	138.55	-89.63	337.58	439.93
C21	4.36	7.38	11.82	36.66	46.21	59.14	66.73
C22	232.59	326.46	388.13	832.64	1011.21	1188.62	1294.09
C23	-5.72	24.15	72.08	148.02	112.81	140.11	182.15
C24	13.31	29.21	27.02	76.83	92.67	104.20	124.57

续表

年份\行业	2001	2002	2003	2004	2005	2006	2007
C25	2060.33	2190.65	2962.89	5822.76	7281.34	9204.55	10166.97
C26	1569.16	2044.37	2674.16	4973.51	6373.77	7788.23	9738.63
C27	53.46	90.10	128.09	267.68	325.62	374.48	443.23
C28	181.53	270.54	325.22	443.19	477.97	561.84	723.64
C29	82.87	114.16	144.83	330.76	491.80	616.66	761.39
C30	84.01	145.91	193.49	499.92	762.31	939.35	1126.90
C31	1075.51	1287.61	1668.32	3494.93	4320.43	5358.03	6456.11
C32	1136.74	1650.19	2241.60	4988.79	6534.51	8347.44	11101.19
C33	662.36	905.75	1294.48	2801.89	3461.28	4775.53	6998.77
C34	190.36	312.84	443.62	977.46	1215.33	1621.94	2028.89
C35	78.28	201.79	277.82	600.42	793.77	1005.71	1297.78
C36	30.26	101.58	116.79	334.32	420.20	522.33	645.62
C37	87.33	242.44	281.82	756.13	645.43	831.47	1111.16
C38	3.58	109.46	172.37	464.09	534.53	692.05	948.09
C39	12.17	110.32	2139.77	188.82	509.93	660.24	907.49
C40	1.53	25.65	261.90	27.93	55.75	40.92	141.37
C41	997.79	248.77	1201.65	288.65	477.91	653.17	-472.61
均值	315.16	396.74	631.00	1080.08	1357.19	1741.58	2142.45
标准差	525.85	601.59	856.24	1626.08	2069.05	2606.69	3252.53
最大值	2060.33	2190.65	2962.89	5822.76	7281.34	9204.55	11101.19
最小值	-61.21	-11.26	-15.16	10.98	-89.63	-60.16	-472.61

表4-8 制造业分行业节能潜力（2008~2014年） 单位：亿元

年份\行业	2008	2009	2010	2011	2012	2013	2014	均值
C13	1300	1452	1712	2209	2271	2639	2500	1293
C14	501	496	598	696	688	718	590	422
C15	289	313	347	437	393	418	320	245
C16	14	-14	7	14	-44	-80	-55	-22

续表

年份\行业	2008	2009	2010	2011	2012	2013	2014	均值
C17	3430	3620	4223	5204	4866	5145	4508	3043
C18	329	340	407	510	520	595	448	301
C19	204	202	236	255	420	424	353	196
C20	510	568	655	811	816	820	684	415
C21	82	86	-889	135	107	94	198	3
C22	1435	1508	1763	2063	1877	2139	1666	1266
C23	182	206	251	312	275	269	309	177
C24	127	127	130	202	117	148	97	101
C25	14052	9462	13759	18119	18941	18958	21651	11045
C26	10288	10291	11964	15516	15362	17061	18487	9581
C27	482	508	625	780	727	744	662	444
C28	708	716	811	980	933	1002	855	642
C29	773	815	1013	1224	-101	-149	-119	428
C30	1265	1375	1675	1824	-198	-252	-253	656
C31	7327	7238	9372	12367	11034	11910	10971	6706
C32	11383	12633	15255	19985	18160	19920	17836	10798
C33	7268	7678	9895	12830	12704	13922	13061	7018
C34	2124	2185	3053	3497	3361	4033	3761	2057
C35	1195	1439	1833	2496	2176	2274	2106	1270
C36	665	790	910	1180	1074	1068	925	627
C37	1278	1554	2269	2931	1597	1830	1662	1220
C38	1071	1148	1482	1802	1878	1898	1732	995
C39	1270	1297	1353	2322	2069	2169	1947	1211
C40	149	148	155	233	211	193	130	127
C41	872	891	1011	1536	1438	1307	1228	834
均值	2434	2382	2961	3878	3575	3835	3733	2176
标准差	3707	3410	4359	5674	5578	5971	6097	3283
最大值	14052	12633	15255	19985	18941	19920	21651	11045
最小值	14	-14	-889	14	-198	-252	-253	-22

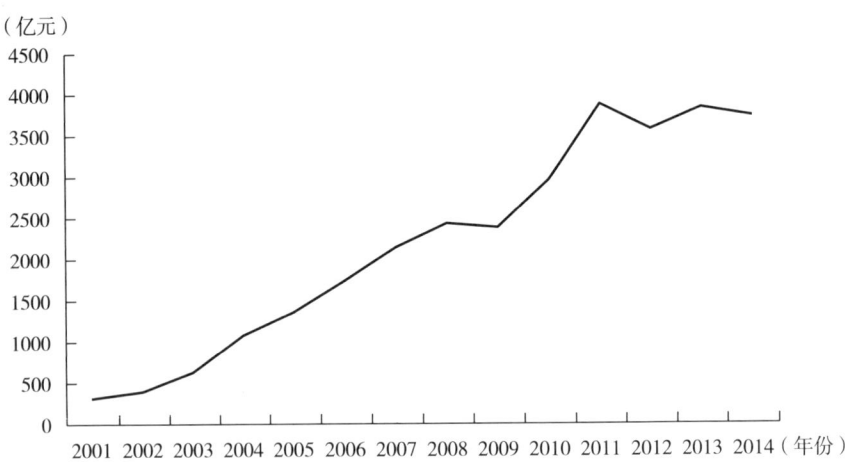

图 4-6 制造业全行业平均节能潜力变化（2001~2014 年）

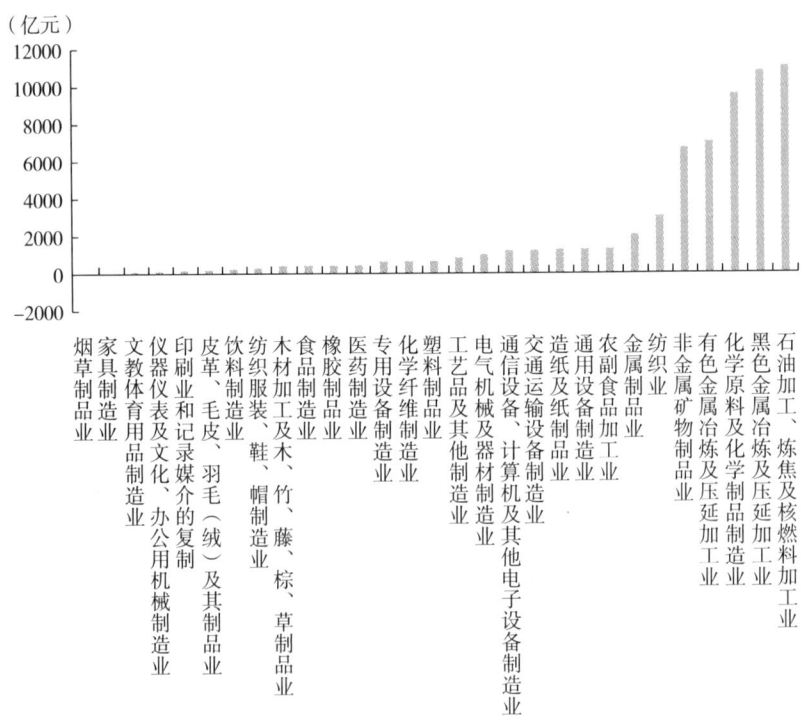

图 4-7 制造业分行业节能潜力均值

由表4-7、表4-8、图4-6和图4-7可以看出：

（一）制造业节能潜力持续增加

如图4-6所示，制造业节能潜力在研究期限内是持续增加的，从2001年的315.16亿元增加到2014年的3733亿元，平均每年增加77%。由前文对制造业最优能源投入量的分析可知，制造业最优能源投入量是逐年增加的（平均每年增长36%），其节能潜力以更快的速度增加。根据经济发展规律，我国处于工业化的中后期即重化工业高速发展的时期，逐年增加的最优能源投入量也证明了这一点，但是随着重化工业的发展，能源投入量却越来越偏离最优投入量，说明我国的能源要素市场亟须改革。

（二）能源依存度高的行业的能源投入亟待优化

由图4-7可知，制造业分行业的节能潜力与行业的能源依存度相关，五个高能源依存度的行业依然是节能潜力最大的行业。非金属矿物制品业（C31），有色金属冶炼及压延加工业（C33），化学原料及化学制品制造业（C26），黑色金属冶炼及压延加工业（C32），石油加工、炼焦及核燃料加工业（C25），这五个高能源依存度的行业的节能潜力在6700亿~12000亿元，剩下的24个低能源依存度行业的节能潜力在-21亿~3100亿元，两类行业的节能潜力也差异巨大，说明制造业节能潜力改善的重点在于高能源依存度的行业。

第三节 制造业能源需求影响因素

在研究了制造业节能潜力之后，接下来关注的是制造业能源要素需求的影响因素，寻找制造业的节能路径。

一、能源需求影响因素分析

根据谢波德引理：在均衡状态下，一种要素的条件投入需求就是成本函数关于该生产要素投入价格的偏倒数。假设 $M^Y = P_K^{\alpha_K} P_L^{\alpha_L} P_E^{\alpha_E} P_P^{\alpha_P}$，同时假定 $\alpha_K + \alpha_L + \alpha_E + \alpha_P = 1$，则能源的需求函数 Q 和能源成本占产出的比重 QI 可以表示为：

$$Q = \frac{\partial C}{\partial P_E} = \frac{\alpha_E TFP^{-1} M^Y Y}{P_E} \tag{4-6}$$

$$QI = \frac{Q}{Y} = \frac{\alpha_E TFP^{-1} M^Y}{P_E} \tag{4-7}$$

这里的 QI 是均衡状态下能源需求量占产出的比重，本书称之为能源需求强度。由式（4-6）可知，影响能源需求强度变化的因素包括 TFP 和产出价格与能源价格之比（M^Y/P_E），结合 GTFP 的分解，考虑短期内治污设备投资和产业生产模式的制约，将滞后一期的排污权需求强度纳入到影响因素模型，构建如下制造业排污权需求强度影响因素的动态面板模型：

$$\begin{aligned} QI_{it} = & c + \beta_0 PI_{i(t-1)} + \beta_1 GTC_{it} + \beta_2 GTEC_{it} + \beta_3 GSEC_{it} + \beta_4 GFAEC_{it} + \\ & \beta_5 PP_{it} + \eta_i + \varepsilon_{it} \end{aligned} \tag{4-8}$$

其中，PP 表示产出价格与能源价格之比，本书称之为相对价格，η 表示行业个体效应，ε 为随机误差项。

二、能源需求影响因素检验

能源需求影响因素检验所需的数据均与前文相同。对模型（4-8）采用系统 GMM 估计，估计结果报告见表4-9。表4-9中包含两个模型的回归结果，其中模型1是能源需求强度与能源相对价格和 GTFP 的回归结果，模型2是能源需求强度与能源相对价格和 GTFP 分解项的回归结果。

表4-9 能源需求强度影响因素估计结果

解释变量	模型1		模型2	
	系数	标准差	系数	标准差
L.PI	0.667***	0.463	0.590***	0.037
GTFP	-0.0037**	0.002		
GTC			0.005***	0.011
GTEC			-0.783***	0.249
GSEC			-0.020***	0.001
GFAEC			-0.001**	0.002
PP			-0.003*	0.012
常数项	0.001*	0.001	0.140***	0.001
Ar1p	0.000		0.000	
Ar2p	0.973		0.936	
Hansenp	1.000		1.000	
MoranI	0.000		0.000	

注：*、**、***分别表示在10%、5%、1%水平上显著。L.PI表示滞后一期排污权需求强度；Ar1p、Ar2p是残差的自相关检验；Hansenp是工具变量的有效性检验；MoranI是Mora'I检验。以上检验均报告p值。

滞后一期的能源需求强度在两个模型的估计结果都显著，说明相邻两期的能源需求强度显著正相关，这意味着能源需求强度大的行业会持续加大。GTFP与能源需求强度显著负相关，说明拥有更高GTFP的行业会有更低的能源需求强度。

GTC与能源需求强度的回归结果都显著正相关，即技术进步会使制造业能源需求强度提高。拥有更多技术创新的行业往往有更广的空间去深化资本和扩张规模，资本深化和产出增长必然引致能源需求的增加，而技术进步带来的减排效应不足以抵消其所引致的能源需求的增加，这也再次说明了中国制造业的能源需求是有刚性特征的。

GTEC、GSEC和GFAEC与能源需求强度都显著负相关。GTEC对能源需求强度下降的促进作用最大（-0.783），GSEC对能源需求强度下降的促进作用最小（-0.001），说明拥有更高绿色技术效率、绿色规模效率和绿色配置效率的行业会有更少的能源需求强度。此外，能源的相对价格也与制造业能源需求强度显著负相关，能源的价格越高，越会降低对能源的需求。

第四节 结论与政策建议

本章是对制造业节能潜力的研究，从能源要素的配置效率出发，通过能源的最优配置研究了制造业的节能潜力，得出如下结论和政策建议。

一、结论

（一）能源要素配置效率阻碍了制造业 GFAEC

全行业能源要素配置的扭曲程度呈现出先加剧、后减弱、再大幅波动的变动特征。在研究期限内的几乎所有年份，制造业的能源要素配置效率都是负值，阻碍了制造业绿色配置效率的提高。

（二）制造业能源要素负向扭曲严重

在研究期限内，制造业全行业的能源配置效率全部为负向扭曲，在29个制造业中有22个行业在2001~2014年的平均能源要素配置效率的扭曲都低于-50%。扭曲最严重的能源负向扭曲程度都在90%以上都是能源密集型行业。能源要素配置效率为负说明能源要素的实际投入份额大于最优均衡值，能源要素所占的投入成本份额过高，减少能源要素投入能改善能源要素扭曲程度。所以制造业全行业都需要减少能源要素的投入，部分能源密集型行业需要大量减少能源要素的投入。

（三）能源要素负向扭曲有恶化的趋势

研究期限内，制造业能源要素配置效率的扭曲程度是在恶化的，由2001

年的全行业平均扭曲 -0.3661 下降到 2014 年的 -0.6535。14 年间，能源扭曲程度恶化了 82%，平均每年恶化 6%。

（四）能源价格扭曲导致了能源配置过剩

总体来看，中国制造业能源要素价格偏低，而且能源价格在行业间的差异与该行业的能耗水平密切相关，即高能耗行业的能源价格偏低，低能耗行业的能源价格偏高。从各行业能源扭曲程度排序结果来看，负向扭曲最严重的行业都是能源密集型行业。

（五）制造业能源需求量的增加具有刚性特征

在研究期限内制造业的最优能源投入量从 2001 年的 162.61 亿元增加到 2014 年的 982.44 亿元，平均每年增长 36%。其中，2001～2011 年平均每年增长达到了 66.31%。在研究期限内，制造业的最优能源投入量是增加的。这说明我国制造业的能源需求增长是具有刚性的。

（六）制造业各行业的最优能源投入量与行业的能源依存度相符

制造业各行业的最优能源投入量与行业的能源依存度相关。按照行业的最优能源投入量，可以把制造业分为两类行业：低能源依存行业和高能源依存行业。高能源依存行业的能源要素最优投入量远高于低能源要素依存行业。

（七）制造业节能潜力持续增加

制造业节能潜力在研究期限内是持续增加的。由前文对制造业最优能源投入量的分析可知，制造业最优能源投入量是逐年增加的（平均每年增长 36%），其节能潜力以更快的速度增加。根据经济发展规律，我国处于工业化的中后期即重化工业高速发展的时期，逐年增加的最优能源投入量也证明了这一点，但是随着重化工业的发展，能源投入量却越来越偏离最优投入量，表明我国的能源要素市场亟须改革。

二、政策建议

（一）加快能源市场改革

目前，中国能源市场改革和能源企业多元化改革相对滞后，导致能源价格成为政府宏观调控的重要工具之一。政府定价必然偏离市场价格,扭曲资源配置。所以,要从根本上解决要素市场资源配置的问题,政府必须逐步放开能源定价权,尽量由市场供需决定能源价格。

(二)提高制造业活动的整理效率

让市场在能源要素配置中起决定性作用,除了能够直接影响要素市场的配置效率以外,还能进一步优化工业结构,提高工业活动的整体效率。首先,能源要素配置的扭曲导致要素之间的投入结构不合理。中国对能源要素价格长期实行价格补贴,扭曲了利润最大化假定下的最优要素配置,造成厂商在生产过程中对能源的过度使用,而在要素投入环节缺乏效率。其次,能源要素配置的扭曲导致产业之间的发展结构不合理。较低的能源成本使得高耗能行业的利润空间增大,扭曲的要素市场成为了落后产能长期生存的保护伞,重工业比重长期居高不下,严重影响了产业的转型与升级。最后,能源要素配置的扭曲导致经营主体的产权结构不合理。能源要素的初始分配权和定价权不由市场决定,导致国有产权与私有产权的市场主体在能源要素的获得能力上存在差异,形成诸如"国进民退"的博弈结果,甚至还可能出现寻租,严重抑制了行业效率的提升。

(三)以发挥市场功能为主,政府管制为辅

具体的政策设计层面需要充分考虑到中国的阶段性特征与复杂的内外部环境。能源成本除了影响经济发展外,还影响民生与社会和谐。期望政府通过完全放开能源市场、大幅度调整能源价格来改善能源配置效率的可能性不大。让市场在能源要素配置中起决定性作用,需要以无形之手为主、有形之手为辅,通过构建更为市场化、更为透明公平和有效的价格机制,让要素价格成为市场配置资源的信号,从而引导资源流向更高效的部门。

第五章 制造业减排潜力

第一节 制造业排污权配置效率测度

如前文所述,排污权是一种有产权界定的资产,基于这一前提,可以将排污权视为一种有价值的投入要素。制造业排污权的配置效率影响制造业的绿色配置效率,进而影响制造业的绿色全要素生产率。合理有效地利用排污权是绿色制造的一个重要特征和标准。根据2014年的《中国环境统计年鉴》,2013年中国工业污染物排放量占全国总污染物排放量的81.2%[①],其中来自于制造业的污染物排放量占全国总污染物排放量的71.2%,制造业迫切需要提高排污权的利用效率。

给排污权定价,需要有排污权交易市场。排污权交易制度能够提高排污权配置效率。企业之间、行业之间和地区之间的生产率水平是有差异的,生产率水平的差异决定了排污权在不同生产者那里会产生不同的收益:对于生产率高

---

① 污染物排放量为污水排放量、废气排放量、烟尘排放量、二氧化硫排放量和粉尘排放量5种污染物排放量的加总。

的生产者,其多使用排污权所增加的产出要大于生产率低的生产者少使用排污权而减少的产出,从而在排污权投入总量不变的前提下,增加整个经济体的产出,提高排污权配置效率。2007年,财政部选择电力行业和太湖流域开展排污权有偿使用和排污交易试点,此后稳步推进资源环境有偿使用制度的试点改革。2011年,国家发展和改革委员会批准北京市、天津市、上海市、重庆市、湖北省、广东省及深圳市开展碳排放交易试点。2014年8月,国务院办公厅印发《关于进一步推进排污权有偿使用和交易试点工作的指导意见》,提出到2017年底基本建立排污权有偿使用和交易制度。2016年1月,国家发展和改革委员会公布了《国家发展改革委办公厅关于切实做好全国碳排放权交易市场启动重点工作的通知》,提出要充分发挥市场机制在温室气体排放、资源配置中的决定性作用,将石化、化工、建材、钢铁、有色、造纸、电力、航空等一批工业行业第一阶段纳入碳排放交易市场。渐进式的排污权交易机制已经成为中国协调环境保护和经济发展关系的重要手段。

本章考察制造业的减排潜力,首先测度了制造业排污权的配置效率和排污权配置的扭曲程度,将制造业的实际排污权投入量与最优排污权投入量的差异定义为制造业的减排潜力,测度了制造业的减排潜力,并进一步检验了影响制造业排污权需求的因素,从而确定制造业的减排路径。

一、排污权配置效率测度方法

本章仍然采用随机前沿的方法来测度制造业排污权的配置效率。随机前沿方法在第三章已有过介绍,在此不再赘述。

根据第三章的分解,绿色配置效率表示为:

$$\text{GFAEC}_{it} = \sum_{j=1}^{4} X_{itj} \left(\frac{\varepsilon_{itj}}{\sum_{j=1}^{4} \varepsilon_{itj}} - S_{itj} \right)$$

其中,X_{itj} 表示第 i 个行业在第 t 个年份第 j 种要素的增长率,$\frac{\varepsilon_{itj}}{\sum_{j=1}^{4} \varepsilon_{itj}} - S_{itj}$

表示实际要素投入比例与新古典标准生产函数要求的要素比例之间的偏离程度。在完全竞争和利润最大化条件下，要素市场价格等于其边际收益。然而，考虑到市场在能源要素配置中尚未起到决定性作用的基本事实，利用要素配置效率分析目前中国制造业排污权的合理配置问题具有较强的现实意义。

二、制造业排污权配置效率测度

根据前文的定义，GFAEC 为投入要素的产出弹性份额与成本份额的差额与要素投入增长率的乘积。于是，本书定义排污权配置效率为排污权投入的产出弹性份额与排污权投入的成本份额的差额与排污权投入增长率的乘积。利用式（3-14）及第三章制造业资本、劳动、能源和排污权的投入量及成本的数据，可以得到制造业各行业各项投入要素在 2001~2014 年的配置效率，其中能源的配置效率在第四章已经测度过，根据 GFAEC 的计算公式，还可以得出各项要素的配置效率占 GFAEC 的比重。排污权、能源、资本和劳动的配置效率及其对 GFAEC 的贡献的计算结果报告在表 5-1 中。

表 5-1　各项投入要素的配置效率及其对 GFAEC 的贡献

年份	排污权	能源	资本	劳动	GFAEC
2001	-0.0024 (-1.72%)	-0.0034 (-2.43%)	0.1219 (87.20%)	0.0237 (16.95%)	0.1398
2002	-0.0153 (-10.74%)	-0.0059 (-4.14%)	0.1501 (105.41%)	0.0135 (9.48%)	0.1424
2003	-0.032 (-29.36%)	-0.004 (-3.67%)	0.191 (175.23%)	-0.046 (-42.20%)	0.109
2004	-0.1302 (-39.01%)	0.0018 (0.54%)	0.1852 (55.48%)	0.277 (82.98%)	0.3338
2005	-0.011 (-13.66%)	-0.0058 (-7.20%)	0.104 (129.19%)	-0.0067 (-8.32%)	0.0805
2006	-0.0294 (-20.55%)	-0.0051 (-3.56%)	0.1152 (80.50%)	0.0624 (43.61%)	0.1431

续表

年份	排污权	能源	资本	劳动	GFAEC
2007	-0.0007 (-0.49%)	-0.0065 (-4.59%)	0.1609 (113.71%)	-0.0122 (-8.62%)	0.1415
2008	-0.059 (-29.34%)	-0.0096 (-4.77%)	0.114 (56.69%)	0.1557 (77.42%)	0.2011
2009	-0.0384 (-14.15%)	-0.0073 (-2.69%)	0.2812 (103.65%)	0.0358 (13.20%)	0.2713
2010	-0.0295 (-23.47%)	-0.0069 (-5.49%)	0.0464 (36.91%)	0.1157 (92.04%)	0.1257
2011	-0.003 (-3.21%)	-0.0069 (-7.39%)	0.0903 (96.68%)	0.013 (13.92%)	0.0934
2012	0 (0.00%)	-0.0077 (-2.51%)	0.2866 (93.57%)	0.0274 (8.95%)	0.3063
2013	0 (0.00%)	-0.0107 (-8.69%)	0.1115 (90.50%)	0.0224 (18.18%)	0.1232
2014	-0.027 (-42.72%)	-0.0079 (-12.50%)	0.0457 (72.31%)	0.0524 (82.91%)	0.0632
平均	-0.0270 (-16.32%)	-0.0061 (-4.94%)	0.1431 (92.65%)	0.0524 (28.61%)	0.16245

注：括号中数字为各项要素配置效率对 GFAEC 贡献的百分比。

由表 5-1 可知，在研究期限内，制造业全行业的平均排污权配置效率、能源配置效率、资本配置效率和劳动配置效率对 GFAEC 的贡献分别为 -16.32%、-4.94%、92.65% 和 28.61%，对 GFAEC 改善贡献最大的是资本配置效率，其次是劳动配置效率，制造业的资本配置效率总体上高于劳动配置效率。排污权的配置效率阻碍了制造业 GFAEC 的改善，在研究期限内排污权配置效率均没有出现正值，说明制造普遍存在排污权配置无效率。

三、制造业排污权配置效率变化特征分析

根据排污权要素配置效率的测度结果,将制造业整体排污权配置效率的变化趋势绘制在图 5-1 中。

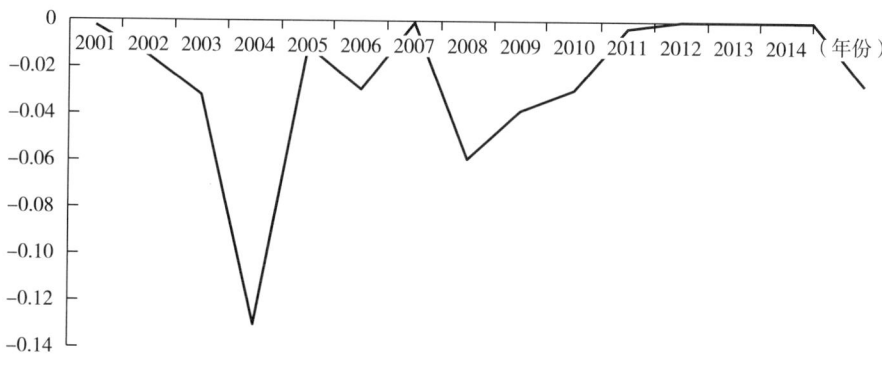

图 5-1 制造业全行业排污权配置效率(2001~2014 年)

图 5-1 描绘了制造业全行业 2001~2014 年排污权配置效率的变化趋势。值得关注的是,排污权配置效率的降低呈现先加剧后改善的趋势。2001~2005 年排污权配置效率从 -0.0024 持续下降至 -0.011,这主要归因于"十五"时期,中国强化重化工业,包括能源、交通和通信设施在内的基础设施建设显著加强,2004 年有 50% 的新建电解铝企业和 75% 的新建水泥企业采用落后工艺生产,重化工业的过度投资和低水平扩张使环境污染加重,排污权向高污染的重化工业集中,配置效率恶化。根据要素投入边际产品递减规律:污染密集的重化工业排污权投入较多,排污权的产出弹性相对较小,最优产出份额相应小,而排污权投入成本份额相对大,因而提高污染密集型行业的排污权配置效率应成为排污权市场化改革的重点。2006~2011 年排污权配置效率从 -0.0294 波动改善为 -0.003,这是由于"十一五"时期国家提出了 2010 年末完成较 2005 年减少 20% 的节能目标,并且于 2007 年在电力行业和太湖流域进

行排污权试点交易,大量高污染的重化工业行业的投资规模大量减少,落后产能遭到淘汰。同时为了达到节能目标,这些行业不得不严格控制污染排放量,而此时大量科技含量高的轻型工业吸收了重化工业行业被迫缩减下来的投资,生产规模扩大。这一时期排污权配置效率的改善一方面是由于部分排污权从低效率行业流向了高效率行业,另一方面是由于制造业全行业的排污权投入量增长率的降低。2011~2014年排污权配置效率持续改善,从-0.003持续提高到了-0.027,并且在2012~2013年均为0,在此期间,国家在更广范围内启动建立碳排放交易市场,开始用市场机制促进污染物减排,伴随着国家碳排放权、排污权、水权交易市场改革的不断深入,大量排污权从低效率行业流向了高效率行业,配置更趋于合理,自2012年起制造业排污权配置效率为0,不再阻碍GFAEC。

四、制造业排污权配置扭曲分析

由式 $S_j = \dfrac{\varepsilon_j}{\sum_{i=1}^{4}\left(\dfrac{\partial Y}{\partial X_j}\right)\dfrac{X_j}{Y}} = \dfrac{\varepsilon_j}{\sum_{i=1}^{4}\varepsilon_j}$ 可知在完全竞争前提下,排污权产出弹性份额为最优均衡值,排污权配置的最优条件是排污权的成本份额与产出弹性份额相同;若不同,其差额即为扭曲。

排污权投入的成本份额与排污权的产出弹性份额的差额为排污权的扭曲程度,若扭曲程度为负,表明排污权的实际投入份额大于最优均衡值,即排污权所占投入成本份额过高,减少排污权投入能改善排污权扭曲程度。表5-2和表5-3报告了2001~2014年制造业分行业排污权配置的扭曲程度测度结果,图5-2描绘了2001~2014年制造业全行业排污权扭曲均值的变化,图5-3描绘了制造业分行业排污权扭曲均值(按扭曲均值由小到大排列行业顺序)。

表5-2 制造业分行业排污权配置的扭曲程度（2001~2007年）

年份 行业	2001	2002	2003	2004	2005	2006	2007
C13	0.0014	-0.0302	-0.0157	0.0029	0.0075	-0.0327	0.0158
C14	-0.0064	-0.0385	-0.0446	-0.0478	-0.0451	-0.0523	-0.0600
C15	-0.0427	-0.0984	-0.1039	-0.0976	-0.0961	-0.1050	-0.1102
C16	-0.0984	-0.2132	-0.2427	-0.2435	-0.4405	-0.4658	-0.3351
C17	-0.0170	-0.0925	-0.0793	-0.0483	-0.0521	-0.0609	-0.0609
C18	0.0546	0.0342	0.0313	0.0313	0.0277	0.0231	0.0166
C19	0.0805	0.0574	0.0553	0.0548	0.0534	0.0504	0.0449
C20	0.0402	0.0150	0.0125	0.0031	0.1041	0.0049	0.0010
C21	0.0923	0.0711	0.0615	0.0527	0.0468	0.0374	0.0257
C22	-0.0785	-0.1006	-0.1162	-0.1081	-0.1256	-0.1332	-0.1438
C23	0.0098	-0.0347	-0.0350	-0.0428	-0.0469	-0.0525	-0.0572
C24	0.0971	0.0793	0.0740	0.0639	0.0604	0.0565	0.0510
C25	-0.2098	-0.3569	-0.3255	-0.2685	-0.2901	-0.3200	-0.3277
C26	-0.0913	-0.1371	-0.1409	-0.1359	-0.1468	-0.1589	-0.1642
C27	-0.0229	-0.0578	-0.0622	-0.0756	-0.0804	-0.0877	-0.0921
C28	-0.0719	-0.1584	-0.1905	-0.1667	-0.1709	-0.1809	-0.1863
C29	0.0270	-0.0078	-0.0179	-0.0188	-0.0251	-0.0329	-0.0472
C30	-0.0047	-0.0289	-0.0326	-0.0347	-0.0385	-0.0410	-0.0417
C31	-0.0414	-0.0809	-0.0858	-0.0789	-0.0872	-0.0805	-0.0999
C32	-0.1118	-0.1812	-0.1835	-0.1751	-0.1909	-0.2110	-0.2260
C33	-0.0530	-0.1083	-0.1122	-0.1024	-0.1208	-0.1401	-0.1450
C34	0.0185	-0.0140	-0.0178	-0.0112	-0.0134	-0.0199	-0.0285
C35	0.0006	-0.0374	-0.0397	-0.0367	-0.0618	-0.0467	-0.0516
C36	0.0145	-0.0248	-0.0328	-0.0402	-0.0396	-0.0433	-0.0487
C37	-0.0392	-0.0752	-0.0794	-0.0812	-0.0893	-0.1055	-0.1060
C38	-0.0108	-0.0404	-0.0400	-0.0330	-0.0384	-0.0415	-0.0455
C39	-0.0463	-0.0759	-0.0728	-0.0710	-0.0746	-0.0778	-0.0806
C40	0.0589	0.0170	0.0164	0.0003	0.0081	0.0398	-0.0303
C41	-3.5735	0.0605	0.0650	0.0040	0.0195	0.0419	-0.6048
均值	-0.1388	-0.0572	-0.0605	-0.0588	-0.0671	-0.0771	-0.1013
标准差	0.6524	0.0918	0.0913	0.0802	0.1081	0.1113	0.1339
最大值	0.0971	0.0793	0.0740	0.0639	0.1041	0.0565	0.0510
最小值	-3.5735	-0.3569	-0.3255	-0.2685	-0.4405	-0.4658	-0.6048

资料来源：笔者整理得出。

表 5-3　制造业分行业排污权配置的扭曲程度（2008~2014 年）

年份 行业	2008	2009	2010	2011	2012	2013	2014	均值
C13	0.0185	0.0151	0.0117	0.0081	0.0028	0.0033	-0.0046	0.0003
C14	-0.0623	-0.0771	-0.0508	-0.0973	-0.1109	-0.1143	-0.1349	-0.0673
C15	-0.1069	-0.1236	-0.1219	-0.1313	-0.1367	-0.1453	-0.1601	-0.1128
C16	-0.3093	-0.3482	-0.3615	-0.4133	-0.4553	-0.4334	-0.4790	-0.3457
C17	-0.0632	-0.0748	-0.0795	-0.0867	-0.1088	-0.1115	-0.1254	-0.0758
C18	0.0105	-0.0079	-0.0022	-0.0107	-0.0224	-0.0347	-0.0458	0.0075
C19	0.0407	0.0316	0.0267	0.0185	0.0064	-0.0057	-0.0176	0.0355
C20	-0.0092	-0.0222	-0.0328	-0.0499	-0.0728	-0.0812	-0.0996	-0.0134
C21	0.0257	-0.0128	0.0998	-0.0057	-0.0197	-0.0311	-0.0516	0.0280
C22	-0.1385	-0.1548	-0.1634	-0.1844	-0.2137	-0.2511	-0.2157	-0.1520
C23	-0.0554	-0.0674	-0.0701	-0.0902	-0.0749	-0.0871	-0.1252	-0.0593
C24	0.0466	0.0376	0.0351	0.0319	0.0109	-0.0164	-0.0308	0.0427
C25	-0.3181	-0.4102	-0.4278	-0.3990	-0.4844	-0.4920	-0.2903	-0.3514
C26	-0.1624	-0.1866	-0.1948	-0.2170	-0.2266	-0.2463	-0.1667	-0.1697
C27	-0.0954	-0.1065	-0.1081	-0.1168	-0.1241	-0.1361	-0.1618	-0.0948
C28	-0.1816	-0.2034	-0.1923	-0.2140	-0.2427	-0.2379	-0.2850	-0.1916
C29	-0.0495	-0.0661	-0.0742	-0.1029	-0.1458	-0.1666	-0.1879	-0.0654
C30	-0.0437	-0.0545	-0.0605	-0.1095	-0.1632	-0.1670	-0.1294	-0.0679
C31	-0.1111	-0.2811	-0.1365	-0.1614	-0.1693	-0.1954	-0.1906	-0.1286
C32	-0.2369	-0.2647	-0.2751	-0.2792	-0.2682	-0.2809	-0.2985	-0.2273
C33	-0.1498	-0.1751	-0.2005	-0.2058	-0.2147	-0.2240	-0.2507	-0.1573
C34	-0.0357	-0.0606	-0.0609	-0.0766	-0.0871	-0.1031	-0.1231	-0.0452
C35	-0.2493	-0.0764	-0.0859	-0.0954	-0.1031	-0.1116	-0.1229	-0.0799
C36	-0.0542	0.1200	-0.0797	-0.0962	-0.1079	-0.1222	-0.1391	-0.0496
C37	-0.1067	-0.1169	-0.1183	-0.1298	-0.1370	-0.1427	-0.1482	-0.1054
C38	-0.0499	-0.0691	-0.0728	-0.0837	-0.1105	-0.1089	-0.1184	-0.0616
C39	-0.0860	-0.0916	-0.1007	-0.0954	-0.1075	-0.1115	-0.1218	-0.0867
C40	-0.0053	-0.0173	-0.0276	-0.0327	-0.0451	-0.0534	-0.0645	-0.0097
C41	0.0209	0.0055	0.0005	-0.0200	-0.0346	-0.0654	-0.0908	-0.2980
均值	-0.0868	-0.0986	-0.1008	-0.1188	-0.1368	-0.1474	-0.1510	-0.1001
标准差	0.0977	0.1163	0.1122	0.1075	0.1168	0.1137	0.0980	0.1025
最大值	0.0466	0.1200	0.0998	0.0319	0.0109	0.0033	-0.0046	0.0427
最小值	-0.3181	-0.4102	-0.4278	-0.4133	-0.4844	-0.4920	-0.4790	-0.3514

资料来源：笔者整理得出。

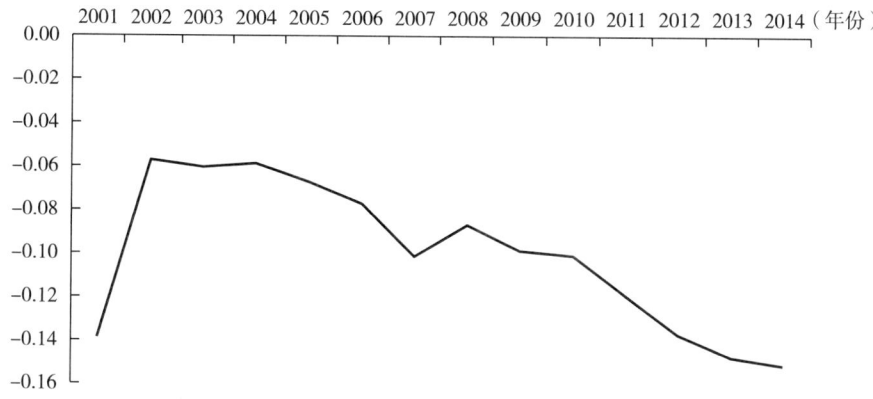

图 5-2　制造业全行业排污权配置扭曲均值变化（2001~2014年）

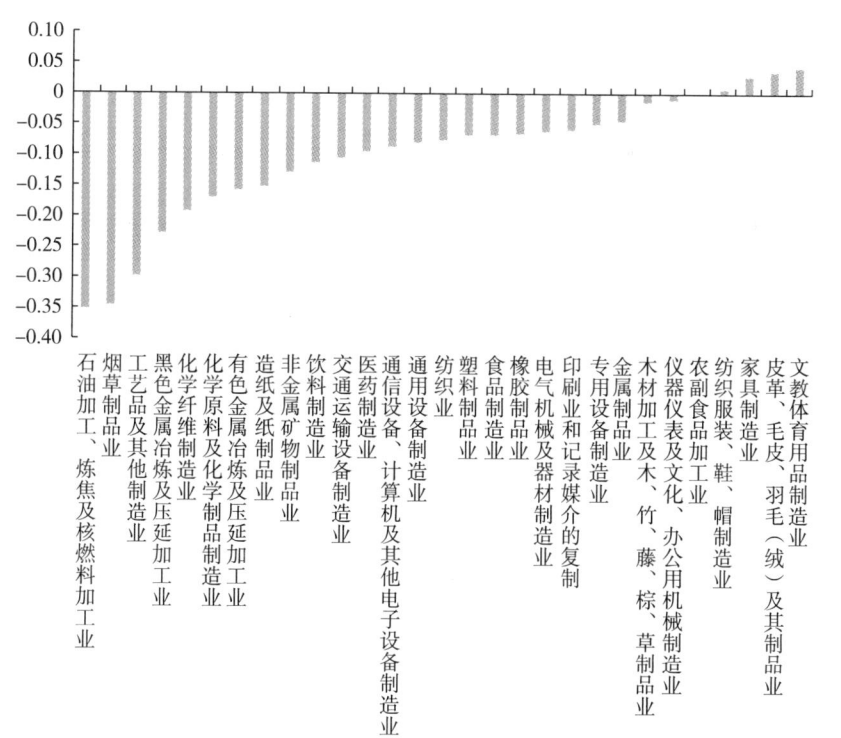

图 5-3　制造业分行业排污权配置扭曲均值

由表5-2、表5-3、图5-2和图5-3可以看出：

（一）排污权负向扭曲呈现恶化的趋势

由图5-2可以看出，在研究期限的大部分年份里，制造业排污权配置的扭曲程度是在持续恶化的，只有在2001~2002年有过明显好转，从2001年的-0.1388好转至2002年的-0.0572，此后从2002的-0.0572下降到2014年的-0.1510，期间只在2007~2009年有小幅波动。

（二）制造业排污权负向扭曲严重

在研究期限内，制造业全行业平均的排污权全部为负向扭曲，在29个制造业中有3个行业在2001~2014年的平均排污权要素配置效率的负向扭曲大于-20%，有10个行业的排污权负向扭曲大于10%，有20个行业的排污权负向扭曲大于5%，有5个行业的排污权出现正向扭曲。扭曲最严重的三个行业分别是石油加工、炼焦及核燃料加工业（C25），烟草制品业（C16），工艺品及其他制造业（C41），其排污权扭曲程度分别为-0.3514、-0.3457和-0.2980，其中排污权扭曲最严重的石油加工、炼焦及核燃料加工业（C25）也是能源配置扭曲最严重的行业。正向扭曲的五个行业分别是农副食品加工业（C13），纺织服装、鞋、帽制造业（C18），家具制造业（C21），皮革、毛皮、羽毛（绒）及其制品业（C19），文教体育用品制造业（C24），这五个行业的排污权扭曲程度分别为0.0003、0.0075、0.0280、0.0355和0.0427。

第二节 制造业排污权最优配置

由前文的分析可知，在完全竞争市场条件下的排污权产出弹性份额即为排污权最优投入量。

一、排污权最优投入量

排污权的最优配置量为 $S * \dfrac{\varepsilon_P}{\sum_{i=1}^{4} \varepsilon_j}$，其中，S 为要素投入总成本，$\varepsilon_P$ 为排污权产出弹性。据此可计算出制造业排污权最优投入量，2001～2014 年计算结果报告在表 5-4 和表 5-5 中。图 5-4 描绘了 2001～2014 年制造业全行业排污权最优投入均值的变化，图 5-5 描绘了制造业分行业排污权要素最优投入量均值（按均值大小由小到大排列行业顺序）。

表 5-4 制造业排污权最优投入量（2001～2007 年）　　单位：亿元

行业＼年份	2001	2002	2003	2004	2005	2006	2007
C13	9	0	4	9	23	34	49
C14	0	9	9	17	25	37	54
C15	22	26	29	34	46	61	79
C16	42	45	55	63	104	153	116
C17	21	52	69	116	157	232	305
C18	29	14	15	21	23	26	24
C19	23	13	16	23	26	32	35
C20	9	3	4	5	807	5	2
C21	9	5	6	9	10	10	9
C22	37	50	68	121	177	239	282
C23	4	5	10	16	18	25	31
C24	17	11	13	16	17	20	20
C25	960	1311	1477	2178	3082	4245	4734
C26	379	434	568	898	1255	1717	2193
C27	10	18	26	46	68	86	111
C28	60	84	96	117	151	182	227
C29	12	1	5	9	19	32	57
C30	2	12	17	34	50	66	82

续表

年份 行业	2001	2002	2003	2004	2005	2006	2007
C31	105	152	199	355	491	565	858
C32	507	523	709	1228	1840	2559	3591
C33	78	144	206	370	562	868	1338
C34	18	4	8	11	23	49	90
C35	3	25	34	52	105	109	155
C36	15	10	19	27	40	59	83
C37	76	84	106	155	196	263	378
C38	11	26	30	41	61	87	122
C39	61	63	238	99	161	209	292
C40	15	4	10	4	4	27	4
C41	1243	63	135	36	44	47	3763
均值	130	110	144	211	331	415	658
标准差	288	256	299	460	661	908	1243
最大值	1243	1311	1477	2178	3082	4245	4734
最小值	0	0	4	4	4	5	2

资料来源：笔者整理得出。

表 5-5 制造业排污权最优投入量（2008～2014 年）　　单位：亿元

年份 行业	2008	2009	2010	2011	2012	2013	2014	均值
C13	61	62	62	55	30	36	0	31
C14	68	89	71	176	213	262	297	95
C15	101	115	157	209	233	317	311	124
C16	114	159	169	228	273	322	288	152
C17	333	404	513	713	837	1011	1038	414
C18	20	9	3	21	61	94	138	36

续表

年份 行业	2008	2009	2010	2011	2012	2013	2014	均值
C19	36	32	33	28	14	9	26	25
C20	7	23	42	84	122	157	189	104
C21	11	5	2061	3	12	27	48	159
C22	326	380	496	757	758	684	871	375
C23	35	43	52	72	73	101	67	39
C24	22	18	19	20	15	22	49	20
C25	6382	6079	8985	10799	13881	14653	6684	6104
C26	2430	2811	3549	5150	5455	6571	2072	2534
C27	126	151	200	266	297	448	518	169
C28	203	237	277	404	393	442	469	239
C29	65	93	128	225	75	125	112	68
C30	103	140	193	316	126	181	203	109
C31	1064	3541	1815	2754	2944	3528	3656	1573
C32	3962	5079	6508	8335	7394	8438	8044	4194
C33	1471	1857	2723	3624	3712	4292	4712	1854
C34	137	245	327	471	593	778	951	265
C35	726	296	463	612	593	758	814	339
C36	128	254	247	369	452	625	768	221
C37	460	584	879	1133	976	1193	1348	559
C38	178	271	346	645	599	776	813	286
C39	400	479	679	853	997	1175	1335	503
C40	2	10	21	35	39	58	81	22
C41	35	10	1	54	72	144	190	417
均值	655	809	1070	1325	1422	1628	1245	725
标准差	1370	1542	2034	2541	2912	3164	1978	1358
最大值	6382	6079	8985	10799	13881	14653	8044	6104
最小值	2	5	1	3	12	9	0	20

资料来源：笔者整理得出。

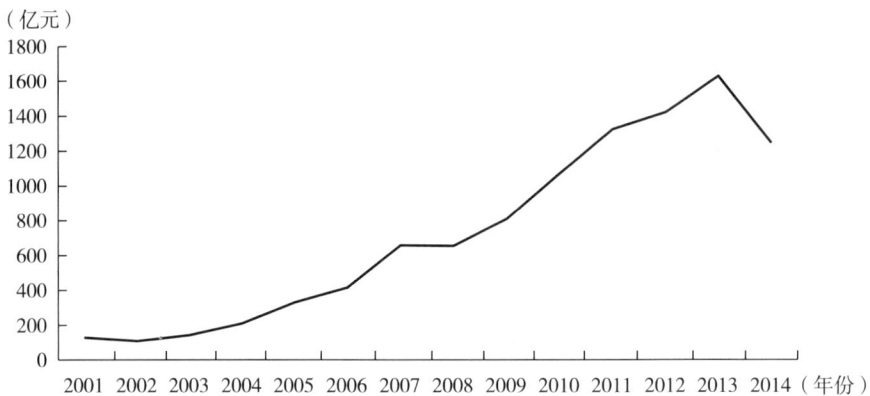

图5-4 制造业全行业排污权最优投入均值变化（2001~2014年）

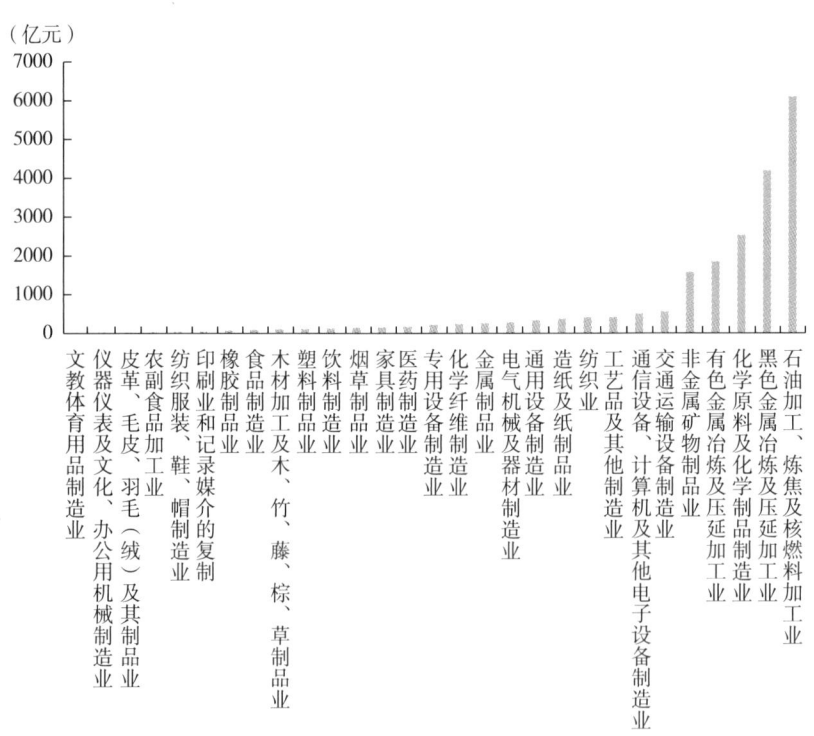

图5-5 制造业分行业排污权最优投入量均值

由表5-4、表5-5、图5-4和图5-5可以看出：

(一) 制造业排污权需求具有刚性特征

由图 5-4 可以看出，在研究期限内制造业的最优排污权投入量从 2001 年的 130 亿元增加到 2014 年的 1245 亿元，平均每年增长 61%。其中，2001~2013 年呈现持续增长的态势，从 130 亿元增长到 1628 亿元，平均年增长达到了 82%，只在 2013~2014 年有所下降。总体来看，在研究期限的绝大部分年份，制造业的最优排污权投入量是增加的。这说明我国制造业的排污权需求增长是具有刚性特征的，随着我国工业化进程的推进，排污权最优投入量还会增加。

(二) 制造业各行业的最优排污权投入量与行业特征是相符的

由图 5-5 可以看出，制造业各行业的最优排污权投入量是与行业的污染程度相关的。按照行业的最优排污权投入量，把制造业分为两类行业：低污染行业和高污染行业。其中低污染行业有 24 个，依次为文教体育用品制造业 (C24)，仪器仪表及文化、办公用机械制造业 (C40)，皮革、毛皮、羽毛 (绒) 及其制品业 (C19)，农副食品加工业 (C13)，纺织服装、鞋、帽制造业 (C18)，印刷业和记录媒介的复制 (C23)，橡胶制品业 (C29)，食品制造业 (C14)，木材加工及木、竹、藤、棕、草制品业 (C20)，塑料制品业 (C30)，饮料制造业 (C15)，烟草制品业 (C16)，家具制造业 (C21)，医药制造业 (C27)，专用设备制造业 (C36)，化学纤维制造业 (C28)，金属制品业 (C34)，电气机械及器材制造业 (C38)，通用设备制造业 (C35)，造纸及纸制品业 (C22)，纺织业 (C17)，工艺品及其他制造业 (C41)，通信设备、计算机及其他电子设备制造业 (C39)，交通运输设备制造业 (C37)，这些行业的排污权最优投入量在 20 亿~559 亿元。属于高污染行业的有五个，分别为非金属矿物制品业 (C31)，有色金属冶炼及压延加工业 (C33)，化学原料及化学制品制造业 (C26)，黑色金属冶炼及压延加工业 (C32)，石油加工、炼焦及核燃料加工业 (C25)，这些行业的最优排污权投入量在 1573 亿~6104 亿元。高污染行业的排污权要素最优投入量远高于低污染行业。

二、制造业减排潜力

如前文分析：排污权配置效率为负，代表排污权配置出现了负向扭曲，即排污权的实际投入份额大于以产出弹性份额表示的最优均衡值，排污权所占投入成本份额过高，减少排污权投入能改善排污权扭曲程度。根据排污权配置扭曲程度可计算制造业污染物最优排放量和减排潜力（污染物实际排放量减最优排放量）。图5-6显示了2001~2014年制造业全行业平均的污染物实际排放量、最优排放量和减排潜力（柱状图是污染物的实际排放量和最优排放量，折线图是减排潜力）。

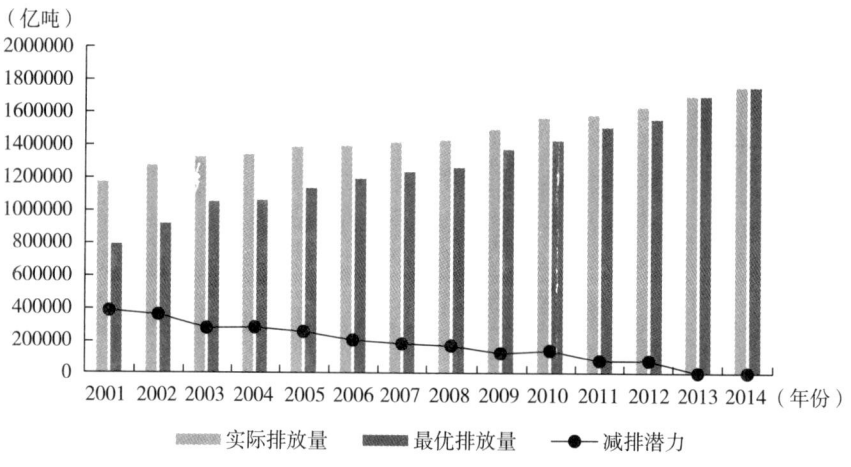

图5-6 2001~2014年制造业全行业平均的污染物实际排放量、最优排放量和减排潜力

如图5-6所示，2001~2014年制造业全行业污染物实际排放量呈持续上升的趋势，从2001年的1171086.9亿吨增加到2014年的1754961亿吨，平均每年增长3.56%。同时，污染物最优排放量也呈现持续上升的趋势，从2001年的789014.1亿吨增加到2014年的1703589.5亿吨，平均每年增长8.47%，大于污染物实际排放量的年增长率。这一点在减排潜力的变化趋势上得到了更

直观的呈现：2001~2013 年制造业减排潜力下降态势明显，并在 2013 年和 2014 年实现了 0 减排潜力。污染物实际排放量和最优排放量双双持续上升的事实说明了制造业对排污权的需求是有刚性特征的，现阶段如果要制造业排污权投入量立刻下降，实现大量减排，既不现实也不符合经济发展规律。减排潜力持续下降的事实说明了排污权从低效率行业流向了高效率行业，制造业全行业的实际排污量越来越接近于最优排污量，再次说明排污权配置效率得到了持续改善。

虽然 2013 年和 2014 年制造业全行业的平均减排潜力和排污权配置效率均为零，但是分行业看，以 2014 年为例，29 个制造业行业仍有 11 个行业的排污权配置呈现负向扭曲，即污染物实际排放量大于最优排放量。如果用减排潜力除以实际排放量来衡量排污权配置的扭曲程度，11 个负向扭曲的行业中扭曲程度最严重的前五个行业依次为：黑色金属冶炼及压延加工业（C32），有色金属冶炼及压延加工业（C33），石油加工、炼焦及核燃料加工业（C25），金属制品业（C34）和化学纤维制造业（C28），扭曲程度分别为 30.12%、28.97%、25.13%、23.09% 和 20.71%，扭曲程度均超过了实际排放量的 20%。基于前文对制造业按排污权需求强度的分类结果，这五个行业中除金属制品业（C34）属于中需求组外，其余四个行业均属于高需求组。以上事实说明随着中国排污权交易政策在更广的行业范围内的推进，排污权扭曲为负的行业的排污权配置状况有望改善，制造业整体的排污权配置效率有望实现正值，所以进一步提高排污权配置效率的关键在于降低排污权需求强度高的污染密集型行业的排污权投入量。

第三节 制造业排污权需求影响因素

在研究了制造业减排潜力之后，接下来本书关注的是制造业排污权要素需求的影响因素，寻找制造业的减排路径。

一、排污权需求影响因素分析

根据谢波德引理：在均衡状态下，一种要素的条件投入需求就是成本函数关于该生产要素投入价格的偏倒数。假设 $M^Y = P_K^{\alpha_K} P_L^{\alpha_L} P_E^{\alpha_E} P_P^{\alpha_P}$，同时假定 $\alpha_K + \alpha_L + \alpha_E + \alpha_P = 1$，则排污权的需求函数 P 和排污权成本占产出的比重 PI 可以表示为：

$$P = \frac{\partial C}{\partial P_E} = \frac{\alpha_E TFP^{-1} M^Y Y}{P_E} \tag{5-1}$$

$$PI = \frac{P}{Y} = \frac{\alpha_E TFP^{-1} M^Y}{P_E} \tag{5-2}$$

这里的 PI 是均衡状态下排污权需求量占产出的比重，本书称之为排污权需求强度。由式（5-2）可知，影响排污权需求强度变化的因素包括 TFP 和产出价格与排污权价格之比（M^Y/P_E），结合 GTFP 的分解，考虑短期内治污设备投资和产业生产模式的制约，将滞后一期的排污权需求强度纳入到影响因素模型，构建如下制造业排污权需求强度影响因素的动态面板模型：

$$PI_{it} = c + \beta_0 PI_{i(t-1)} + \beta_1 GTC_{it} + \beta_2 GTEC_{it} + \beta_3 GSEC_{it} + \beta_4 GFAEC_{it} + \beta_5 PP_{it} + \eta_i + \varepsilon_{it} \tag{5-3}$$

其中，PP 表示产出价格与排污权价格之比，本书称之为相对价格，η 表示行业个体效应，ε 为随机误差项。

二、排污权需求影响因素检验

排污权需求影响因素检验所需的数据均与前文相同。对模型（5-3）采用系统 GMM 估计，估计结果报告见表 5-6。表 5-6 中包含两个模型的回归结果，其中模型 1 是排污权需求强度与排污权相对价格和 GTFP 的回归结果，模型 2 是排污权需求强度与排污权相对价格和 GTFP 分解项的回归结果。

表5-6 排污权需求强度影响因素估计结果

解释变量	模型1		模型2	
	系数	标准差	系数	标准差
L.PI	0.817***	0.443	0.579***	0.033
GTFP	-0.0046**	0.0031		
GTC			0.049***	0.011
GTEC			-0.754***	0.231
GSEC			-0.022***	0.001
GFAEC			-0.039**	0.037
PP			-0.003*	0.012
常数项	0.008*	0.008	0.130***	0.002
Ar1p	0.000		0.000	
Ar2p	0.965		0.976	
Hansenp	1.000		1.000	
MoranI	0.000		0.000	

注：*、**、*** 分别表示在10%、5%、1%水平上显著。L.PI表示滞后一期排污权需求强度；Ar1p、Ar2p是残差的自相关检验；Hansenp是工具变量的有效性检验；MoranI是Mora'I检验。以上检验均报告p值。

滞后一期的排污权需求强度在两个模型的估计结果都显著，说明相邻两期的排污权需求强度显著正相关，这意味着排污权需求强度大的行业会持续加大。GTFP与排污权需求强度显著负相关，说明拥有更高GTFP的行业会有更低的排污权需求强度。

GTC与排污权需求强度的回归结果都显著正相关，即技术进步会使制造业排污权需求强度提高。拥有更多技术创新的行业往往有更广的空间去深化资本和扩张规模，资本深化和产出增长必然引致排污权需求的增加，而技术进步带来的减排效应不足以抵消其所引致的排污权需求的增加，这也再次说明了中国制造业的排污权需求是有刚性特征的。

GTEC、GSEC和GFAEC与排污权需求强度都显著负相关。GTEC对排污权需求强度下降的促进作用最大（-0.754），GSEC对排污权需求强度下降的促进作用最小（-0.022）。说明拥有更高绿色技术效率、绿色规模效率和绿色配置效率的行业会有更少的排污权需求强度。此外，排污权的相对价格也与制造业排污权需求强度显著负相关。排污权的价格越高，越会降低对排污权的需求。

第四节 结论与政策建议

本章是对制造业减排潜力的研究，从排污权的配置效率出发，通过排污权的最优配置研究了制造业的减排潜力，得出如下结论和政策建议。

一、结论

（一）排污权和能源的配置效率阻碍了制造业 GFAEC 的改善

在研究期限内对制造业 GFAEC 改善贡献最大的是资本配置效率，其次是劳动配置效率，制造业的资本配置效率总体上高于劳动配置效率。排污权的配置效率阻碍了制造业 GFAEC 的改善制造普遍存在排污权配置无效率。

（二）产业政策和环境规制政策使排污权配置效率不断改善

"十五"时期，中国强化重化工业，包括能源、交通和通信设施在内的基础设施建设显著加强：使排污权配置效率解以改善"十一五"时期，国家提出 2010 年末完成较 2005 年减少 20% 的节能目标，并且于 2007 年在电力行业和太湖流域进行排污权试点交易，大量高污染的重化工业行业的投资规模大量减少，落后产能遭到淘汰，同时为了达到节能目标，这些行业不得不严格控制污染排放量，而此时大量科技含量高的轻型工业吸收了重化工业行业被迫缩减下来的投资，生产规模扩大。国家在更广范围内启动建立碳排放交易市场，开始用市场机制促进污染物减排。伴随着国家碳排放权、排污权、水权交易市场改革的不断深入,大量排污权从低效率行业流向了高效率行业,配置更趋于合理。

(三) 制造业排污权负向扭曲严重

在研究期限内,制造业全行业平均的排污权全部为负向扭曲,在29个制造业中有3个行业在2001~2014年的平均排污权要素配置效率的负向扭曲大于-20%。

(四) 制造业排污权需求具有刚性特征

2001~2014年制造业全行业污染物实际排放量呈持续上升的趋势,同时,污染物最优排放量也呈现持续上升的趋势,大于污染物实际排放量的年增长率。污染物实际排放量和最优排放量双双持续上升的事实说明了制造业对排污权的需求是有刚性特征的,减排潜力持续下降的事实说明了排污权从低效率行业流向了高效率行业,制造业全行业的实际排污量越来越接近于最优排污量。

(五) 提高排污权配置效率的关键在于排污权需求强度高的污染密集型行业

以2014年为例有11个行业的排污权配置呈现负向扭曲11个负向扭曲的行业中扭曲程度最严重的前五个行业绝大多数属于排污权高需求强度行业。随着中国排污权交易政策在更广的行业范围内的推进,排污权扭曲为负的行业的排污权配置状况有望改善,所以进一步提高排污权配置效率的关键在于降低排污权需求强度高的污染密集型行业的排污权投入量。

二、政策建议

(一) 加快排污权市场改革

目前中国排污权市场改革和排污权企业多元化改革相对滞后,导致排污权价格成为政府宏观调控的重要工具之一。政府定价必然偏离市场价格,扭曲资源配置。所以,要从根本上解决要素市场资源配置的问题,政府必须逐步放开排污权定价权,尽量由市场供需决定排污权价格。

(二) 提高制造业活动的整理效率

让市场在排污权要素配置中起决定性作用,除了能够直接影响要素市场配置效率以外，还能进一步优化工业结构，提高工业活动的整体效率。首先，排污权要素配置的扭曲导致要素之间的投入结构不合理。中国对排污权要素价格长期实行价格补贴，扭曲了利润最大化假定下的最优要素配置，造成厂商在生产过程中对排污权的过度使用，而在要素投入环节缺乏效率。其次，排污权要素配置的扭曲导致产业之间的发展结构不合理。较低的排污权成本使得高耗能行业的利润空间增大，扭曲的要素市场成为了落后产能长期生存的保护伞，重工业比重长期居高不下，严重影响了产业的转型与升级。最后，排污权要素配置的扭曲导致经营主体的产权结构不合理。排污权要素的初始分配权和定价权不由市场决定，导致国有产权与私有产权的市场主体在排污权要素的获得能力上存在差异，形成诸如"国进民退"的博弈结果，甚至还可能出现寻租，严重抑制了行业效率的提升。

（三）加快排污权交易市场建设

长期以来，中国较弱的环境规制政策使实际的排污权价格不能反映排污权的供求状况，在特定时期，一些高污染的重化工业几乎是在毫无代价地使用排污权。传统的命令—控制型环境规制政策通过制定统一的减排标准来规制市场上具有不同生产效率的生产单位，这种一刀切式的环境规制政策会使得整个经济体的效率降低。而排污权交易制度是基于市场的激励型环境规制政策，在排污权交易制度下所有生产单位都参与排污权交易，效率高的生产单位因为多使用排污权而增加的产出会高于效率低的生产单位因为少使用排污权而减少的产出，从而使整个经济体的效率提高。排污权是有价格的投入要素，其是否得到合理配置，影响生产率。中国排污权市场化改革相对滞后，排污权价格还不能完全由有效市场决定，排污权实际价格偏离有效市场的出清价格就会产生排污权配置的扭曲。所以，在环境问题严重、排污权交易机制日益完善的背景下，在产业转型升级过程中，只有充分重视排污权配置效率，才能实现环境与效率的双赢。排污权配置效率的提高有赖于用市场机制决定排污权价格，实现节能减排，优化产业结构，提高生产率。

（四）以发挥市场功能为主，政府管制为辅

具体的政策设计层面需要充分考虑到中国的阶段性特征与复杂的内外部环境。排污权成本除了影响经济发展外，还影响民生与社会和谐。期望政府通过完全放开排污权市场、大幅度调整排污权价格来改善排污权配置效率的可能性不大。让市场在排污权要素配置中起决定性作用，需要以无形之手为主、有形之手为辅，通过构建更为市场化、更为透明公平和有效的价格机制，让要素价格成为市场配置资源的信号，从而引导资源流向更高效的部门。

第六章　研究总结与研究展望

第一节　研究总结

本书首先提出了绿色制造的概念，并用绿色全要素生产率来评价制造业的绿色化发展程度，同时将绿色全要素生产率分解为绿色技术进步、绿色技术效率、绿色规模效率和绿色配置效率。然后从绿色配置效率入手研究了制造业的节能潜力和减排潜力。

（一）提出了绿色制造的概念

根据产业经济理论和时代背景，在学者们研究的基础上，结合笔者的思考提出了绿色制造业的概念，并认为绿色制造需具有节能减排的特征，即能源和排污权的有效利用，可以用绿色全要素生产率评价制造业的绿色化发展程度。

（二）研究了制造业的绿色全要素生产率

在环境经济学理论的基础上，基于传统前沿技术，将投入要素扩展到能源和排污权，测度了制造业的绿色全要素生产率，结果发现在制造业全行业的绿色全要素生产率改善的同时，行业间的绿色全要素生产率存在较大差异。对绿色全要素生产率进行分解发现，制造业绿色技术水平下降的同时，绿色技术没有得到有效利用，且利用率越来越低，绿色技术推广存在障碍。在绿色规模效率的变动受产业政策的变动影响更大，绿色配置效率且对 GTFP 的贡献最大，说明提高制造业绿色化水平的关键在于提高 GFAEC，是投入要素的更合理配置让 GFAEC 提高了。

（三）研究了制造业的节能潜力

基于 GFAEC 和均衡状态下要素的最优配置测度了制造业的能源要素配置效率、扭曲程度和节能潜力。结果表明制造业对能源需求具有刚性特征，在短期内减少能源投入的绝对量不现实，能源要素市场的扭曲会导致能源要素向高能耗行业流动，而约束性的能源强度目标与能源价格市场化改革能够改善能源要素配置效率。

（四）研究了制造业的减排潜力

根据环境经济学理论将排污权视作投入要素；根据排污权交易市场的建立，排污权价格越来越能反映市场供需情况，研究了制造业排污权的配置效率、扭曲程度和减排潜力。结果表明制造业对排污权的需求也具有刚性特征，排污权价格扭曲会导致排污权的不合理配置和负向扭曲，而排污权交易制度能改善排污权配置效率。

第二节 研究展望

产业发展实践的复杂性，决定了对现代制造业的研究也是一项复杂的、需要不断改进的系统工作。本书的研究还有许多值得进一步思考和探索的地方，具体表现在：

首先，对绿色制造概念框架体系的构建是理论方面的研究。对绿色制造业概念的界定是否合理，对绿色制造业特征的界定是否全面还需要实践的进一步检验。在制造业绿色生产率研究中，只是分解了制造业总体的 GTFP，而没有对各行业的 GTFP 进行分解，以便更深入地研究不同行业 GTFP 的推动因素，这将是今后进一步努力的方向。在研究节能潜力时，发现节能的重点在于减少煤炭、石油等传统能源的消费，而对可再生能源和清洁能源则需要鼓励发展。本书在生产函数中缺少进一步对能源消费种类进行区分，因此无法得到更详细的结论。其次，由于研究要素配置效率涉及能源要素价格和排污权价格，讨论未来中国制造业的节能减排潜力，需要对未来的要素价格进行预测，进而获得产出份额与投入份额的数据，本书没有对价格预测进行讨论，因此不能预测未来的排污配置扭曲。尽管如此，本书的研究对于从资源配置角度理解我国制造业能源与排污权配置效率和节能减排潜力，具有明确的政策含义，对现有研究提供了有益补充。

参考文献

[1] 阿弗里德·马歇尔. 经济学原理[M]. 北京: 华夏出版社, 2005: 58-79.

[2] 蔡圣华, 杜立民, 毕清华. 我国提高能源效率的目标设计[J]. 中国管理科学, 2012 (6): 152-160.

[3] 陈超凡. 中国工业绿色全要素生产率及其影响因素——基于ML生产率指数及动态面板模型的实证研究[J]. 统计研究, 2016 (33): 53-62.

[4] 陈诗一. 中国的绿色工业革命: 基于环境全要素生产率视角的解释 (1980-2008) [J]. 经济研究, 2010 (11): 21-34.

[5] 陈勇, 唐朱昌. 中国工业的技术选择与技术进步: 1985-2003 [J]. 经济研究, 2006 (9): 56-61.

[6] 储益萍. 排污权交易初始价格定价方案研究[J]. 环境科学与技术, 2011 (12): 380-384.

[7] 崔连标, 范英, 朱磊. 碳排放交易对实现我国"十二五"减排目标的成本节约效应研究[J]. 中国管理科学, 2013 (1): 37-47.

[8] [美] 蒂莫西·J. 科埃利, D. S. 普拉萨德·拉奥, 克里斯托弗·J. 奥唐奈, 乔治·E. 巴蒂斯. 效率与生产率分析引论 (第二版) [M]. 王忠玉译. 北京: 中国人民大学出版社, 2008: 89-92.

[9] 戴天晟, 赵文会, 顾宝炎. 基于实物期权理论的水权期权价值评估

模型[J]. 系统工程, 2009 (5): 67-73.

[10] 菲利普·阿吉翁. 内生增长理论[M]. 北京: 北京大学出版社, 2004.

[11] 傅晓霞, 吴利学. 技术效率、资本深化与地区差异——基于随机前沿模型的中国地区收敛分析[J]. 经济研究, 2006 (10): 52-61.

[12] 龚关, 胡关亮. 中国制造业资源配置效率与全要素生产率[J]. 经济研究, 2013 (4): 36-54.

[13] 杭雷鸣, 屠梅曾. 能源价格对能源强度的影响——以国内制造业为例[J]. 数量经济技术经济研究, 2006 (12): 93-101.

[14] 何晓萍. 中国工业的节能潜力及影响因素[J]. 金融研究, 2011 (11): 34-46.

[15] 和晋予, 肖博强. 排污权交易的试点启动与市场主体界定[J]. 改革, 2010 (4): 13-18.

[16] 侯为民. 马克思再生产理论与西方经济增长理论的比较及对我国的启示[J]. 中国延安干部学院学报, 2008 (1): 89-93.

[17] 胡迟. 排污权交易的最新发展及对我国的影响[J]. 经济纵横, 2007 (8): 2-6.

[18] 孔翔, Robert, E. Marks, 万广华. 国有企业全要素生产率变化及其决定因素: 1990-1994 [J]. 经济研究, 1999 (7): 45-52.

[19] 李爱军. 我国中长期节能潜力的一般均衡分析[J]. 统计研究, 2010 (3): 45-52.

[20] 李斌, 彭星, 欧阳铭珂. 环境规制、绿色全要素生产率与中国工业发展方式转变——基于36个工业行业数据的实证研究[J]. 中国工业经济, 2013 (4): 56-68.

[21] 林伯强, 杜克瑞. 要素市场扭曲对能源效率的影响[J]. 经济研究, 2013 (9): 125-136.

[22] 李春顶. 中国制造业行业生产率的变动及影响因素——基于DEA技术的1998~2007年行业面板数据分析 [J]. 数量经济与技术经济研究, 2009 (12): 58-68.

[23] 李丹, 胡小娟. 中国制造业企业相对效率和全要素生产率增长研究——基于1998~2007年行业数据的实证分析 [J]. 数量经济与技术经济研究, 2008 (7): 31-41.

[24] 李金华, 李苍舒. 国际新背景下的中国制造业: 悖论与解困之策 [J]. 上海经济研究, 2010 (4): 3-12.

[25] 李玲, 陶锋. 中国制造业最优环境规制强度的选择——基于绿色全要素生产率的视角 [J]. 中国工业经济, 2012 (5): 70-82.

[26] 李树, 陈刚. 环境规制与生产率增长——以APPCL2000的修订为例 [J]. 经济研究, 2013 (1): 17-31.

[27] 李星光, 于成学. 基于Malmquist指数的中国装备制造业全要素生产率测度分析 [J]. 科技与管理, 2009 (5): 102-105.

[28] 李永友, 沈坤荣. 我国污染控制政策的减排效果——基于省级工业污染数据的实证分析 [J]. 管理世界, 2008 (7): 7-17.

[29] 林伯强, 姚昕, 刘希颖. 节能和碳排放约束下的中国能源结构战略调整 [J]. 中国社会科学, 2012 (2): 58-71.

[30] 林云华. 排污权影子价格模型的分析及启示 [J]. 环境科学与管理, 2009 (2): 16-20.

[31] 刘长松. 减排政策分配效应研究进展 [J]. 经济学动态, 2011 (9): 127-131.

[32] 曼瑟·奥尔森. 国家的兴衰: 经济增长、滞胀和社会僵化 [M]. 上海: 上海人民出版社, 2007.

[33] 牛泽东, 张倩肖, 王文. 中国装备制造业全要素生产率增长的分解: 1998-2009 [J]. 上海经济研究, 2012 (3): 56-73.

[34] 邵宜航, 步晓宁, 张天华. 资源配置扭曲与中国工业全要素生产率——基于工业企业数据库再测算 [J]. 中国工业经济, 2013 (12): 27-41.

[35] 施炳展, 冼国明. 要素价格扭曲与中国工业企业出口行为 [J]. 中国工业经济, 2012 (2): 47-56.

[36] 史丹. 中国能源效率的地区差异与节能潜力分析 [J]. 中国工业经济, 2006 (10): 49-58.

[37] 苏东水. 产业经济学 [M]. 北京: 高等教育出版社, 2010: 17-18.

[38] 孙传旺, 林伯强. 中国工业能源要素配置效率与节能潜力研究 [J]. 数量经济与技术经济研究, 2014 (5): 86-99.

[39] 孙传旺, 刘希颖, 林静. 碳强度约束下中国全要素生产率测算与收敛性研究 [J]. 金融研究, 2010 (6): 17-33.

[40] 涂正革, 肖耿. 中国的工业生产力革命——用随机前沿生产模型对中国大中型工业企业全要素生产率增长的分解及分析 [J]. 经济研究, 2005 (3): 4-15.

[41] 王兵, 吴延瑞, 颜鹏飞. 中国区域环境效率与环境全要素生产率增长 [J]. 经济研究, 2010 (5): 95-109.

[42] 王欣, 庞玉兰. 装备制造业全要素生产率动态测度 [J]. 安徽工业大学学报, 2011 (2): 6-10.

[43] 王永保. 提高中国装备制造业全要素生产率的途径 [J]. 煤炭经济研究, 2007 (9): 19-21.

[44] 王争, 郑京海, 史晋川. 中国地区工业生产绩效: 结构差异制度冲击及动态表现 [J]. 经济研究, 2009 (7): 4-20.

[45] 魏楚, 沈满洪. 规模效率和配置效率——一个对中国能源低效的解释 [J]. 世界经济, 2009 (4): 84-96.

[46] 魏圣香, 王慧. 美国排污权交易机制的得失及其镜鉴 [J]. 中国地质大学学报 (社会科学版), 2013 (6): 34-39.

[47] 魏淑甜, 廖先玲. 我国 SO_2 排污权交易中存在的问题及对策研究 [J]. 煤炭经济研究, 2006 (8): 14-18.

[48] 吴军. 环境约束下中国地区工业全要素生产率增长及收敛分析 [J]. 数量经济与技术经济研究, 2009 (11): 17-27.

[49] 夏德建, 孙睿, 任玉珑. 政府与企业在排污权定价中的演化稳定策略研究 [J]. 技术经济, 2010 (3): 23-28.

[50] 徐宏毅, 欧阳明德. 中国服务业生产率的实证研究 [J]. 工业工程与管理, 2004 (5): 21-29.

[51] 徐雷. 中国装备制造业全要素生产率动态实证分析 [J]. 渤海大学学报, 2011 (1): 119-122.

[52] 薛万东. 中国装备制造业全要素生产率测算及实证分析 [J]. 产经评论, 2010 (5): 41-47.

[53] 亚当·斯密. 国民财富的性质和原因的研究 [M]. 北京: 华夏出版社, 2006: 78-98.

[54] 严兵. 效率增进、技术进步与全要素生产率增长——制造业内外资企业生产率比较 [J]. 数量经济与技术经济研究, 2008 (11): 16-27.

[55] 于鲁冀, 侯保峰, 章显. 水污染物初始排污权定价策略研究 [J]. 环境污染与防治, 2012 (3): 101-106.

[56] 余永泽. 我国节能减排潜力、治理效率与实施路径研究 [J]. 管理世界, 2007 (8): 58-68.

[57] 原毅军, 谢荣辉. 基于环境因素的中国农业生产率增长研究 [J]. 中国人口·资源与环境, 2011 (21): 153-157.

[58] 张海洋. R&D 两面性外资活动与中国工业生产率增长 [J]. 经济研究, 2005 (5): 107-117.

[59] 张杰. 中国制造业要素配置效率的测算、变化机制与政府干预效应 [J]. 统计研究, 2016 (3): 72-81.

[60] 张军, 陈诗一. 结构改革与中国工业增长 [J]. 经济研究, 2009 (7): 4-20.

[61] 张坤, 孙涛, 戴红军. 初始排污权定价的分散决策模型 [J]. 技术经济, 2013 (7): 53-56.

[62] 张利飞, 彭莹莹. 排污权交易机制研究进展 [J]. 经济学动态, 2011 (4): 135-140.

[63] 张曙光, 程炼. 中国经济转轨过程中的要素价格扭曲与财富转移 [J]. 世界经济, 2010 (10): 12-24.

[64] 郑丽琳, 朱启贵. 纳入能源环境因素的中国全要素生产率在估算 [J], 统计研究, 2013 (30): 9-17.

[65] 郑伟. 低碳经济背景的排污权交易体系走向评估 [J]. 改革, 2010 (4): 14-19.

[66] 周五七. 能源价格、效率增进及技术进步对工业行业能源强度的异质性影响 [J]. 数量经济技术经济研究, 2016 (2): 103-144.

[67] 朱喜, 史清华, 盖庆恩. 要素配置扭曲与农业全要素生产率 [J]. 经济研究, 2011 (5): 34-52.

[68] Bagnasco, A., Tre, Italie. La. Problem territoriale dello sviluppo italian: Il mulino [D]. Bologna, 1977.

[69] Barro, Robert J. Government spending in a simple model of Endogenous growth [J]. Journal of Political Economy, 1990 (98): 103-125.

[70] Chung, Y. H., Fare T., Grosskopf S. Productivity and undesirable outputs: A directional distance function approach [J]. Journal of Environmental Management, 1997 (51): 229-240.

[71] Denison, E. F. The sources of economic growth in the United States and the alternatives before us [J]. New York: Committee for Economic Development, 1962: 67-79.

[72] Denison, E. F. Why growth rate differ [Z]. Washington, D. C. The Brookings Institution, 1967.

[73] Douglas, W. Caves. Laurits R., Christensen. W. Eriw in Diewert. The economic theory of index numbers and the measurement of input output and productivity [J]. Econometrica, 1982 (50): 1399 – 1414.

[74] Fare, R., Grosskopf, S., Pasurka, Carl. Accounting for air pollution emidions in measurs state manufacturing productivity growth [J]. Journal of Regional Science, 2001, 41 (3): 381 – 409.

[75] Fare, R. Shawna Grosskopf. Mary Norris. Zhongyang Zhang. Productivity growth technical progress and efficiency change in industrialized countries [J]. The America Economic Review, 1994 (84): 66 – 83.

[76] Fisher – Vanden, K., Jefferson G. H., Liu H., Tao Q. What is drivion China's decline in energy intensity? [J]. Resource and Energy Economics, 2004, 26 (1): 77 – 97.

[77] Hailu, A., Veeman, T. S. Environmentally sensitive productivity analysis of the Canadian pulpand paper industry, 1959 – 1994: An input distance function approach [J]. Journal of Environmental Economics and Management, 2000 (40): 251 – 274.

[78] Hoover, E. M. Introduction to regional economics [M]. Alfred A., Knopf Inc, 1975.

[79] Jorgenson, D. W., Grillches, Z. T. The explanation of productivity change [J]. Review of Economic Studies, 1967, 34 (3): 249 – 283.

[80] J. R., Boudeville. Problems of regional economic planning [M]. Edinburgh University Press, 1966.

[81] K. Telle, J. Larsson. Do Environmental regulations hamper productivity growth? How accounting for improvements of plants; environmental performance a =

can change the conclusion [J]. Ecological Economics, 2004, 61 (2–3): 438–445.

[82] Krugman, Paul. A Model of inovation, technology transfer, and the world distribution of income [J]. Journal of Political Economy, 1979, 87 (2): 253–266.

[83] Kumbhakar, S. C., Denny, M., Fuss, M. Estimation and decomposition of productivity change when production is not efficient: A panel data approach [J]. Econometric Reviews, 2000, 19 (4): 312–320.

[84] Lee, B., Wilson C., Pasurka C. The good, the bad and the efficient: Productivity, efficiency and technical change in the airline industry, 2004–2008 [J]. Carl Pasurka, 2014, 2 (2): 18959–18973.

[85] Marshall, A. principles of economics [M]. London: Macmillan, 1890.

[86] Piore, M., Sabel, C. The second industrial divide: Possibilities for properity [M]. New York: Haper & Row, 1984.

[87] Porter, M. E. The competitive advantage of nations [M]. London: Macmillan, 1990.

[88] Remigio, R., Alberto B., Richard G. The dynamics of innovative region: The GREMI approach [M]. Ashgate Publishing Ltd, 1997.

[89] Rezek, J. P., Perrin R. K. Environmentally adjusted agricultural productivity in the great Plains [J]. Journal of Agricultural & Resource Economics, 2004, 29 (2): 346–369.

[90] Scott, A. Technopolis, high-technology industry and regional development it South California [M]. UC Press, 1993.

[91] Solow, R. M. Technical change and the aggregate production function [J]. Review of Economics and Statistics, 1957, 39 (3): 312–320.

[92] Solow, Robert, M. A contribution to the theory of economic growth

[J]. The Quarterly Journal of Economics, 1956, 70 (1): 65 – 94.

[93] Storper, M., Walker R. The capitalist imperative: Territory technology and industrial growth [J]. Basil Blackwell, 1989.

[94] Subal, C., Kumbhakar. Almas Heshmati, Lennart Hjalmarsson, Parametric approaches to productivity measurement: A comparison among alternative models [J]. Scan of Economics, 1999 (101): 405 – 424.

[95] Tone, K. A slacks – based measure of efficiency in data envelopment analysis [J]. European Journal of operational Teaearch, 2001, 130 (3): 498 – 509.

[96] Wang, K., Wei, Y. M. Sources of energy productivity change in China curing 1997 – 2012: A decomposition analysis based on the Luenberger productivity indicator [J]. Energy Economics, 2015 (54): 50 – 59.

[97] Wooldridge, J. Introductory econometrics: A modern approach [M]. 北京: 清华大学出版社, 2004.

后 记

走笔至此，完成书稿，掩卷沉思，感慨万千。此书是我在北京航空航天大学经济管理学院管理科学与工程博士后流动站的博士后出站报告的基础上修改完成的，在两年的博士后研究时间里，合作导师韩立岩教授为帮助我完成研究工作，倾注了大量的心血，使我在似水流年里有了莫大的收获。通过课题调研，我开阔了眼界、增长了见识、学习了知识、积累了经验；通过课题的构思讨论，我锻炼了思维、开阔了思路，提高了解决实际问题的能力；通过论文的修改和调整，我学会了做学问的规范和应有的态度。

另外，此书也是在我博士学习期间研究内容基础之上的扩展，在中国社会科学院研究生院数量经济与技术经济系的博士学习期间，我的导师李金华教授对我进行了严格的学术训练，让我有了一定的学术积累，具备了从事科研工作的研究能力，感谢老师的培育。对老师们的感激之情难以言表！师恩难忘！

感谢北京航空航天大学贾子超老师、陈星老师和武霞老师的帮助和支持！

感谢家人对我的理解和支持！

感谢专家学者在百忙之中评阅我的书稿！祝您幸福安康！万事如意！

感谢所有我遇见的人！

刘 艳

2019 年 4 月